『ヤマト』は縄文時代勢力が造った

常識を覆す東日本勢力の復権

内舘 彬

MPミヤオビパブリッシング

まえがき

残された縄文時代の最大の課題

縄文時代の解明は、最近では、考古学の多くの発掘の成果が蓄積され、かなり詳細に把握されて、文献史学と連動し、着実に成果を上げ進展してきている。

しかし、その中で、重要な課題が取り残されている。その課題が残された理由は、考古学のみならず、文献史学の専門分野の範囲では、解決が不可能な事項だからである。すなわち、以下のとおりである。

（1）縄文時代中期から、後・晩期にかけての遺跡の急減が説明できない。

この課題は、考古学分野では、気候変動、寒冷化による食料不足が、その主因とされている。しかし、素朴な疑問として、それ以前の一万年近い年月にわたり、気候変動に抗して生存してきた「列島人」が、この時期に生起した寒冷化に耐え切れず、死滅・急減したとは到底思えず、それなりの極めて重大な根拠が必要なのであって、また、その気候変動の変化を示す明瞭な根拠もないことから、一時的な寒冷化によるものでないことは明白ではなかろうか。

（2）縄文時代を生きた人々の出自や部族などが、全く不明で解明が進んでおらず、大まかに推定可能な、後の弥生時代人や古墳時代人へと生きた歴史が連続していかないのである。

この課題は、時代間の断絶を生み、縄文時代の理解を大きく停滞させるばかりでなく、列島人の歴史をあやふやな状態にとどめている。あらゆる情報を収集して、その解明に努めるべきである。その解明不能の最大の原因は、『記紀』の記載を正史だからと固執し、正史以外の他の古史・古伝をすべて切り捨てているからである。中国の古史・古伝も同様である。正史『記紀』の矛盾は、もはや覆いがたいほど指摘されており、『記紀』の真実を解明して、『記紀』の編集者の意図を超えなければならない。

これらの課題を解決するには、考古学や文献史学の閉鎖的な領域を大きく超えた地平が必要なのであり、本書は、これまで解明された史実や資料を基に、専門領域を超越して、果敢にその課題に挑戦したものである。

そのキーワードは、「縄文時代後・晩期の東日本勢力の西進（一部大陸に及ぶ）」であり、「ニギハヤヒ族（仮称）のヤマト建国への活躍」である。

一万年以上の歴史を有する、縄文時代の圧倒的な東日本勢力は、有力な文献資料がないと、文献史学から無視され続けている。また、考古学分野では、詳細な土器の型式区分が為されているが、誰が製作し、誰が移動したのかとの視点は、全く欠落し、「もの」（出土物）の分布の変化や把握に止まっていて、先に進む気配もない。その他の出土物についても、大いに大胆な見直しが必要なのである。これらの停滞は、研究者が専門領域・分野にとどまっているからであり、一歩、領域を越えた研究者は育成されていない。それらの領域を越えた分野にある、それらの課題の根拠は、新たに発掘されなければならないのである。
古史・古伝を「偽書」扱いにして、次々と抹殺するのは、文献史学の最大の誤りの一つである。多くの土砂の中に、真実は埋まっているのであり、何が偽造で、どこが誤りなのか、専門分野を越えて判断し、真実の出土物を発掘していかなければならない。

これらの既存の研究の「壁」を越えるには、各専門分野の限界点を理解し、視点を変えた方法が必要である。各分野の特徴と限界性を列挙してみる。

「考古学」分野では、
① 発掘する層ごとの時代の同定が難しく、
② 出土物の個別データは、統合化や広域化が難しく、
③ 発掘が完了すれば、他の研究者による再現性は難しく、
④ それゆえ、成果は発掘者の技量の差が明瞭に現れる。
などの諸点が指摘される。

「文献史学」分野では、
① 文献がなければ、成立しないので、古い時代に踏み込めず、
② 周辺データが少ないため、古史・古伝の信憑性に迫れず、
③ 古いほど解明が難しいという限界性を有している。

「自然科学」分野では、
① 詳細なデータは得られるが、

②試料の採取地点や採取方法・試験方法でバラツキを生じるため、
③データのバラツキの原因を詳細に解明しにくいという特徴がある。

これら専門分野の特徴と限界性を超えるためには、これらの専門分野で得られる、各データと相互の関連性を俯瞰した、大局的な視点が必要なのである。すなわち、専門性から発する限界性を理解した上で、得られる各データを集積し、解析して、「新たな仮説」を見出す必要があるのである。そのためには、筆者の生業分野である、「地質学的手法（帰納的方法）」すなわち「各種雑多なデータの中から、真実を探し出す方法」が有効なのである。具体的にその方法を示すと、以下のとおりである。

①存在するすべての分野の研究データや知見から、事実と思われる、あるいはまた、事実と推定される事象を抜き出し、集積する。
②それらの事実を解析し、他の各種データと整合させながら、縄文史についての「仮説」を設定する。
③さらに、事実の発掘に努め、「仮説」の見直し、「検証」を行い、不都合があれば修正する。
④「仮説」は一つの分野に限らず、他分野の種々の事象でさらに検証を深めていく。

地質技術者は、山野を歩き、渓流を登攀して、地形、地質（岩盤分布など）、植生、地下水分布などの事実を集めて統合化し、「地質図」（仮説）を作成していくが、この「地表地質調査の手法」と異なる点は、この分野では、点在しているデータが事実か否か「不確か」なことである。各人の主張が混在している可能性がある事象は、十分な根拠が示されていなければ、捨てざるを得ないのであり、他のデータとの整合性の検討が不可欠なのである。

本文中にも示したが、正史の『記紀』の矛盾は、多く指摘されているのであり、他の文献もまた同様な矛盾を有していると推察されるのであるが、真実はまた、逆に、それらの中にしかないのである。

先達を乗り越えるのは、後継者の義務であり、各種データの蓄積された今なのである。
一万年以上の歴史を有する事実を、浅学で葬り去ってはならない。

本書で使用した研究資料（主に図表）は、出典を明記して、借用・引用させていただいたが、研究内容そのものは正確にトレースしていない可能性もあるので、使用内容に錯誤があるかもしれない。これについては、お詫びし、ご教示をお願いしたい。

また、本書は、ある意味で自説に都合の良い「良い所取り」の可能性もある。十分ではないが、他の事実と整合させることで検証を行って、資料を単独で根拠にはしないように努めている。しかし、本編の主張する「事実」が無いのなら、その箇所を「事実」を持って反証していただきたい。

本書は、各所に散在している、考古学、古史・古伝、各種研究資料、在野の資料などの成果のうち、本編の疑問への回答として、課題にマッチするものを拾い出し、複数の事項を収集・調整することで、課題への根拠とし、回答とする方法論を採用している。縄文時代の事実が乏しい状況に鑑み、上述の地質学的解析手法を適用したものである。抽出した事項の誤りも存在するので、かなりフレキシブルな考えを持って対応してほしい。一事の誤りをネタに、主旨まで偽書扱いにしないでほしいのである。

仮説の根拠は、よくわかるように、最初に「仮説」を、続いて「根拠・図版」を示して、判断根拠を明示する独自の証明方法を採用し、「独断」や「憶測」を除くように心がけた。また、必要部分には、「コラム」を設置して補足し、何を考えているかがわかるように努めた。これらの資料は、縄文時代に興味ある方々の良い資料集となるであろう。

本書では、紀元前は、ＢＣ年を使わず、二〇〇〇年の歴史時代を加えて、「何年前」表示にしている。紀元後（ＡＤ）は、そのまま、年数を表示している。

また、一時期存在した、名称、地名などは、時代的変化が不明なので、その名称を、各時代にわたってそのまま使用している。例えば、『記紀』に記載されているニギハヤヒは、ずっと「ニギハヤヒ」または「ニギハヤヒ族」と使用している。詳細な事実が不明な「縄文時代」のこと、資料もないのでご容赦を願いたい。

本書の解析は、また、「一字音語」「二字音語」などを縄文時代の名称と理解して進めている。二部族の同盟であれば、二字音に、三部族連合では、三字音になると考えている。また、人名は、（部族名）＋（地名）＋（名称）＋（性別ヒコ、ヒメ）＋尊称（命など）などを（助詞をつけて）連結しているものと理解している（一部で順序逆転している）。また、渡来時の名称と列島内での名称とは、語順が逆転しているようにも推定される（渡来系は、「動詞」＋「名詞」となったり、「武（タケ）」「彦（ヒコ）」が名称の先頭に付くように）などなど、言語学的指摘がないので、やや作為的に、これらを根拠とした箇所もある。事実を大きくずれていないと考えているが、もちろん、従来の「言語学的常識」には合致してはいないので、批判が多いと推察される。

本書の「仮説」により、縄文時代後・晩期の縄文時代人は、かなり流動的な動きを示すこととなる。縄文時代中期までに、統合化した東日本勢力は、一挙に爆発して西進したと主張している。「この結果、何が発生したのか」は、次巻で、さらに解明に挑戦してみたい。

本書は、また、奇抜な事象を主張しているわけではなく、これまで発掘された事象を統合化し、生まれた

「仮説」を再構築しただけであり、新たな主張を行っているわけではないが、楽しみながらお読みいただければ幸いである。

最後に、資料やデータを提供していただいた、諸先輩に深謝の意を表したい。

二〇一六年十一月

内舘　彬

目次

序 章　縄文時代は、何が解明されれば、生き生きとした歴史が描けるか

縄文時代の何が解明されれば、より生き生きとした歴史が描けるのかと考えてみる。
まず、縄文時代の歴史を鳥瞰してみよう。

①縄文時代の中期には、温暖化が進行し、海水準が最高位に達して、列島はすべての海峡が開いて、それぞれが孤島化したので、この期を境に、前後で大きな情勢の変化があったはずである。
②この期より前の、縄文時代草創期、早期、前期前半まで、旧石器時代から続いていた、列島への人集団の流れは、孤島化により、この期以降は途絶した。
③列島の孤島化以降の縄文時代前期後半から中期には、温暖化の進行もあり、人口の増加と列島内の住民の融合や一体化が一挙に進行し、その後の「日本民族」の文化的基層が形成された。
③西日本では、度重なる火山活動と照葉樹林帯の特性が、人集団の増加する条件を与えず、人集団は、食料の豊富なブナ樹林帯に属する東日本に移動し、極端なまでに集中し、偏在した。
④この状況の中で、縄文時代後期には、大陸の動乱の影響を受けて、西日本を中心に渡来民が増加し、気候の寒冷化の進行もあり、人口爆発による食料不足を生起せしめ、縄文時代人に、その対応を迫った。
⑤その結果として、東日本の人集団の雪崩をうった大移動（西進）が発生し、一部は、列島を越えて大

陸まで及んだ。
⑥これらの状況を経て、ニギハヤヒ族による「原ヤマト」国家が建設された。
⑦その後の継続する渡来民の増加によるリアクションもあり、「倭国大乱」が発生したが、九州に邪馬台国を造って、収拾されて、ヤマト王朝が維持・強化されたと考えられる。

などなど、縄文時代を超えて、弥生時代に至るシナリオが考えられているが、ある意味では比較的単純ではなかろうか。これらの大筋の中で解明すべきは、「まえがき」に述べた、「後・晩期の遺跡の急減、すなわち、東日本勢力の大移動」の解明と「その主体が誰なのか」を解明することが、比較的重要なことと推察できる。

正史『記紀』は、一つの回答をすでに与えていて、原ヤマトを成立させたのは、ニギハヤヒとされている。スサノオの出雲国やアマテラスの日向国は、先行してクニを造るが、ニギハヤヒが統一している。これも古伝が主張している。

一方、大陸からの渡来の波は、中断することなく、倭人を列島に押し出し、北九州に新たにクニグニが形成されるが、倭国大乱で再度征討され、列島は統一されていくことになる。忘れられた東日本は、北海道勢力の侵攻を受け、後代、蝦夷として征討が行われることとなる。以下、これらの諸点を、既存資料から、解明していく。

第一章 東日本勢力の大移動

一、縄文時代の後半の最大のイベントは、「東日本勢力の西進」と「原ヤマトの建国」である

縄文時代の後半（後期〜晩期）歴史の中で、この時代を特徴づける最大のイベントは、序章にも示したように「東日本勢力の西進」と「原ヤマトの建国」ではなかろうか。

二万年前から進行していた海水準の上昇は、一一五〇〇年前にすべての海峡が開いて、大陸から分離し、縄文時代前期後半（六〇〇〇年前）には、最大海進期を迎え、列島は、さらに分断されて、孤島化した生存環境が続くことになる。

列島への人集団渡来は、完全に途絶えたわけではなく、散発的に継続していたものと推定されるが、列島内では、孤島内に限定された人集団が、その後、気候が温暖化する中で、各種技術を発達させ、交流・交易が頻繁となり、さらに、鬼界カルデラ火山や瀬戸内海の水没により、西日本の人集団は、東日本に移動し、東日本に集中・偏在して、縄文時代中期には一挙に人種の混血・融合化が進行したものと推察される。

その中から、新たな遺伝子を有する人集団（Y染色体遺伝子分析では、N系の人集団）も発生している。列島化・孤島化は、人口の増加のみならず、新たな状況と「日本文化の基層」をも生み出していたのである。

一方、この時代には、列島を取り巻く大陸では、東夷といわれる「殷」の建国に始まり、多くの国々が建国され、抗争を繰り返す時代に突入していたのである。生存をかけた戦いは、止むことはなく、幾多の逃亡民、敗残兵を創出していたことは、否めない事実である。それらの余波は、列島にも及び、渡来民の増加は、「クニ」意識の形成を促し、列島にも新たな機運を発生させることとなる。

列島でも、中期から盛り上がっていた、部族の一体化意識は、大陸の抗争による渡来民の増加により、共同体意識を増大させ、クニの形成を加速したものと推定される。また、部族の統合化の意識は、当然、部族のみで解決できない問題の発生を意味しているのであり、その理由は今後とも探っていかなければならない（左記参照）。

そんな情勢の中で、渡来してきたニギハヤヒ族の存在は、新しいクニ意識や統治ノウハウを有し、栽培技術や鋳造新技術を帯同し、しかも、「霊」の意識や縄文人の「和」の意識と合致するものであったのではなかろうか。ニギハヤヒ族は、共同体のリーダーとなり、芽生えつつあった列島内の部族単位のクニグニを統合し、後期後半には、大移動を牽引する「国」を作っていたものと推察される。

ニギハヤヒ族は、東北から関東に南下し、関東を席捲して大勢力となり、自然の勢いに導かれて、「西進」を開始するのである。そして、西日本に散在、展開していた渡来系集団を駆逐し、「原ヤマト」を建国するのである。

詳細は、後述するが、クニグニから「国」への形成の契機をまとめると、以下のとおりである。

①　東日本勢力が、同一種族との意識が形成されていたので、外敵に対抗する「クニ」（国）を形成しやすかった。

②　帯同した新技術や各種ノウハウは、部族統合のシンボル、盟主を成立させた。

③　ニギハヤヒ族に国家意識があり、「和」を重視する、東日本の諸勢力を統合した。

④　イ族、アベ族、海部族など、移動に必要な水軍力が合流した。

⑤　「多勢に無勢」は、少数の進入者に対する「話合いによる制圧」を可能にした。

⑥西進や統合化の大義は、「列島の統一」「侵入者の駆逐」「新技術の獲得」などがあった。

これらの状況は、以下、詳細に論を進めて行こう。

二、それは、縄文時代中期の人口爆発から始まった

小山修三氏（『縄文時代』中央公論社　一九八四）、安本美典氏（『日本民族の誕生』勉誠出版　二〇一三）などによれば（図1-1）、縄文時代中期（五千~四千年前）の列島では、遺跡数を基に算出した人口分布は、地球温暖化を反映した生存環境の良好化により、歴史始まって以来の最大値に達したとされている。

縄文時代早期~弥生時代まで示された、遺跡分布の変化図は、縄文時代中期で最大となった後、後・晩期（四千~二千三百年前）に急減し、弥生時代（二千二百~千七百年前）に一挙に回復・増大したとされている。

これらの変化の根拠として、考古学分野の判断として、気候の寒冷化による植生の不良化や変化の結果、食料不足に陥り、急激な人口減少が発生したとされている。また、弥生時代の急増は、水田稲作を帯同した、大量の渡来民が列島に到来し、食料増産の結果、人口が回復・増大したと主張されている。

「まえがき」でも述べたように、縄文時代後期から始まる、遺跡の減少（人口の減少）は、一万年以上の間生存してきた、「列島人」が多少の寒冷化などで、食料難に陥り、人口減少が発生したとは思えない。また、座して指をくわえて死を迎えたとも思えず、一方、その根拠とされる大規模な気候変動を示す科学的データもないのである。その急激な変化は、別な根拠に基づかなければならない。

縄文時代の遺跡分布は、図に示されるように、東日本に極端に偏在している（表1-1）。その理由も、考古学では、食料となる植生の偏在と、西日本におけるたび重なる火山噴火の存在を指摘している。東日本地

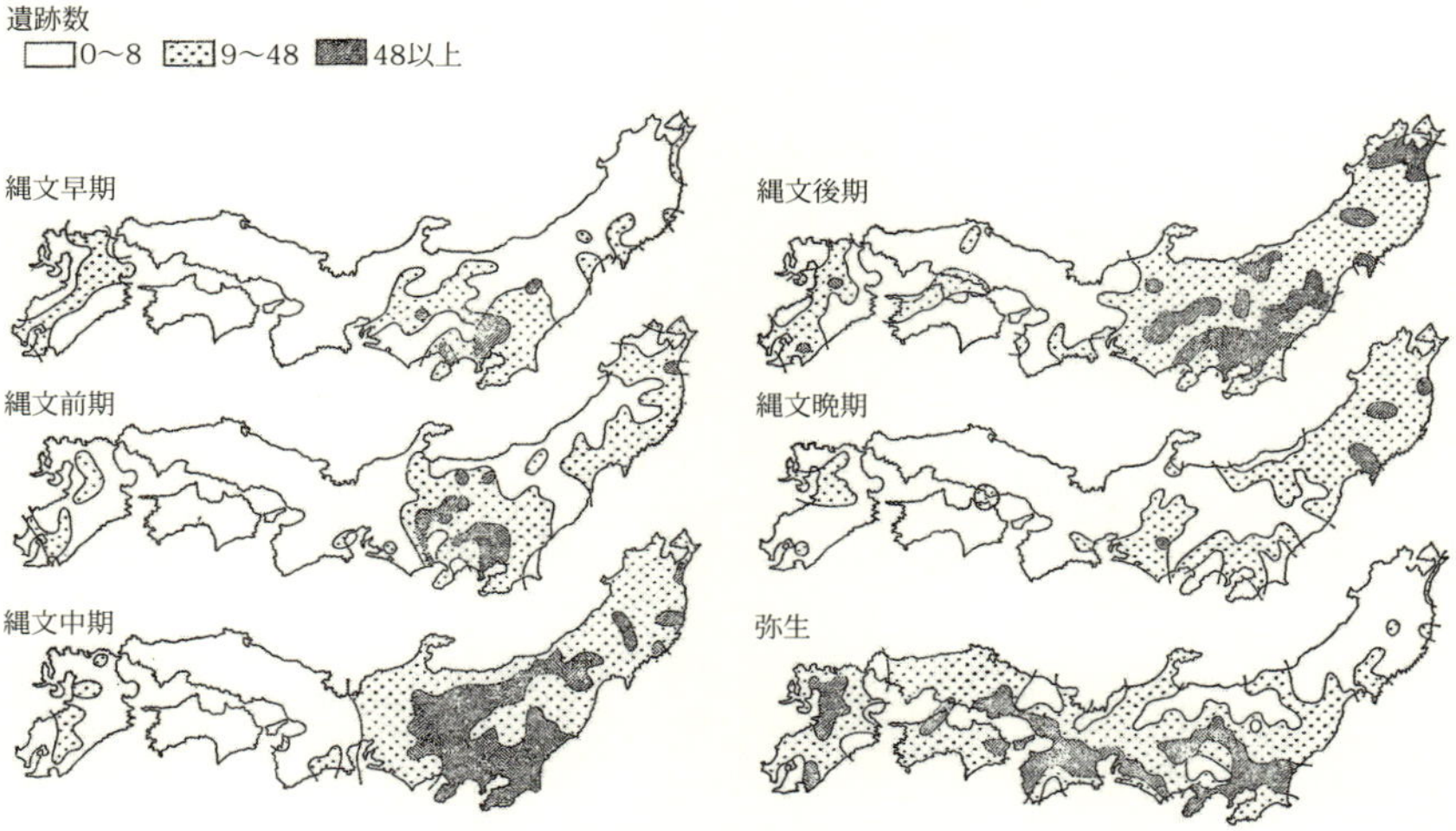

図 1–1 縄文時代早期〜弥生時代までの遺跡数分布

縄文時代中期に最大となり、東日本に集中している。縄文中期〜後期の東日本への偏在分布と後期〜晩期の遺跡の急減が明瞭に指摘される。弥生時代に東北・北陸を除いて、一挙に急増・回復している。（出典：小山修三『縄文時代』中央公論社）

縄文時代の類型別遺跡数

三区分	地域	数	地域別百分率	三区分別百分率
北海道	北海道	1	0.27%	0.27%
東日本三地方	東北	80	21.98	85.44
	関東	146	40.11	
	中部	85	23.35	
西日本四地方	近畿	41	11.26	14.29
	中国	2	0.55	
	四国	1	0.27	
	九州	8	2.20	
	計	364	100.0	100.0

表 1–1 縄文早期〜弥生時代までの遺跡数分布

各地域、区分その他の分布比率。東日本が85%を占める。

（出典：安本美典『日本民族の誕生』勉誠出版）

域の、気候温暖化に伴う遺跡・人口の増加については、至極妥当な解釈といえるが、東西日本の極端な差異については、その境界が伊勢湾〜若狭湾に存在していることから、地勢的理由が大部分を占めていると考えられるものの、中国・四国地方の空白は、火山活動や植生変化の存在のみからは、なかなか納得できる理由とはなっていない。中期には九州で遺跡分布が存在していることから、火山被害は克服され、居住に適した状態に復活しており、発掘箇所の数が少ないこと、後の時代の人工改変の影響など、別の根拠も加味して考える必要があるものと推察する。

中国や大陸では、食料難に陥った、「北狄」、「西戎」といわれる遊牧民は、豊かな食料を有する長城内の諸国に対し、略奪を繰り返しており、列島にも食料を求める渡来民の存在（『記紀』などにもオロチの出雲侵攻やオシル人の侵入など）も多く確認されている。食料難に対応する手段として、食料確保の移動は、歴史的にはそれほど珍しいことではないのである。縄文時代後期の遺跡急減が、寒冷化による食料不足であれば、まず、略奪して確保する手段を選択することが通常の対応であったことを、念頭にすべきではあるまいか。

三、そして、縄文時代の後・晩期に遺跡が急減する

縄文時代中期まで増加してきた遺跡数（人口に反映）は、何故か、後・晩期には、急減している。

この急減の理由を、気候の寒冷化の進行で、採取する植物食料の不作による、食料不足に起因すると、考古学では主張されている。確かに、八ケ岳西域の遺跡は、縄文時代中期には、標高一二〇〇メートル付近にあったが、後期には、標高八百メートルまで移動していることが指摘されている。

しかし、国立歴史博物館資料の「グリーンランド氷床コアから復元された過去の気候の変動」図（図1－4参照）によれば、この時期のデータは、寒冷化の存在を示していない。また、一万年以上も寒暖を繰り返す環境の中で生存してきた人集団が、科学的データにも現れない「気候の寒冷化」で、死滅したわけでもあるまい。一方、食料不足による食料争奪により、抗争が激化したという考古学的痕跡もまたない。

それでは、後・晩期の遺跡急減の原因は、何であろうか。

小山修三氏データ（各書に掲載）によれば（図1－2(左)参照）、遺跡が急減しているのは、関東地方と中部地方を主とし、東北地方がやや追随しているが、寒冷化の影響を最大限享受するはずの東北地方では、減少傾向がゆるくなっている。

県別では、長野県、東京都、千葉県で、急減が特出しているのに対し、岩手県、宮城県、秋田県では、微減ないし変動なしで、好対照を見せている。

また、長野県のうち、八ヶ岳西南部では、中期後半に遺跡が急減しているが、後期の中頃、堀ノ内式土器が流入して、遺跡数が一時増加していることにも注目したい。千葉県からの土器の流入が、遺跡増加の原因であり、これは移動によるものであることを示している可能性が高い（図1－2(右)参照）。

これらから考察すると、もちろん、その減少は、気候要因などではなく、東日本に偏在分布している遺跡分布が、その西端から崩れるように減少していることである。

素直に考えれば、遺跡分布が濃密な東日本勢力が西端から、遺跡分布が過疎な西日本に、暫時移動を開始したのだと考えざるを得ない。しかし、対応する西日本では、この時期に、遺跡数は、多少増加しているものの、顕著に急増しているとは言いにくいのである。何か別の理由も加味されていると推定せざるを得ないのである（図1－3参照）。

それらの理由を以下探していくこととしよう。

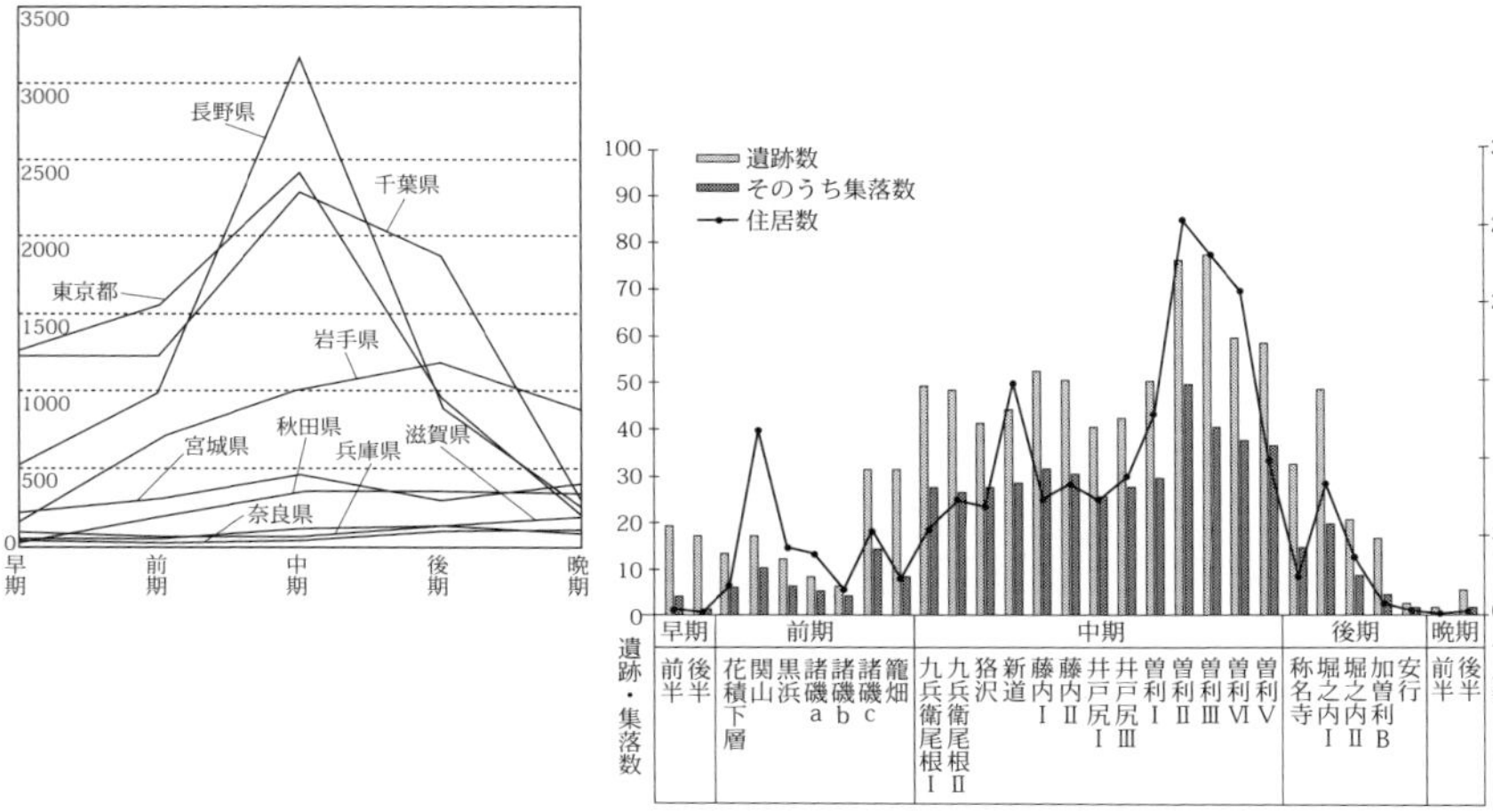

図 1–2　時期別、地域別の遺跡数の増減

前出の遺跡分布の詳細（県別、土器型式別）（時代別）。後・晩期の急減は、東北では顕著ではなく、気候要因ではないことを示す。後・晩期の急減は、中部・関東で著しい変化を示す。
（左） 県別変化、長野・千葉・東京の変化が大きい。東北は、変化に乏しい
（右） 八ヶ岳西南麓の土器型式別にみた遺跡・集落・住居数
八ヶ岳西南麓では、早期前半から集落が営まれるが、若干の増減を繰り返しながら、中期初頭の九兵衛尾根式期に入ると爆発的に集落数を増加させる。そして中期の曽利 II 式期に絶頂をむかえると、その後一転して減少し、後期前半の堀之内 I 式期にいったんもちなおしたかにみえながらも、晩期には「無人の野と化す」といわれるほど集落がなくなってしまう。
（出典：勅使河原　彰『縄文時代ガイドブック』新泉社）

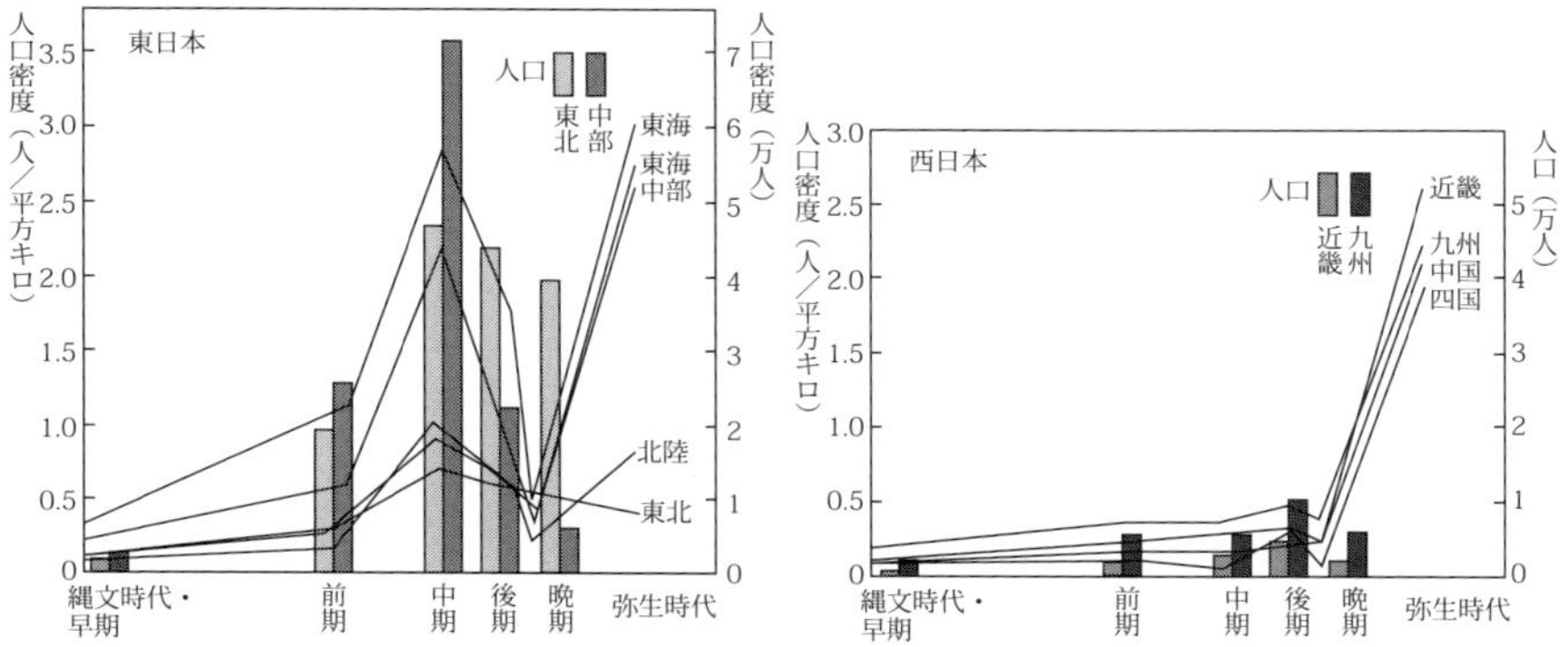

図 1–3　人口密度の変化パターン

東日本の急減に、西日本が対応していない。弥生時代は、東日本は回復、西日本は急増変化。

（出典：佐々木高明『日本史誕生』集英社）

四、遺跡の急減の原因は、気候的要因ではない

縄文時代後期（四千〜三千年前）頃、列島に「気候の寒冷化」は発生したのであろうか。各種データを抽出してみた。

次ページには、前述の国立歴史博物館資料の「グリーンランド氷床コアから復元された過去の気候の変動」と「亜寒帯性針葉樹と冷温帯性広葉樹の比較」（花粉分析）（図1－4参照）を示した。

また、「日本列島における古気候の変遷」（吉野一九八三）（表1－2参照）、「鳥浜貝塚一九七五年Ⅲ区の花粉ダイヤグラム」（安田一九八八）、「三方湖花粉ダイヤグラム」（安田一九八八）、「遼東半島南部の気候と植生の変化」（図1－5参照）を示した。

これらによると、「気候の寒冷化」は、「日本列島における古気候の変遷」（吉野一九八三）に記載されているものの、列島内の他の花粉分析データやグリーンランド氷床コアなどでは、全く変化が無く、わずかに、大陸データの「遼東半島南部の気候と植生の変化」図に、三千年前頃の気候変化が読み取れる。

気候の大きな変化は、「縄文時代中期の温暖化による植生の大変化」と中期以降、徐々に進行してきた「寒冷化」である。縄文時代後・晩期の列島内の急激な気候変化は、考えられない。

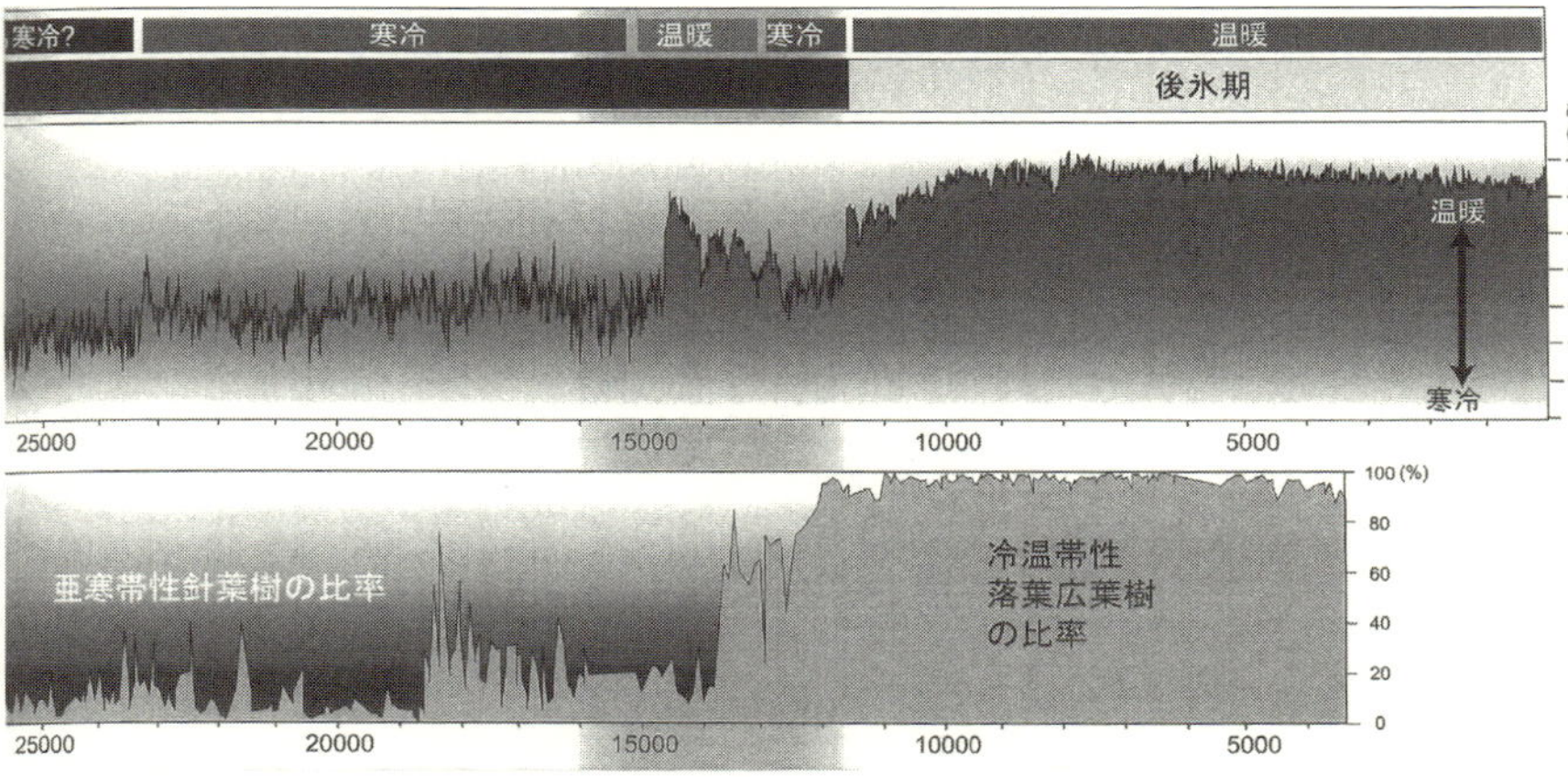

図 1–4　縄文時代の気候変化

後・晩期の気候の急変・寒冷化は、確認できない。上段にグリーンランド氷床コアによる気候変動記録。1万年以降、顕著な変化は見られず、後晩期の気候変化はない。下段は、野尻湖底堆積物の花粉分析結果（落葉広葉樹の比率）。列島内でも1.2万年以降、顕著な変化は見られない。

（出典：国立歴史博物館資料『縄文はいつから』部分）

年B.P	サンマークの海気候	海水準の変動	日本海の暖流	日本における海進・海退の期間と古気候	時代
1000 2000	サブアトランティック			弥生時代中期に小さな温暖期 全国的に冷涼（ヒプシサーマル期にくらべ 年平均気温2〜3℃低い）日本海側で多雪 稲作文化の伝来	歴史時代 弥生時代
3000 4000	サブボレアル	海面小低下		冷涼気候のピーク(3500年〜1500年B.P) 縄文中期の小海進(4000年〜2500年B.P)	縄文時代 晩期 後期
5000 6000 7000	アトランティック	海面最高 +2〜3m	海面水温17〜18℃ 暖流が本格的に日本海に流入	小さい温暖のピーク(5200年〜4000年B.P) (年平均気温東日本で2℃、西日本で1〜1.5℃現在より高い) ヒプシサーマル(6500年B.Pごろ)全国的に温暖、西日本では湿潤 縄文海進の最大期(7500〜5900年B.P)	中期 前期 早期
8000 9000	ボレアル	海面急上昇中の小低下		小さい寒冷期(9000〜8800年B.P)	早期
10000 12000	サブアークティック	海面上昇開始	海水面の上昇に伴い暖流の流入がはじまる	後氷期 縄文土器あらわれる 気候がしだいに温暖化に向う	早創期 旧石器時代
14000 18000 20000	アークティック	最終氷期最大の海面低下 −85m〜−120m	海面水温8〜12℃	日本全体に低温、乾燥 最終氷期のうちの最後の寒冷期（東日本で現在より−7〜−8℃低い 西日本で現在より−5〜−6℃低い）	旧石器時代

表 1–2　日本列島における古気候の変遷（吉野 1983 を一部改変）

（出典：佐々木高明・大林太良『日本文化の源流』小学館）

鳥浜貝塚1975年Ⅲ区の花粉ダイヤグラム

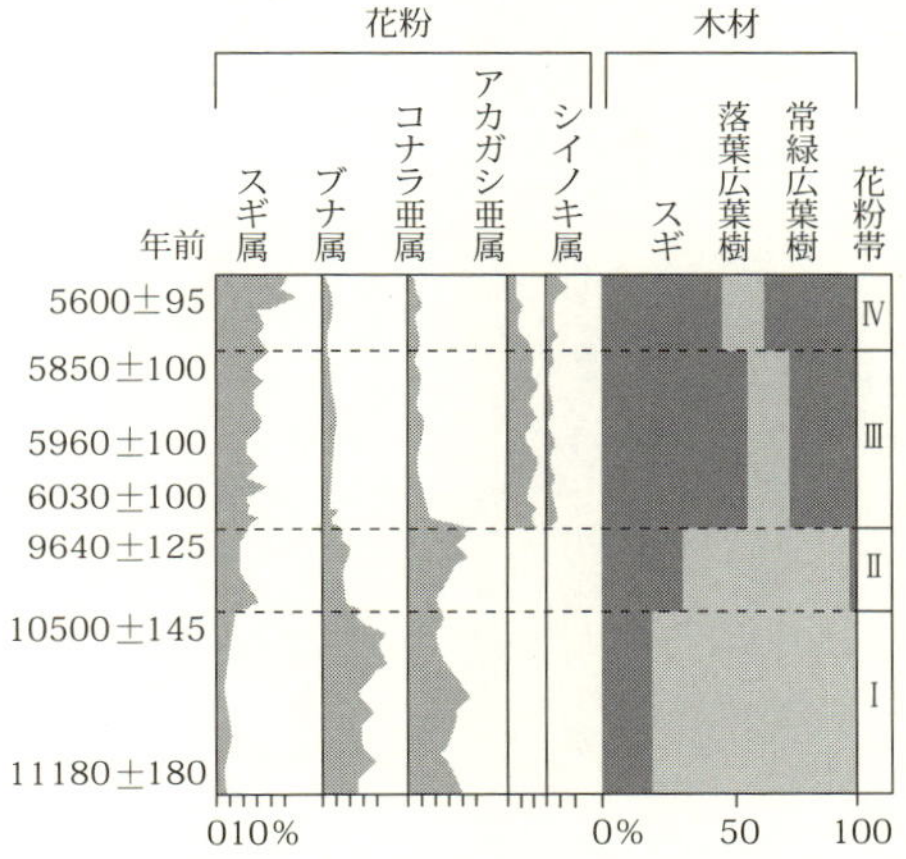

花粉の出現率はハンノキ属を除く樹木
花粉を基数をするパーセント
（安田・1988による）

遼東半島南部の気候と植生の変化

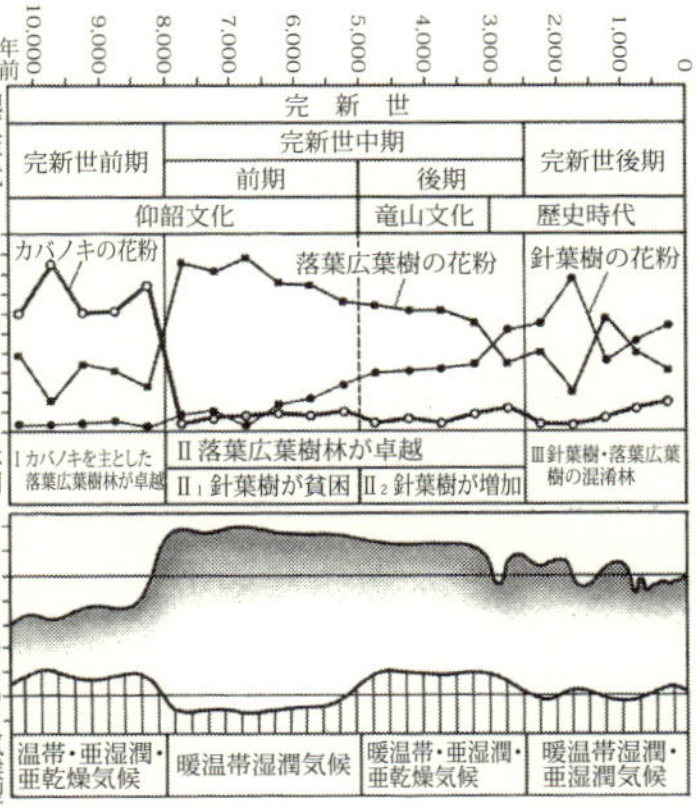

三方湖の花粉ダイヤグラム（安田・1988による）

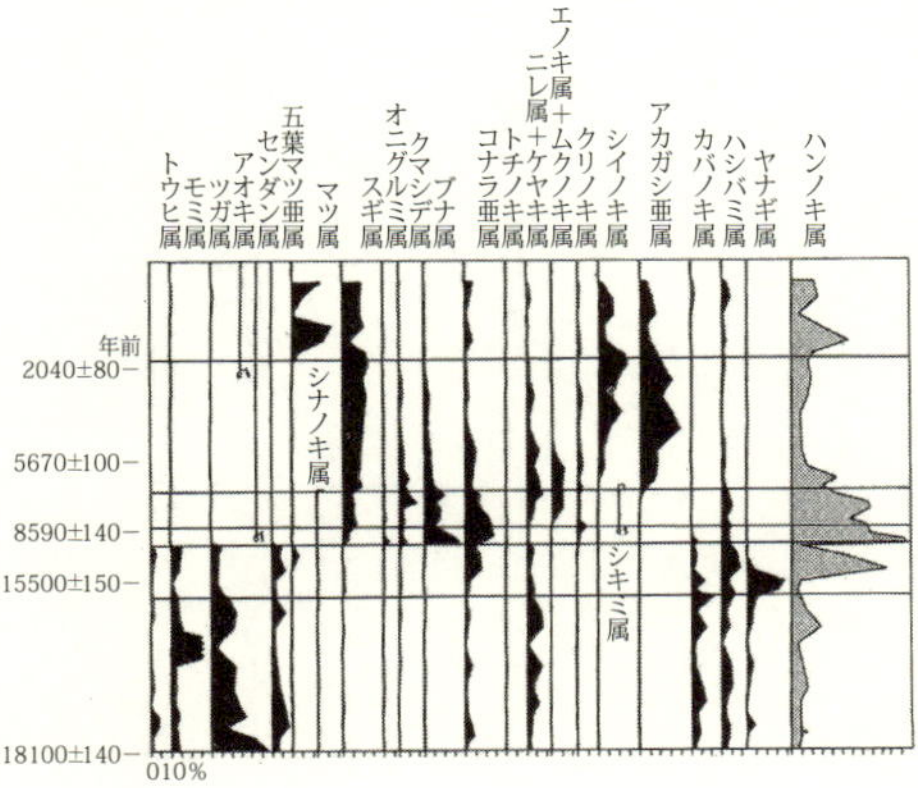

図 1–5　縄文時代の寒冷化と植生の変化

表 1–2 には、3000 年前の寒冷化が記載されているが、鳥浜貝塚や三方湖の花粉分析では、明瞭でない。しかし、遼東半島データでは、わずかに兆候が現れている。これらの図は9000 ～8000年前に植生の急激な変化が発生していることを明確に示す。
（出典：佐々木高明・大林太良『日本文化の源流』小学館）

五、縄文時代後・晩期の遺跡急減の原因は、大陸の状況の変化への対応（東日本勢力の西進）が主因である

縄文時代中期（五千〜四千年前）以降、大陸では、何が起こっていたのであろうか。表1-3は、大陸の時代とともに勃興した部族や国家の変化を、地域別に概略示したものである。列島内についても、これまで発表された成果を加味している。

この表で明らかなように、縄文時代中期以降、大陸では、諸民族が勃興・盛衰を繰り返し、抗争の時代を形成していたのである。

遺跡数の変化が開始された、縄文時代後・晩期（四千〜二千八百年前）には、中国大陸では、部族抗争や建国、盛衰の渦中であり、列島人が何の不安もなく生活していられる時代ではなかったのである。

考古学データでも示されるように、すでに、縄文時代後半には、大陸からの渡来民や進入者が徐々に増加しており、各種情報がもたらされて、蓄積され、列島も激動の時代を迎えつつあったのである。すなわち、部族の統合はもとより、クニの成立や部族連合が模索されてもおかしくない状況にあり、外的変化への対応に迫られていたのであり、次々に渡来する新技術（栽培技術、精錬技術など、ハードからソフトまで）の取得が求められていたのである。

食料確保のみが最優先の時代から、食料不足から移動民や略奪民が大量発生し、夏王朝や殷王朝の成立や滅亡は、多くの戦闘民や逃亡民を生み出し、部族単位では対応できず、より大きな部族連合や国家の建設の必要性が顕著になったのであろう。

縄文時代人は、長い眠りから覚め、行動を開始したのである。

縄文時代の後・晩期には、列島でも「百余国」（中国古伝）といわれるように、多くの部族単位のクニグニが形成されていくこととなるのである。

中国編年	年　代	東日本	西日本	朝鮮半島	大陸東北部	沿海州地域
旧石器時代	1.5万年前	D2、C3	D2、C3、C1		黒竜江と華北との交流	
龍山文化	5000～4000年前				龍山文化	
夏	4100～3600年前	中部勢移動			ツングース部族	
殷(商)	3600～3100年前	殷系渡来O3			東夷・北狄	粛慎(松花江)
西周	3050～2771年前	関東勢力西進				粛慎
春秋時代	2771～2403年前	東北勢南下				
	2676～2651年前	晋郡公子渡来			東湖(河北省)	粛慎
			「イズモ」国譲(ニギハヤヒ)			
	2600	ヤマト帰還建国	イワレヒコ東遷			
	2473年前～		呉族渡来			
戦国時代	2403～2221年前				北方・匈奴・東湖	粛慎
	2334年前～		越族渡来O2b		東北・ワイ・高夷	
秦	2221～2206年前		徐福渡来	北・沃沮	扶余・高句麗	粛慎
				南・朝鮮		
前漢	2202～AD 8		倭族形成O2b	朝鮮滅・四郡	東湖滅亡・匈奴	粛慎
				南・三韓	匈奴分裂・鮮卑、鳥桓	
新	8～25					粛慎
後漢	25～220		57奴国	ワイ・ハク・三韓	鮮卑	挹婁
	147～189	オワリ族西進	倭国大乱	半島勢力撤退		
三国時代	220～265	ヒミコ共立	邪馬台国		鮮卑	挹婁
西晋	265～316	邪馬台国東遷		伊羅渡海	コウマンガン(黒竜江)	挹婁
東晋十六国	316～420	ヤマト成立	ミマキリリヒコ東遷	新羅・百済・加羅	契丹(河北省)	挹婁
北魏	386～534			北・高句麗	高句麗	
南北朝	420～589				扶余滅・高句麗	勿吉
宋	420～479					
梁	502～557	扶桑国	文身国・大漢国			靺鞨
隋・唐	589～907		608秦王国	新羅統一		
			663白村江		高句麗滅・渤海	勿吉滅・渤海
		渤海使渡来				
五代十国	907～979				渤海滅・女真	渤海滅・遼(契丹)

表 1–3　大陸の状況変化と列島の状況

縄文時代後・晩期の大陸は、抗争の時代である。
（O2、C3等の英文字は、Y染色体遺伝子解析による人集団を示す）

六、クニの形成は、東日本より始まり、東日本勢力の西進・波及と抗争を経て、ヤマトで完成される

縄文時代は、温暖期である中期（五千～四千年前）に最盛期に達し、遺跡数は最大となるが、前述したように、その八十五％は、東日本に偏在していることを最大の特徴としている。東日本での遺跡の偏在は、気候帯を反映した、食料となる植生の分布による、食料確保の優位性に起因していると考えられている。事実、津軽海峡をまたいで、三内丸山遺跡や函館空港遺跡など大型集落が形成されているのである。

それらの結果から、素直に考えれば、クニグニの形成は、遺跡が偏在し集中している東日本でまず発生し、暫時、西日本に波及していったものと考える方が妥当性がある。

縄文時代後期から晩期にかけて、東日本勢力は、西日本に大移動を開始する。それは、高きから低きに水が流れるようなものと考えられるが、東日本勢力の西進の契機については、次のような諸点が考えられる。

後晩期の急激な変化と移動の契機。

①人口増加による食料難の発生に伴う食料の確保（気候的要因）

②食料増産のための新技術の取得（陸稲など栽培作物）

③新技術獲得（青銅器・鉄精錬技術）

④交易の必要性と発達

⑤疎地・新天地の開拓・移住

⑥西日本への侵入勢力の駆逐（ツングース系集団の渡来増加）

⑦大陸情報（殷建国）の獲得と対応（部族連合の機運）
⑧N系集団の脱出、大陸諸族（東夷・東湖）との合流（？）
⑨漁業発達による海洋移動の容易性の拡大・多人数移動の可能化

これらを含めて、最大の契機は、統率リーダーの発生であり、その任を「ニギハヤヒ」が担うこととなる。そして、西進し、西日本を征討した後で、本隊はヤマトに帰還し、「原ヤマト」を形成する。引き続き東日本勢力は、逐次、ヤマトに帰還しているのである。

また、この最大の移動は、大陸への進出をも含んでおり、弥生時代に一挙に帰還して、遺跡も急回復しているのである。

以下、詳述していく。

第二章

後・晩期は、どんな時代か

一、中国大陸では、何が起こっていたか

中国の古史には、縄文時代の後・晩期（四千～二千三百年前）に、どのような国々と部族が記載されているのであろうか。古来より、中国の「中原」の周囲には、四夷（東夷、北狄、西戎、南蛮）が存在していたとされており、また、各時代の『東夷伝』には、次のような部族や国々が記載されている。以下、抽出してみる。

（江蘇省・山東省付近）
九夷（畎夷、于夷、方夷、黄夷、白夷、赤夷、玄夷、風夷、陽夷）、ほかに（徐夷、淮夷、藍夷、嵎夷、泗夷）
（東北部、朝鮮半島、列島）
夫餘、高句麗、東沃沮、北沃沮、粛慎（挹婁）、濊、韓、倭、百済、加羅、勿吉（靺鞨）、失韋（室韋）、豆莫婁、地豆干国、庫莫奚国、契丹、烏洛候国、裨離国、養雲国、寇莫汗国、一群国、新羅、琉求国、流鬼、日本

主な古史の中から、列島周辺の状況を列挙してみる。

『山海経』（戦国時代～秦～漢代）
「毛民国」（臨海部で去ること東南二千里にして、毛人あり）フィリピン～琉球付近

『漢』（前漢紀元前二〇二～、後漢二十五～）

『淮南子』（前漢代成立）

東南方から東北方にかけて「大人国」「君子国」「黒歯人」「玄股人」「毛民」「労民」がある。

（毛民とは古代中国の東北部辺境の国）

『前漢書』地理伝に、「分かれて百余国」

『後漢書』五十七「倭の奴国、光武帝から印綬を賜る」

　一〇七「倭国王師升、後漢安帝に生口を献上」

『漢書』地理志、『翰苑』（三韓）などに東鯷人《とうていじん》記載
「会稽海外、東鯷人有り、分かれて二十余国を為す。歳時を以て来り。献見すという（呉地の項）」

三国史に記載なし、三世紀には滅亡か

『魏志』（北魏三八六～）
『魏志』倭人伝「桓・霊の間、倭国乱れ、莫々相討伐し、歴年主なし」（倭国大乱）
『魏志』倭人伝によれば、三世紀列島内に出現した国々は、邪馬台国ほか三十国
『宋書』倭王武の「上表文」（宋四〇二～）
「東、毛人国」毛人＝蝦夷
『梁書』（諸夷伝）（梁五〇二～）
中国東方の異国

高句麗、百済、新羅、倭、

文身国、大漢国、扶桑国、女国（扶桑国の僧、四九九年中国に来朝）

中国の古史・古伝によれば、「漢」代以前の資料に乏しく、縄文時代の大陸からの移動は、他の研究資料などによらなければならないことが判明した。

その他の資料

その他の研究資料では、チュルク系部族とモンゴル系部族が北方に居住していたとされていて、次のように区分されている。

〔チュルク系部族〕　殷代「鬼方」狩猟と遊牧で北方に居住。姓は「媿（キ）」氏

商代　鬼方、犬戎、薫育

春秋　匈奴、昆夷

〔モンゴル系部族〕　黄帝時代「高夷」姓は「高」氏、高句麗の祖

「ワイ・パク系」沃沮、部類、高夷、東濊に分離

「濊」は、扶余の出自、高句麗の別名、別種

「貊」は、貉、北發、白民

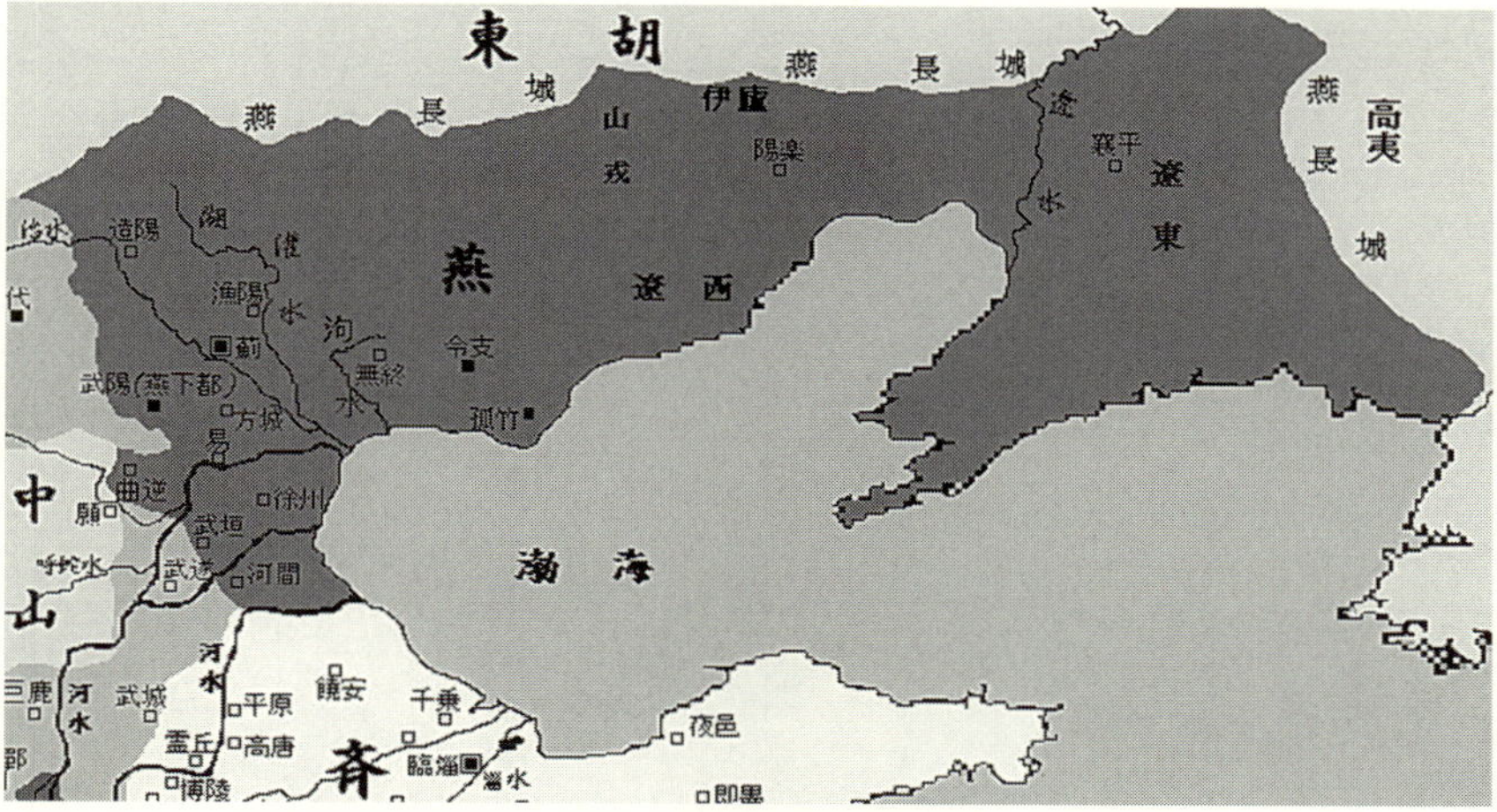

図2－1　中国戦国時代（紀元前350年頃）の北方地図
「燕」の最大範図　2350年前頃　遼東に及ぶ。北部に「東胡」、東部に「高夷」が存在している。
（出典：フリー百科事典「ウキペディア」）

また、以下に、「燕」国、「晋」国の概要を示す。
「燕」（三一〇〇～二二三二年前）（契丹古伝などによる）（図2-1参照）
周代～春秋時代～戦国時代に隆盛。秦に滅ぼされる
春秋時代　十二雄の一国、戦国時代　七雄の一国
二三五〇年前頃　最大版図（華北～山東～朝鮮を領有）
姓：姞（き）氏、都：北京（薊・ケイ）

「晋」（三一〇〇～二三七六年前）山西省　西周～春秋時代に存在、燕の西にある
国姓　姫氏　首都　翼
苑氏、智氏、中行氏、趙氏、韓氏、魏氏六部族で構成
以後、趙、韓、魏に三分裂
献帝（二六七六～二六五一年前）の時、「驪姫（りき）の乱」、群公子殺害
群公子の一人が列島に至り、その娘がナガスネヒコと婚姻しアラハバキ族形成（『東日流外三郡誌』）

四川	雲南	チベット	華南
	元謀		百色
	観音洞		
資陽	猫猫洞		
			廟岩
			甑皮岩
			陳橋
			西樵山
	白羊村	卡若	石峡　雲石山
宝墩			
三星堆			

二、遼西・遼東・東北部地域の国々は、どうなっていたのか

（一）遼西・遼東・東北部地域の民族の考古学的な文化継続の状況

（左表の遼西、遼東、山東など参照）

夏王朝以前
遼西　九千年前から、小河西文化、興隆窪文化、趙宝溝文化、紅山文化、小河沿文化
遼東　五千年前から、新楽文化、後窪文化、小珠山下層文化、偏堡子文化
山東　七千年前から、後李文化、北辛文化、大汶口文化、山東龍山文化

夏（殷）王朝時代
遼西　四千年前から、夏家店下層文化
遼東　四千年前から、高台山・双砣子文化
山東　四千年前から、岳石文化

これらの文化を担い、継承した先住民集団は、以下のとおりである。夏王朝以前は、明らかではない。

		B.C.	遼西	遼東	西北地方	内蒙古中南部	河北	河南中部	山西南部	陝西	山東	長江中流	長江
旧石器時代	前期	200万 100万					猿人洞	小長梁 東谷坨 岑家湾 馬梁	西侯度 匼河 水溝	藍田公王嶺 藍田陳家窩 大嶺上		鄖県	
	中期	20万		金牛山			新洞人	許家窯	丁村	大茘甜水溝 窯頭溝			
	後期	50000		小孤山			山頂洞人	峙峪 虎頭梁	下川 薛関	劉家岔 育紅河		鶏公山	
新石器時代	早期	10000				転年	於家溝 南荘頭					玉蟾岩	仙人洞
	前期	7000	小河西 興隆窪		大地湾1期 師趙村1期		磁山	裴李崗	老官台		後李	彭頭山	跨湖橋
	中期	5000 4000	趙宝溝 紅山	新楽 小珠山下層 後窪	大地湾仰韶 石嶺下 馬家窯文化	石虎山 王墓山 海生不浪	後崗1期 大司空1期	王湾1期 大河村 秦王寨	仰韶文化 半坡 史家 廟底溝 西王村		北辛 大汶口	城背渓 皂市下層 大渓	馬家浜 崧澤 河姆渡 2層 1層
	後期	3000	小河沿	偏堡子 小珠山下層	馬家窯 半山 馬廠	老虎山	後崗2期	大河村5期 中原龍山文化 王湾3期	廟底溝2期 陶寺	案板3期 客省荘2期	山東龍山	屈家嶺 石家河	良渚
夏王朝期		2000 1500	夏家店下層	高台山 双砣子	斉家 四壩	朱開溝	下七垣	二里頭文化			岳石	二里頭文化	馬橋

表 2–1　先史時代の時期区分図

中国大陸の先史文化を地域別に示す。列島出土物の時代が概略推定できる。興隆窪文化、大汶口文化など。（出典：伊藤慎太朗『中国文明史図説』創元社）

殷王朝　北に「鬼方」（陜西・黄河上流）、北方に「土方」、山東に東夷（九夷）
　　　　九夷（方夷、黄夷、白夷、赤夷、玄夷、風夷、陽夷、荍夷、嵎夷）
周王朝　「北戎」、北方に「鬼方」、遼西に「東胡」
　　　　燕の東「高夷」あり、一二三五〇年前頃（高句麗の祖先？）
秦王朝　「匈奴」

各時代にわたって、各地域には居住集団があり、興亡を繰り返していたことは、「中原」同様であったと推定される。

列島には、これらの集団からはじき出された部族の全部または一部が移動の果てに、渡来を決心することとなる。

（二）遼西・遼東・東北部地域の国々の主な部族

『詩経』『書経』には、「濊・貉・貊族」などの部族の状況が記載されている。

濊貊族　（山戎、北発）松花江・ドン江～黒竜江、吉林に分布。
　　　　（殷時代）山東に居住　（周代）東北に移動、松嫩江平原に定住。
　　　　（西周）周王朝に服従　（春秋戦国）斉と抗争、農（黍）・魚・狩猟盛ん。
　　　　（秦漢代）胡貉　（玄菟郡代）扶余、高句麗、貊沮と並立。
　　　　（高句麗の祖先部族を形成）　（高麗代）濊、小水貉。

扶余族 （戦国）濊貊族の一部が発展して分離。松花江中流の平原地帯に居住。
中原と魏・晋まで続く。南北朝時代の高句麗に滅ぼされる。
農業と牧畜業が主体。漁業・狩猟も行う。
東北の中心部に始めて政権を樹立した民族。中原の影響を受けた、扶余文化を作る。
木造家屋を造り、死後を手厚く葬り、奴隷の殉葬もあり。

高句麗族 扶余から分離。濊貊族、扶余族の複合国家。東北部から半島基部を支配。
始祖、東明王。三十七年に建国とされる。六六八年に唐に滅ぼされる。
以後、沃沮族の一部、朝鮮族を取り込み強大化。
「漢」と遼東の郡設置をめぐって攻防。

粛慎族 長白山の北、西は松嫩江平原、北は黒竜江下流。
（周代）「粛慎」燕と亳に接し、その北にある。
（春秋）中原の発展に伴い、強大化、農業主体。
（魏代）「挹婁」魏に臣服。
（南北朝）「勿吉」日本海に面す。西は嫩江、北は黒竜江口。
（隋・唐代）「靺鞨」。
（唐代）「渤海国」同族の「女真」に滅ぼされる（九二六年）。

北方には、「北狄」と「三胡」が居住している。その状況は、以下のとおりである。
「狄人（てきじん）」西周の後期から、集落や国の総称として記録される。

（春秋）白狄（姮氏）、赤狄（隗氏）、長狄（厘氏）
中原と争奪戦と政治・経済・文化の交流
白狄の鮮虞氏の建てた「中山国」は華夏の先進的文化を取り入れて強大となり、燕、趙、魏と対抗。山西省東南部の赤狄が強大で、「邢国」「衛国」を滅ぼす。

（戦国）三胡が発展する。中原と広く連携
林胡　モンゴル・オルドス地方、趙国・秦に編入
楼煩　山西省北部　趙国・秦に編入
東胡　山戎ともいわれ、東北地方の西遼河の上流、北はアムール川上流と大興安嶺、東は山東半島の濊貊族に接し、南は燕山北麓に達し、燕国と接する。
後の漢代に分裂して「鮮卑」「烏丸」となる。

鮮卑族　後漢時代に出現
元「東胡国」。匈奴に滅ぼされて、「鮮卑族」と「烏丸族」となる。
檀石槐による統一（二世紀頃）、慕容廆（二八五〜三三三）、北魏を建国（三八六年）

（三）古史による国々

種々の古史には、いろいろな国々が顔を出している。

『山海経』（紀元前後成立）蓋国
「蓋国在鉅燕南倭北。倭属燕」（燕の南、倭の北にあり）。

『三国史』

（夏紀編）九夷あり。風夷は主たる地位。始祖 太皞《たいこう》、伏羲《ふっき》氏。

（東夷伝）建安年間（一九六～二二〇）公孫康、帯方郡を設置。

「（帯方郡設置）、この時、倭、ついに帯方に属す」

二三〇年、呉の孫権、夷州（台湾）、亶州（種子島？）征す。

（種子島・広田遺跡から呉の貝符出土）

（東北夷）粛慎族、貉族、弧竹族、不令支族あり。

『論語』の九夷「玄菟」、「楽浪」、「高句麗」、「満飾」「天鄙（てんぴ）」

　「鳧（ふ）」「與（ゆ）」「索家（さくか）」「東屠（とうと）」

東北夷「古朝鮮族」陽夷、干夷の分布と一致、その後裔。檀君王検が出て、都を阿斯達として、朝鮮を号した。殷の王族、箕子《きし》が遺民をつれ、王位を譲られて「箕子朝鮮」となった。「燕」滅亡後、燕人の衛満がこれを滅ぼし、「衛氏朝鮮」を建国。

『漢書地理志』「楽浪海中に倭人あり。分かれて百余国……」

『魏史』（倭人伝）「往来するは三十国である」

「孤竹国」「燕」以前の殷代の存在。


　種々の記録はあるが、列島に関しては、『漢書』（地理志）から、記載が散見される。しかし、それ以前は、なかなか資料が見当たらない。

（四）古伝による状況は、以下のとおりである。

『契丹古伝』浜名寛佑氏により発見解読。

耶律羽之により、契丹国（遼国九二六～一一二五）間に成立。

『耶摩駘記』『氏質都礼』『西征頌疏』『費弥国氏州鑑』『秘府録』『辰殷大記』『汗美須銍』『神統志』『洲鮮紀』など九古伝より作成

『契丹古伝』による状況。

（イ）漢民族の「周王朝」成立以前に、列島を含む東アジアに「東大神族（シウカラ）」民族が先住しており、「三皇五帝」時代、夏・殷時代を造った。

（ロ）日本人の祖先もこの「東大神族」であり、しかも嫡流であるという（浜名氏）。

（ハ）神祖は、「トコヨミカト」、号は、「辰沄スサカ」遼西のイムロ山（閭山）に降り、「辰沄」氏始まる。朝鮮半島内の「アシ」に辰沄氏、「東冥」（日本？）に阿辰沄須（アシムス）氏がいた。

（ニ）『耶摩駘記』によれば、国名の「秋州」は「阿基氏未」であり、名残がある。

（ホ）辰沄氏を構成する七氏族があり、あき（阿基）族は、上古代日本、わい（央委）族は、朝鮮の祖民、やい（陽委）族は、殷の勇族、わい（漢委）は、古代「黄」の巨族、はた（伯弭）族は「堯」代の四貊、はんや（潘耶）族は、扶余、わい（濊委）族は、殷代の大侯国である。

（ヘ）『西征頌疏』によれば、神祖は、西征を決意し、シウアケ（遼東半島金州）に、サカアケ（遼河河口）に、ユキアケ（秦皇島付近）に城を築かせ、ニレワタ（西海・黄海）を渡って（山東半島登川）

に都を造った。その後、「殷」を建国する。

（ト）神祖の地を拓き、区して「五原」とす。五原を統治したのは、日孫統治の「大統」を継承した黄帝の「堯」である。ハキシノワケ（西原）、ワタシカワケ（東原）、ナキクシコメ（中原）、イカタチワケ（北原）、ウナミチワケ（南原）がそれぞれ地方を治む。

（チ）「五原」を一八〇年にわたって統治したが、日孫は、これを断念し、高天原に帰還。

（リ）あき（阿基）、わい（淮委）、わに（潢珥）、わい（泱委）、はんや（潘耶）から構成される。

（ヌ）殷の滅亡。伯委（唱えてならず）、和委（征して克たず）、陽委（勇なりしも乱れ）准委・徐委（奮戦するも、前一一二二「殷」は、滅亡）。「羌」（内より焼く）。

（ル）武伯族と智淮族は、殷を再興し、「辰沄殷」を満州に建国。

（ヲ）武伯族は、山軍（犬戎）を糾合し、ニニキシとともに、燕を降し、韓を滅し、斉の迫り、周を破る（燕降伏。前三二四年）。

（ワ）宛に居た「しゃ（徐）族（さか徐珂族）が殷に倚る。「徐珂殷」を建国。

（カ）二国は、一時、燕を討って故地回復。秦と遼河を以って境とする。

以後、秦・漢・衛氏朝鮮の建国時などに、徐珂殷、辰沄殷は滅び勢力拡散。

（五）その他

国内の古伝や各種研究資料には、多くの記載が現れている。全容は把握できないが、徐々に解明されていくことであろう。

縄文時代後・晩期は、四〇〇〇～二八〇〇年前で、「殷」（三六〇〇～三〇五〇年前）と時代的には重複し、建国や滅亡前後の混乱に、注視する必要がある。

わ（和）（阿基?）族、わに（潢珥）族、しゃ（徐）族が構成部族であることは、注目される。しゃ（徐）族は地名や名の「坂戸」であると主張する説もあり、国内に「和珥《ワニ》」「坂戸」の姓氏や地名が多いからである。

この「辰沄殷」国は、半島に移動し、「辰国」となり、「辰韓国」や「弁辰国」に継続した可能性もあり、さらに、高句麗の圧力をうけて半島を押し出され、列島に移動した可能性もある。

「辰」は、東夷の「殷」の流れを汲み、滅亡後、権威として保持されていたとされている。江上波夫氏の「騎馬民族国家」説は、この辰国の流れに基づくものであろうか。

三、朝鮮半島周辺の国々への影響

（一）朝鮮半島周辺の国々

① 図2-2には、満州・朝鮮半島の民族や国々の状況を示している。これによれば、各部族とも、大陸の黄河流域から北方に押し出されて、西から東に移動しており、戦乱に伴う移動が顕著である。

② 図では、前漢・後漢代に倭人国が満州付近に存在したとされているが、資料未確認。契丹古伝による、「殷」の構成部族の「和（阿基）族」のことか。

③ 高句麗は、半島の根元の遼東に位置しており、大陸から半島への各部族の侵入を阻んでいる。高句麗隆盛時は、半島南部は、分断・隔離されて、独自の領域を形成せざるを得なかったと推定される。

④まとめると、中国・満州・朝鮮半島の民族の変遷は、以下のとおりである（図2-2・2-3参照）。

	（遼西より以西）	（半島周辺）
前一世紀以前	燕	高夷
前一世紀（二一〇〇年前）	前漢・匈奴	濊・貊・朝鮮・粛慎・韓
一〜二世紀	後漢・楽浪郡	扶余・高句麗・濊・貊・馬韓・倭
二世紀（一九〇〇年前）	後漢・鮮卑	夫餘・高句麗・沃沮・挹婁・濊貊・馬韓・辰韓・弁韓
二〜三世紀	楽浪郡・帯方郡	高句麗・沃沮・粛慎・濊・韓・倭
四世紀（一七〇〇年前）	後趙・前燕	夫余・高句麗・挹婁・馬韓・辰韓・弁韓
五世紀（一六〇〇年前）	宋・北魏・柔然・契丹	高句麗・勿吉・豆莫婁・百済・新羅・加羅諸国

⑤三国時代以降の半島の王統の状況などを、以下に示す。

新羅（朴氏　初・三・五・八代、昔氏　四・九・十二・十四・十六代、金氏）
百済（扶余氏）（温祚王〜）
加羅諸国
高句麗（高氏）（東明王　朱蒙〜）　　高麗　（王氏）（王建〜）

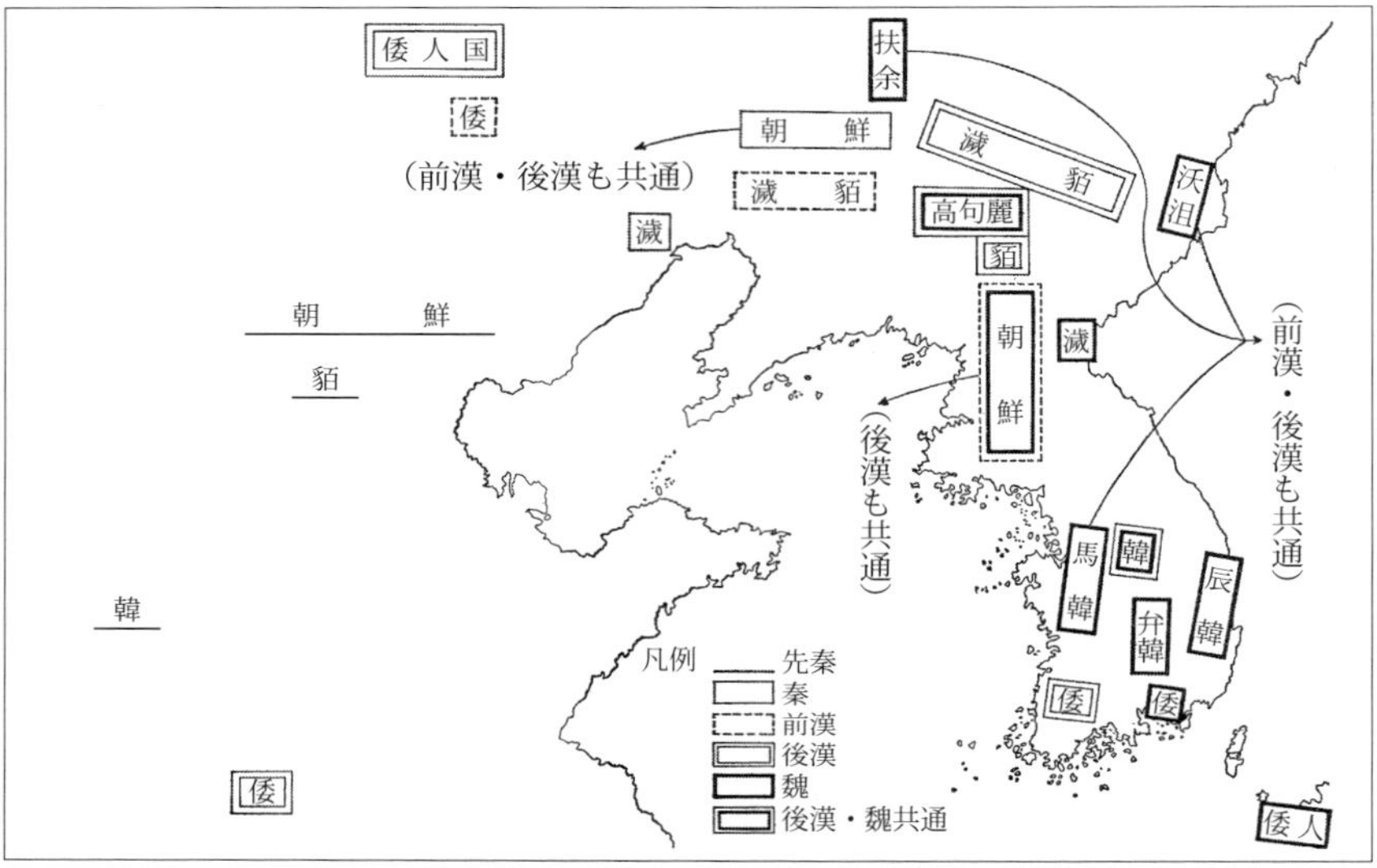

図２－２　部族の移動　各部族が、時代経過とともに東へ移動している。

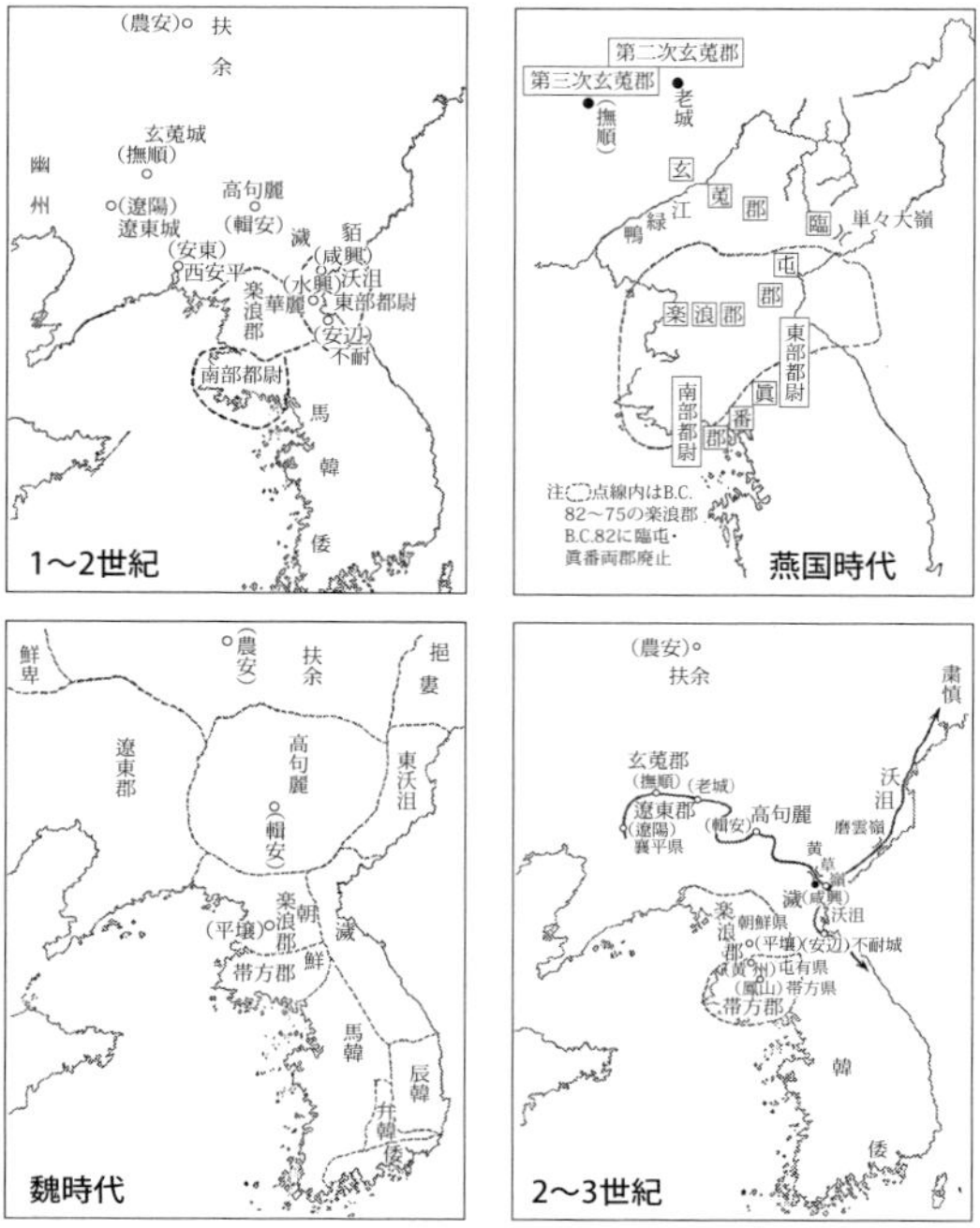

図２－３
朝鮮半島の動き
（上）（下）図「燕」「魏」時代の半島の国々。半島東側に「濊」は押し込められていく。
出典：図２‐２共通
井上秀雄
『古代朝鮮』
NHK出版

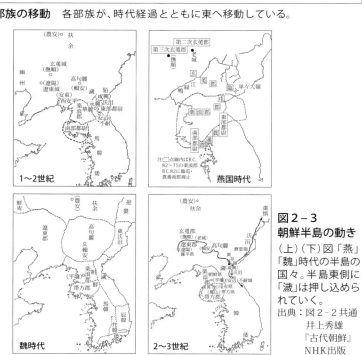

⑥ 朝鮮族は、「古朝鮮族」から始まる。「陽夷」、「干夷」の分布と一致し、その後裔と言われる。檀君王検が出て、都を阿斯達として、朝鮮を号した。その後、殷の王族である、箕子《きし》が遺民をつれて入り、王位を譲られて「箕子朝鮮」となった（前一九五年　衛満により滅亡）。その後、燕人の衛満氏が「衛氏朝鮮」を建国したが、中国・高句麗に併合される。前一〇八年　漢の武帝、衛氏朝鮮を滅ぼす。半島南部は、江南より倭人が侵入・混合して、「韓」（北）と「加羅」（南）となる。

(二) 朝鮮半島の古伝

『桓檀古記』一九一一　朝鮮併合に抗して編集された『三国遺事』の記載に類似。

『三聖記』（上・安含老、下・元薫仲）、『檀君世紀』（紅杏村）、『北扶餘紀』（范樟）、『迦葉原扶餘紀』『太白逸史』より構成される。

『太白逸史』は、『三神五帝本紀』『桓国本紀』『神市本紀』『三韓管境本紀』『蘇塗経典本訓』『高句麗本紀』『大震国本紀』から構成される。

①『三聖伝説』時代「桓因」「桓雄」（十八世）「檀君王検」（四十七代）に継承。
　伝説上の神人格を示したもの、三代継承（三国遺史は一代ずつ）。

　太白山に降臨、朝鮮建国。

②『檀君世紀』檀君王検から四十七代古列加まで太白山を中心とした国。
　国を「慕韓」（後に馬）、「真韓」（辰）「番韓」（弁）に分つ。

　三十五代　沙伐が「熊襲」を討った。

　扶餘の解慕漱に滅ぼされて、「北扶餘」となる（前二三九年）。

③「北扶餘」時代　五代続く。三代「帯素王」と高句麗との戦争（三国史記と同）。

五代「夫婁」の時、高句麗「朱蒙」（東明王）に王権を奪われる。

「東扶餘」『迦葉原扶餘紀』東明王に追われた「夫婁」が建国。

④「三韓」時代『太白逸史』馬韓、辰韓、弁韓の伝承。

「韓」は「汗」で王称号。『三韓管境本紀』より記載多し。

(イ)「辰韓」「桓雄」阿斯達に国を開いて、「朝鮮」とした。

その後、檀君王検が現れて朝鮮を三韓に分ち、自ら「辰韓」を治めた（檀君と桓雄は別系統とされる）。

(ロ)「馬韓」王検は族長「熊伯多」に馬韓を治めさせた（『太白逸史』では「元興」）。

その後、「弓忽」王の時、船五百隻で倭人を平定した。

(ハ)「番韓」「蚩頭男」を王とした。遼東（南満州～半島中部）に帯方・百済など十二城を築いた。春秋時代に「燕」が攻めてきたので、箕詡王とともに戦った「箕詡」が番韓王となった。五代「箕準」は燕人・衛満に追われ、南の馬韓に入った（箕氏朝鮮の滅亡、前一九五年）。

「燕」勢力の圧迫で、三韓は北の領土を失い、南に移動した。こうして、馬韓、辰韓、弁韓ができた。

⑤「高句麗」『三国史記』『高句麗本紀』高句麗は扶餘族の末裔。

『太白逸史』は高句麗と倭人との抗争を記載（碑文と合致）。

朱蒙は沃沮王（慕漱の子高辰の孫「弗離支」）と柳花の子で庶子。

朱蒙は東扶餘を出て、卒本扶餘に行き、高句麗を建国した。

三九一　倭人が海を渡って侵攻し、百済・新羅を属国とした。
三九六　好太王は水軍を率いて、百済を討った。
三九九　新羅が救援を求めてきたので五万歩騎で、新羅を救った。

⑥『太白逸史』によると、

・朱蒙とともに東扶余を出た「陜父」は高句麗を出奔して、南鮮に至り、さらに「狗邪韓国」に移った。次いで九州の阿蘇山に移住して、「多婆羅国」（多羅国）を建て、始祖となった。「多婆羅国」は後に、任那、連政と連合した（海に面して三国、内陸国七国）「多婆羅国」には、はじめ弁辰狗邪国人が先住、早くから高句麗と和親、後に服従、「安羅国」と隣接していた。「熊襲城」を保持していた。

・九州・対馬は、三韓が分治していた。四〇三年三韓は高句麗に服属。倭人はすべて任那に服属し、十国に分かれて「連政」を形成していた。

⑦『大震本紀』大震国＝渤海国のこと。

・二八五年　平州の扶余王の「依慮」は、鮮卑族の「慕容廆」に敗北した。子の依羅は、数千人を率いて、白狼山を越えて、海を渡り日本に到達した。残存勢力は、「北沃沮」を保った。

・日本にも「伊国」があった。倭と隣接していた。「伊都国」は、東は「倭国」、南東は「安羅国」に接し、「日向国」に服属していた。

・安羅の北に、阿蘇山があり、末蘆国の南に「大隅国」があり、「始羅郡」（姶良）があった。南沃沮人が集まっていた。

・末蘆国はもと把婁人（粛慎人）が住んでいた。

これらの古伝から、以下の諸点を抽出しておく。

・「多婆羅国」は、扶餘系高句麗人を始祖としていること
・安羅は、南鮮・安邪の分国として倭地にもあったとみられること
・「狗邪韓国」も加羅の一国であったが、分国が九州領域にあったとされていること
・始羅の地は、高句麗または扶餘と同族の、沃沮人が定住し支配していたとされる
・扶餘王・依羅が倭地に亡命し、その地の主となったと伝えられること
・末蘆は、ツングース系の把婁人（粛慎人）が定住した地であったこと
・任那は、対馬に建てられた国とされること
・列島に倭と隣接して「伊国」があったこと

『太白逸史』によると、九州を中心とする倭の地に、扶餘人、韓人、把婁人など、満州・朝鮮系の様々な部族が王権を建て、国を保っていたと推定される。多数派の倭人の中で、彼らは支配権を保っていた可能性がある。

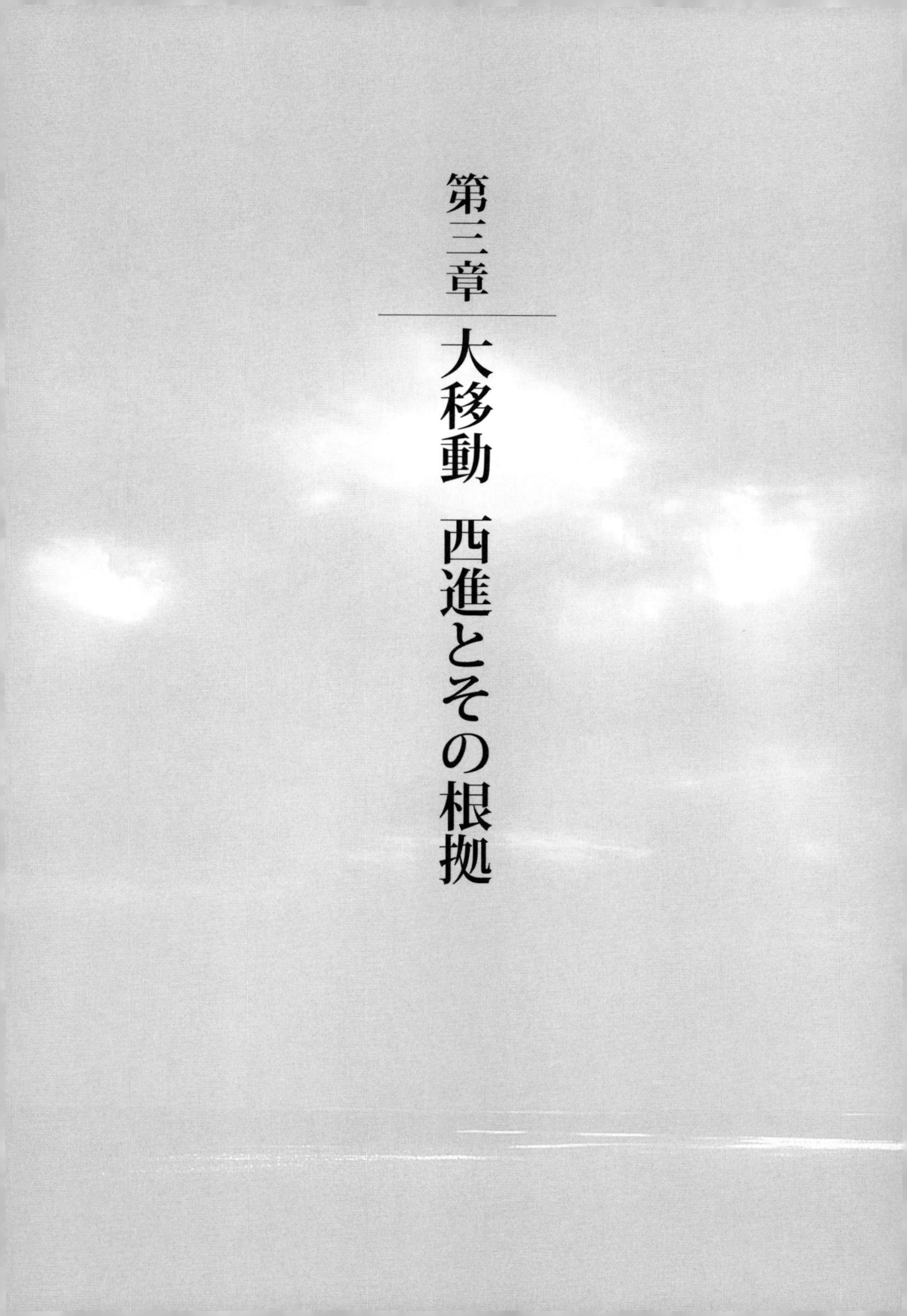

第三章　大移動　西進とその根拠

一、西進　いつ、誰が移動したか

土器の分布や遺跡分布などの考古学上の既存資料によれば（図3－1・3－2参照）、東日本勢力の移動は、縄文時代後期から始まり、土器分布から、西進の進行は、数期に区分できる。

①中部勢力の移動（後期～晩期）
縄文時代中期の土器分布は、関東地区は、シナノ地区と一体となり、勝坂式土器（相模原市）と阿玉台式土器（千葉・香取郡）が分布している。しかし、後期には、関東地区は、東海地区と一体となり、堀ノ内式土器（市川市）と加曾利式土器（千葉）に変化し、シナノが脱落している。これは、東北・北陸の大木式土器の拡大によるもので、この時期、シナノは、西に移動した可能性が高い。

②関東勢力の移動（晩期～弥生）
後期に、東海地区と一体となっていた関東地区では、晩期に至り、安行式土器（埼玉・川口）が急に縮小して、局部的分布となっている。北勢力は、ますますその分布を広げている。関東勢力は、この時期、移動した可能性がある。

③北陸勢力の移動（晩期）
そして、ついに、晩期後半には、北日本勢力に、東日本一体は、統一され、西日本と対峙している。この時期には、東日本勢力の主力が、西へ移動した可能性が高い。

④東海勢力の移動（晩期～弥生）（弥生中期、一六〇〇～一八〇〇年頃）
東海勢力の明瞭な西へ移動は、海部族の移動と、「倭国大乱」時の移動である。その系譜から、邪馬台国のヒミコは、オワリ族出自であるからである（後述）。

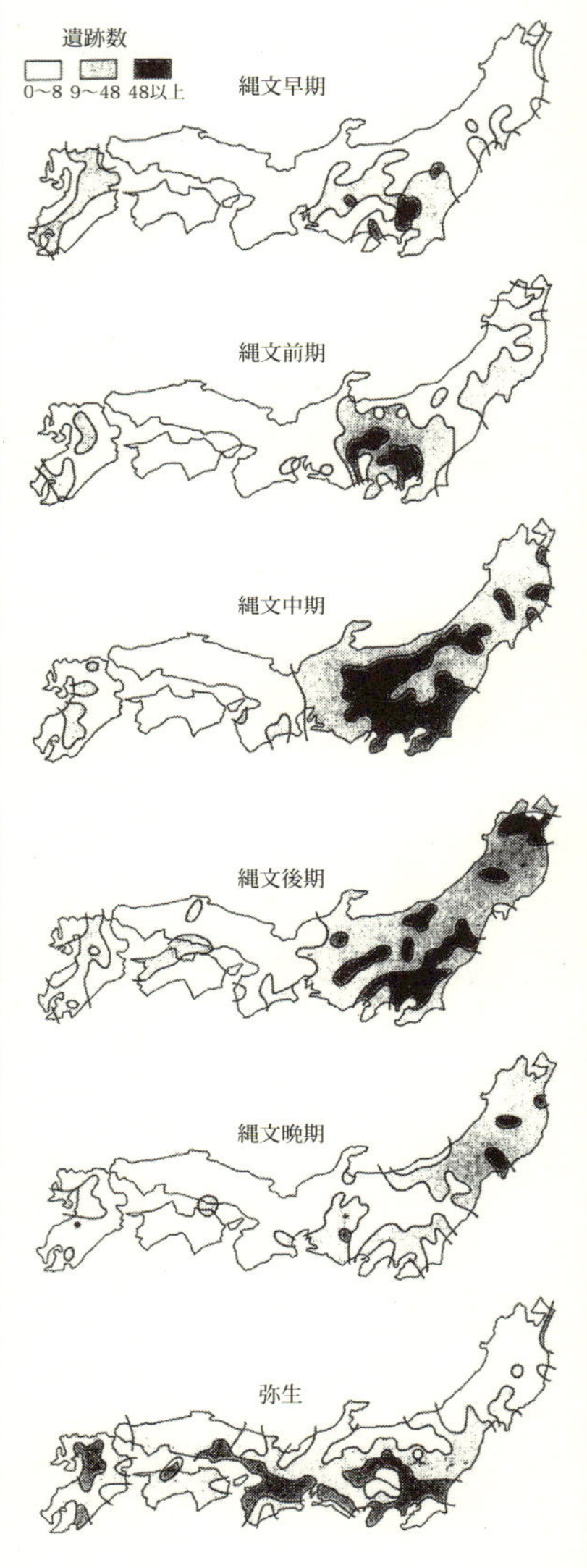

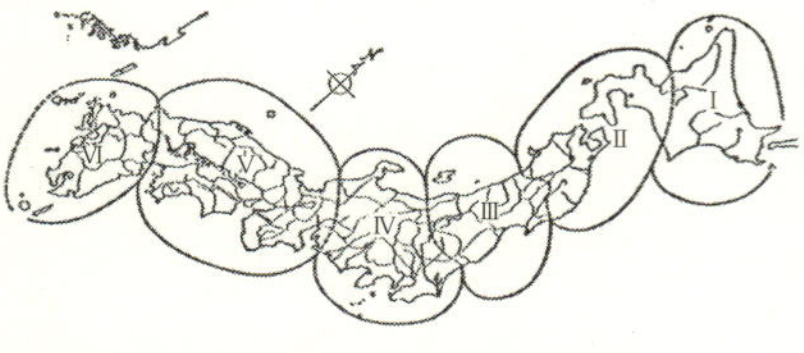

中期の分布図（Ⅰ北筒式、Ⅱ円筒上層式、Ⅲ大木式、Ⅳ勝坂・阿玉台式、Ⅴ船元式、Ⅵ阿高式）

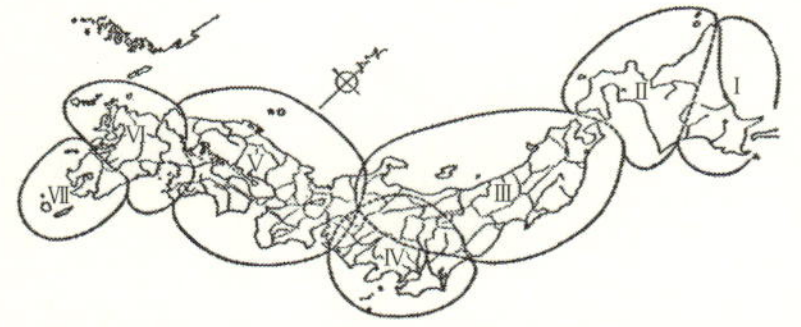

後期の分布図（Ⅰ型式下雪裡、Ⅱ入江の手稲式、Ⅲ宝ガ峰・大湯式、Ⅳ堀之内・加曽利B式、Ⅴ中津・福田式Ⅱ・津雲式など、Ⅵ鐘ガ崎式・西平式、Ⅶ市来式など）

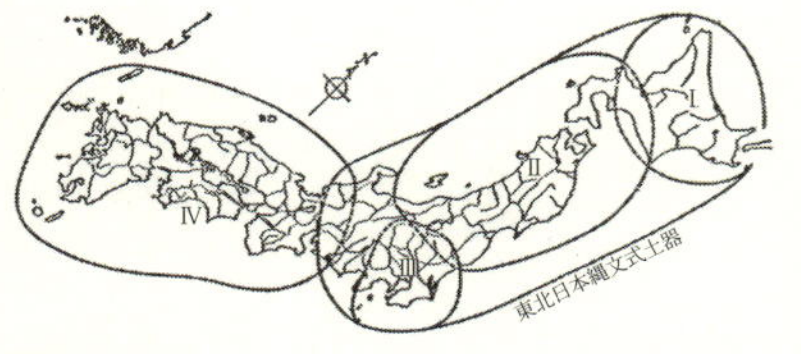

晩期前半の分布図（Ⅰヌサマイ式、Ⅱ亀ケ岡式、Ⅲ安行3式、Ⅳ黒土BⅡ式）

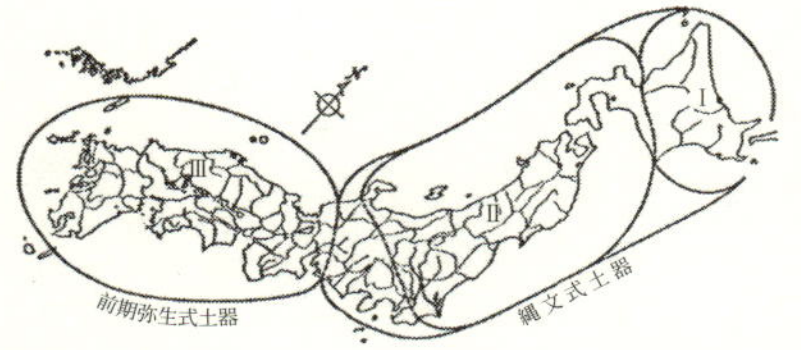

晩期後半の分布図（ⅠタンネトウL式、Ⅱ大洞A式、Ⅲ遠賀川式）

図3－2　遺跡分布変化

遺跡分布より東日本部族の移動を探る。（本文参照）急増から急減・回復への変化。
（出典：小山修三『縄文時代』中央公論社）

図3－1
時代別の土器型式分布（縄文中期〜晩期）

中期以降の土器の型式の分類から、部族の移動を考察する。時代の経過とともに、各地の特異性が失われ、統合されて行く。
（出典：藤村東男『縄文土器の知識（Ⅱ）』東京美術社）

まず、中部勢力（シナノ・カイ）の移動が最初と推定される。その地勢的位置から、気候要因である寒冷化による食料不足が発生したか、あるいは、日本海方面より入ってくる新技術情報があったかもしれない。遺跡分布の急減は、中部が過大である。しかし、受け皿となる西日本の遺跡増加は、九州でわずかに増加しているのみで、明瞭に大量に増加していないので、中部勢力のみが、まず、先行移動したと推察する。物証は未確認である。また、中期に東日本に移動した西日本勢力の帰還の可能性もある。

次に関東勢力が大挙して移動した。西日本には、急増の根拠が乏しいため、何処へ行ったかは不明であるが、N系の人集団の列島脱出の移動から、おそらく大陸や朝鮮半島に遠征したものと推定される。『契丹古伝』には、ニニキシが列島から、殷滅亡後に到来し、「燕や韓を滅し（BC三二四）、斉に迫り、周を破る」と記されている。新技術を求めて、大陸に遠征したものと考えたい。

また、関東勢力の主力は、ニギハヤヒ族（仮称）で、出雲の国譲りを、タケミカヅチ、フツヌシを派遣して達成し、遠賀川に上陸し、日田や筑後川流域の侵攻勢力を征討し、後にヤマトに帰還している。弟ニニギは、日向の高千穂に降臨し、東・中九州を制圧し、大陸遠征後、ニギハヤヒに遅れて、ニニギの孫のイワレヒコがヤマトに帰還している。

北陸勢力は、津軽の「ア・オ」族（後のアラハバキ族）が主力で、コシオウ（ニギハヤヒ同族）とともに、列島日本海側を南下して、大阪やヤマト周辺に、ナガスネヒコやアビヒコが進出した。やがて、ヤマトに帰還したニギハヤヒ族と合体している。

東海勢力も、ニギハヤヒ族と合流したが、その活躍は、倭国大乱で、天香山命の後裔が、海部族とともに参戦し、半島勢力を駆逐して、一族の中から、ヒミコを共立して、帰還している。

移動部族の詳細は、後述するが、キーワードは、「ニギハヤヒ族」(後の物部族)で、フツヌシ主体のニギハヤヒ族(始祖国常立命)が、まず、鳥海山付近に降臨し、時代とともに太平洋岸を南下し、関東勢力を伴って、西進したと推察する。次に、新潟付近に、ニギハヤヒ本隊が渡来し、福島に進出して合流し、オワリの同族も率いて、大挙した移動が可能となったと推定した。移動には、東北海洋民「イ(ハ)族」、東海の海洋民「アマベ(海部)族」、日本海海洋民の「アベ族」が合流し、これら海洋族との合流が、多勢の東日本勢力移動を可能にした。

図3－3に、本編の主張する、誰が何処に渡来したかを「渡来図」(渡来者と渡来コース)(上)に、ニギハヤヒ族は、どのように西進したのかを「国内移動・西進図」(中)に、その根拠は何なのかを「主な土器移動図」(下)として、それぞれ、その概要を示した。

以下、詳述してゆく。

〔渡来図〕
素図：早期遺跡

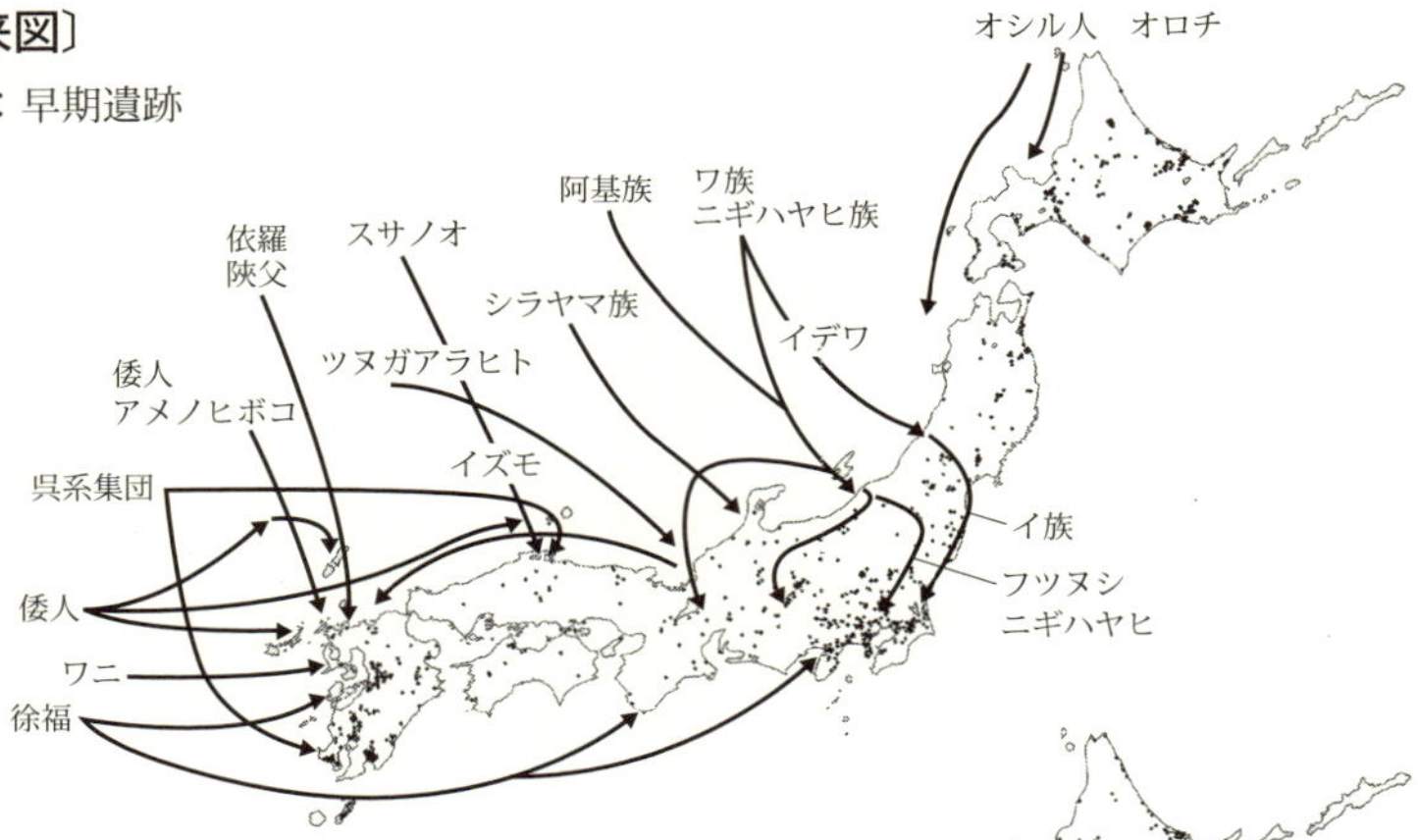

〔国内移動〕 西進
素図：中期遺跡

〔主な土器移動〕
素図：晩期遺跡

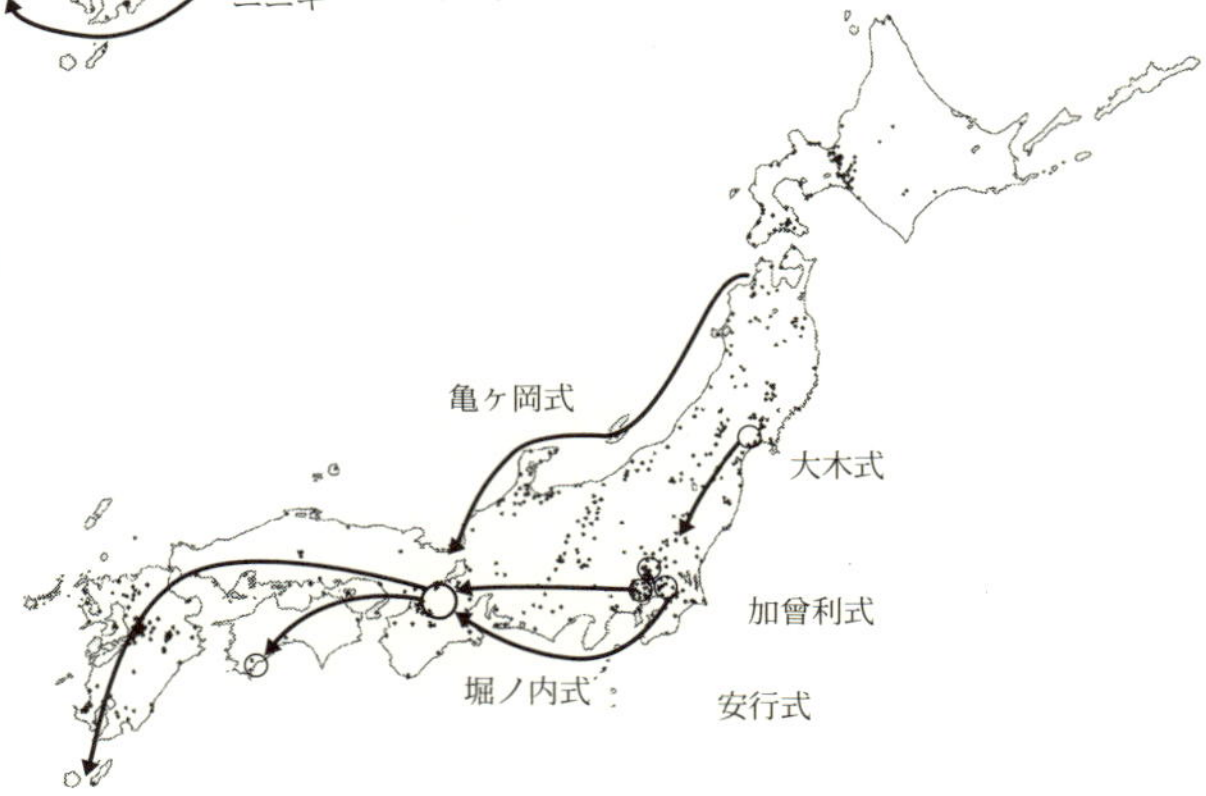

図3－3　渡来図、国内移動（西進）、主な土器移動図

土器移動などから推定される各部族移動。遺跡分布図に、部族の移動を加筆したもの。

素図の時代とは附合しない。（出典：日本第四紀学会『図説　日本の人類遺跡』東京大学出版会）

二、西進　その根拠（Ⅰ）縄文土器とその移動

縄文時代の各期の土器分布図を基に、その内容を人集団の移動の観点から解明して前項に示したが、土器の型式毎に、移動を注視した解析結果も提案されている。

橋口尚武氏（『海を渡った縄文人』小学館）によれば、縄文土器は、型式や文様などの特徴の類似から、表３－１のような東から西（北から南）への移動が確認されている。

これによると、東日本から西日本への本格的移動は、

中期前半　大木式　↓　関東（八丈島）へ
中期後半　加曾利Ｅ式　↓　近畿へ
後期初頭　弥名寺式（神奈川）　↓　近畿へ
後期前半　堀ノ内Ⅰ・Ⅱ式　↓　九州・阿高式へ
後期　堀ノ内式　↓　愛知　↓　倉敷　福田ＫⅡ式　↓　鹿児島・種子島へ
後期中葉　加曾利Ｂ式　↓　足摺岬へ
　　　加曾利ＢⅠ式（注口）　↓　加治木・市来式土器へ
後期後半　新地式（福島）　↓　東海（三重）へ
晩期前半　亀ヶ岡式　↓　近畿　↓　武田市へ
晩期中葉　安行３Ｄ式　↓　薩摩・上加世田へ

などが指摘されている。

前述のシナノからの最初の土器移動は確認できず、全体図からの解明とは差があるが、土器移動に注視し

た結果では、中期から東北や千葉からの土器移動が開始されていることが判明している。土器の詳細な移動は、今後とも、各地からの報告を待たねばならない。

土器の移動では、関東勢力（加曾利式、堀ノ内式、安行式などの千葉・埼玉の土器）の西日本への移動と、北東北勢力（亀ヶ岡式・北東北の土器）の日本海側南下し、近畿への顕著な土器移動が確認される。

前図でも読み取れたように、土器（人集団）の東から西への移動は、明瞭に存在しているのである。

一方、後代のこととして、ヤマトの纏向遺跡では、吉備系のほか、北陸系や東海系の土器の出土が多いとされている。各勢力が合同して、ヤマトを建国したとされており、土器と人集団の移動は密接に結びついているのである。交易によるものとか、部分的なものとかと、過小評価してはならない。

畿	中国・四国	九州	大隅諸島	奄美諸島	沖縄諸島	南西諸島	韓国
日本）							
型文土器							
島・黒島貝塚（岡山）							
		跡江貝塚（宮崎）					
釈峡遺跡	→	跡江貝塚（宮崎）					
広島）							
		縄文早期文化消滅					
		（南九州）					
	山陰・瀬戸内	轟木式土器	種子・屋久島				半島南部
		（宇土市）					
		曽畑式土器	種子・屋久	高又遺跡	渡具知遺跡（読谷）		東三洞遺跡
		（宇土市）		（奄美）	伊礼原遺跡（北谷）		（釜山）
白川下層式（京都）							
歳山式（神戸）							
島式（和歌山）							
元式（倉敷）	瀬戸内	春日町遺跡（鹿児島）					
		（春日式同期）					
日本							
↓							
津式土器							
岡山）							
日本							
→	→	阿高式					
		（赤彩土器）					
	松ノ木式土器	山の内遺跡					
	（高知）	（鹿児島）					
田KⅡ式土器	→	九州・鹿児島	種子島				
倉敷）							
→	足摺岬						
→	→	干迫遺跡（加治木町）					
		市来式土器		→浦添遺跡			
				貝志川島			
添遺跡（三重・度会）							
畿へ							
畿へ							
滝式土器（紀伊南部）							
凹線文系）							
畿	→	竹田市					
凸帯文土器）		（大洞C2式）					
畿亀ヶ岡式	→	→	種子島大薗遺跡				
洞C2式土器			広壷形土器				
→	→	上加世田遺跡（薩摩）					
		（U字型双口土器					
畿	→	南九州（防津・大口）					
製石刀	→	九州西海岸					
七宝繋文）							
篠原式土器時代）							
畿	中国・四国	九州	大隅諸島	奄美諸島	沖縄諸島	南西諸島	韓国

移動時期	北海道	東北	関東	関東	伊豆諸島	八丈島	東海・中部	北陸
早期前半 9500年前			西ノ城貝塚(千葉)	夏島土器				
			花輪台遺跡(茨城)					
			鴇崎遺跡(千葉)					
早期中葉 8000年前				平坂式土器	下高洞遺跡			
				(無文土器)	(無文土器)			
					山形押型文	←	←	山形押型文土器
早期〜前期	縄文海進		汽水から鹹水	ヤマトシジミからカキへ				
早期中葉	瀬戸内海形成			ヤマトシジミからハイガイへ				
		早稲田貝塚(青森)						
早期末								
早期後半 広大な交流ネットワーク				茅山式土器	御蔵島	→	→	→
				(横須賀)	ゾウ遺跡			
早期〜前期	鬼界カルデラ噴火							
前期 6300年前								
前期後半		山形南部	←	諸磯式土器	上ノ山遺跡(神津島)		伊勢湾東岸	
				(神奈川・三浦)	西原遺跡(三宅島)			
前期末				十三菩提式土器	→	倉輪遺跡(八丈)		
				(川崎市)		骨角製品・猪猟		
前期			埼玉・荒川以西	東京・神奈川	伊豆諸島→	北白川下層式(京都	静岡・岡谷	←
前期末				東京・神奈川	伊豆諸島→	大歳山式(神戸)	静岡	←
中期初				東京・神奈川	伊豆諸島→	鷹島式(和歌山)	静岡・八ヶ岳	←
						鍋屋町式(新潟)	←	鍋屋町式(新潟
中期初				五領台式(平塚) →	中期初	五領台式(平塚)		
				下小野式(千葉) →		下小野式(千葉)		
中期前半			祇園貝塚(木更津	勝坂式同期	相模湾		岡谷・茅野	←
中期前半				阿玉台式(千葉)	→中期前半	阿玉台式(千葉)	岡谷・茅野	
						北裏C1式(可児市)	北裏C1式(可児市)	
						狢沢式(長野)	狢沢式(長野)	
		大木6式(宮城) →		→	→	大木6式(宮城)		
中期前半							岡谷・諏訪	新崎式土器
								(石川)
中期後半				加曽利E式土器	→	→	→	→
				(磨消縄文)	↓			
後期初					弥名寺式土器	→	→	→
					(太平洋岸一帯)			
後期初頭			東日本		顕著な移動なし			
後期前半			堀ノ内Ⅰ・Ⅱ式	→			→	→
			(市川)					
後期前半								
後期			堀ノ内	→	伊豆		愛知	→
			(市川・市原)					
後期	十腰内土器	→	→	関東南部				
	(北海道南部〜北東北)							
後期中葉	礼文島	←	←	加曽利B式土器			→	→
				(磨消縄文)				
				加曽利BⅠ式土器			→	→
				(注口土器)				
後期後半		新地式土器	→	新地式	大島		→	→
		(福島)		加曽利B式土器			→	→
				安行式			→	→
後期後半					新島・大島	←	吉胡下層式	←
							(愛知東部)	
晩期前半	全域	亀ヶ岡式土器	→	東日本			→	北陸系
		(青森)						亀ヶ岡式
晩期中葉								
晩期中葉				安行3D式土器			→	→
晩期				東日本			→	→
				土器				
				石棒				
				石刀				
移動時期	北海道	東北	関東	関東	伊豆諸島	八丈島	東海・中部	北陸

表3－1　土器とその移動

時代別、地域別に示す。東日本から西日本への移動が顕著である。中期までは、西→東日本へ移動がある。

(参考：橋口尚武『海を渡った縄文人』小学館) ※縄文時代の交流と交易から「土器の移動」を抜粋作成)

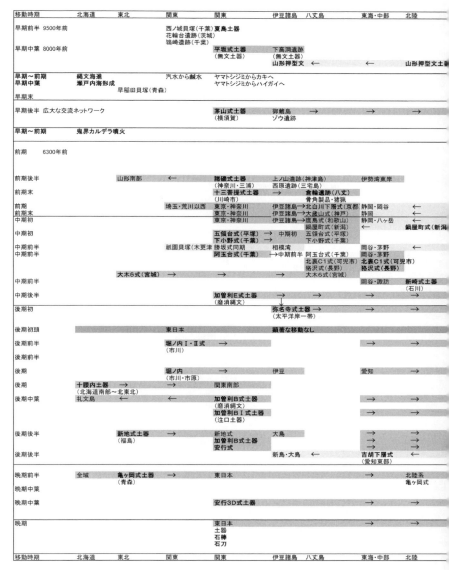

三、西進　その根拠（Ⅱ）出土物とその移動

『図解　日本の人類遺跡』の資料によれば、縄文時代中期から後・晩期にかけて、東北文化（石棒、石剣、石刀に注目）が西方に移動（普及）していることが示されている（図3－4参照）。移動物件としては、上記以外に、打製の土堀具、黒色磨研土器、抜歯などがあり、東北・関東から九州へ移動している。

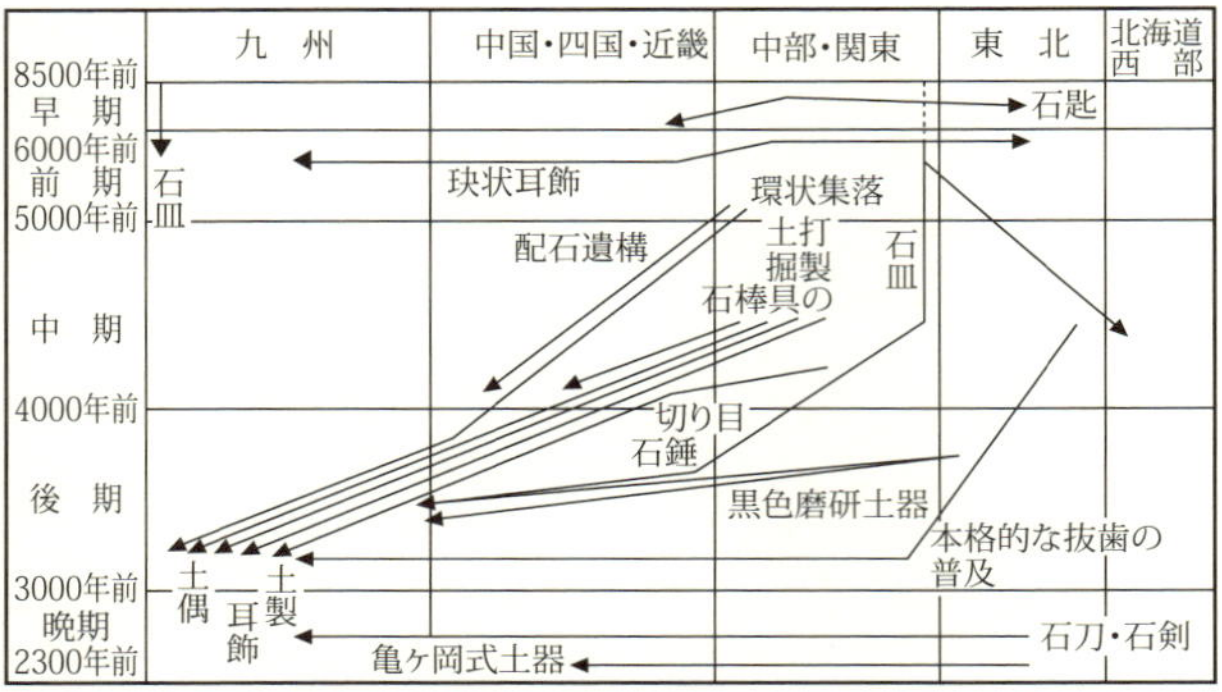

図3－4　出土物とその移動

「文化の創造とその普及」として、東日本から、西日本への出土物の伝播が示されている。縄文文化の西日本への普及（移動）を示す。
（出典：日本第四紀学会『図解　日本の人類遺跡』東京大学出版会）

縄文文化の創造が中部・関東など東日本で始まり、西日本に移動・普及したことが明瞭に示されている。高きから低きに流れるのは、極めて自然なことである。

これほど明瞭な、東日本勢力の「西進」の証拠はないものと推察される。特に、考古学では、祭祀道具とされている、「石棒、石剣、石刀」は、明らかに他の普及文化以上に、九州に移動している。しかも、九州での分布も、後代の熊襲・隼人の居住地域に集中している（図3－5参照）。これらのことを考慮すれば、これらの石製品は、明らかに東日本勢力に帯同された「戦闘武器」と解される。また、晩期には、東北からの「石剣、石刀」の移動も指摘されている。一方、同時に、東日本特有の「土偶」が帯同されていることも注目される。やはり、戦闘での落命を念頭に、移動に帯同されているのではあるまいか。

残念ながら、山形に伝えられた「殷」代の青銅刀を模した、「石刀」（左上図参照）は、市民権を得なかったようで、あまり拡大・普及してはいない。推定するに、多分、自己保身用の「短刀」のためで、戦闘には不向きなためであろう。

図3－5　文物の流れ

図は、石剣などの分布を示す。その移動は、武器としての性格を示す。（上左図）山形の青銅刀の類似から移動を推定している。図中の呪具の分布と変遷図、石棒、石刀、石剣に注目。

（出典：日本第四紀学会『図解　日本の人類遺跡』東京大学出版会）

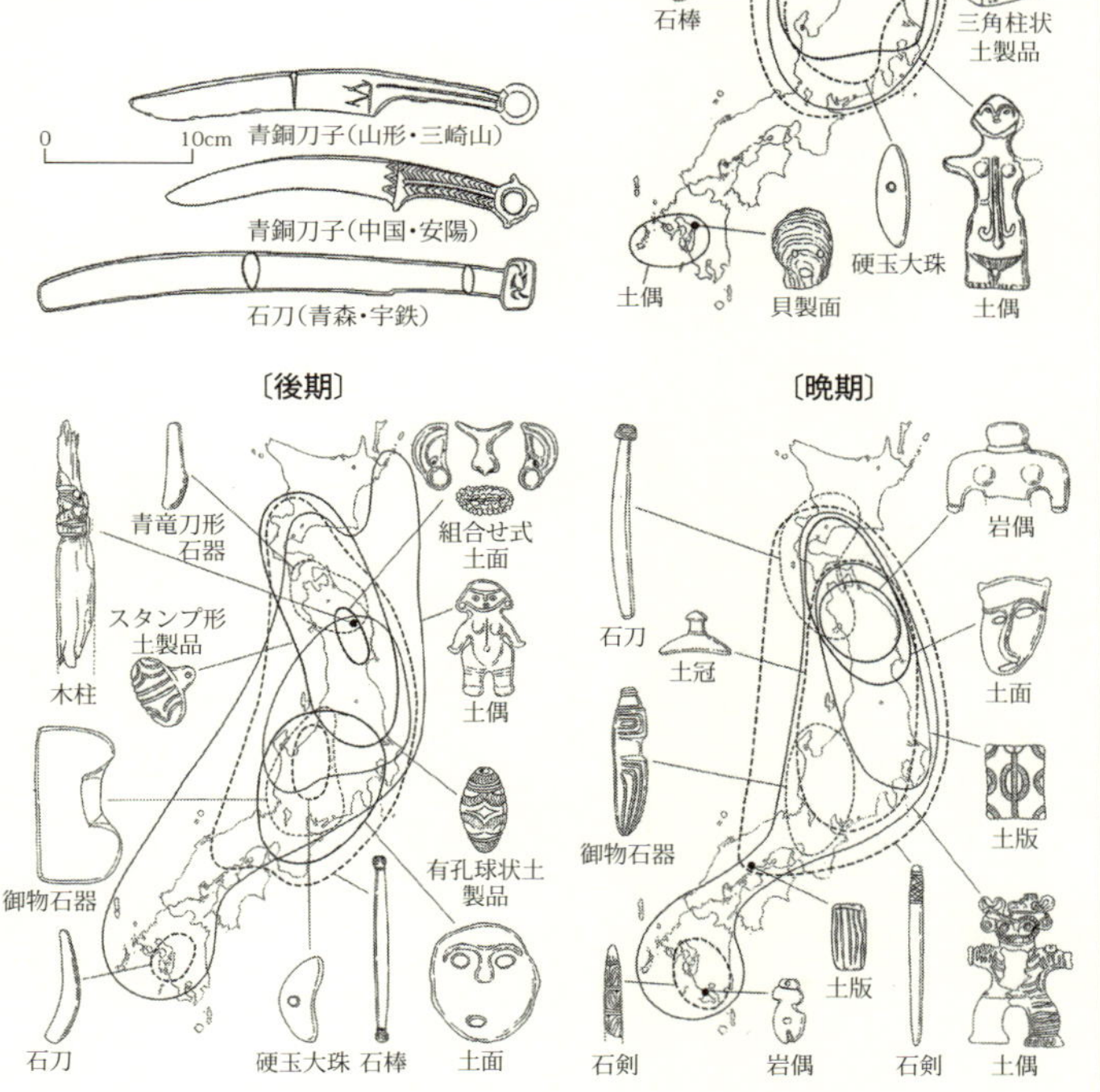

戦闘にはさらに、弓矢も当然、帯同されたであろうが、その証拠は見られない。

これらの事実から判断すれば、戦闘は、武器の展開から、後期にイズモからクマソに及んでおり、晩期には、石剣は、サツマに及んでいる。明らかに、単なる文化の普及に留まるものではない。

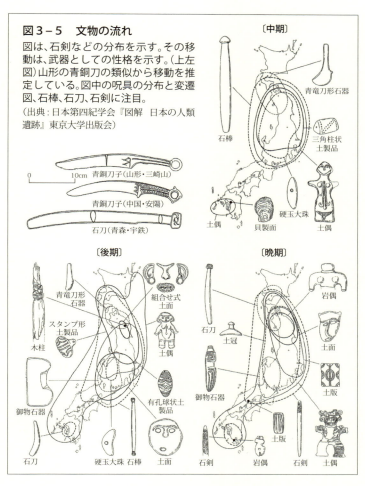

四、西進　その根拠(Ⅲ)『記紀』が証明する西進

『記紀』には、様々な伝承や記載があるが、その中に、東日本勢力の西進を示す記載が含まれている。

①「出雲の国譲り」の使者は、タケミカヅチ、フツヌシ（イワイヌシ）であり、いずれも関東の鹿島神宮、香取神宮の祭神である。「神宮」となっていて、本宮を示している上に、関東周辺には数多くの同名神社がある。また、宮城・栗原には、フツヌシを祭神とする、「香取御児神社」があり、出自が東北の可能性までも示している。東日本勢力が「出雲の国譲り」の主役である。

②出雲平定は、話し合いによる解決を目指していること、大国主の怨念などに対する「出雲大社」の創建などの対応を考慮すれば、国譲りの主体は、渡来人（アマテラス？）の対応ではなく、「縄文時代人すなわち東日本勢力の感覚での対応」である。

③ニニギの降臨地は、その出雲ではなく、日向の高千穂であり、この矛盾は、別の伝承を羅列しただけである。すなわち、イズモ国譲りの主体はニニギではなく、別人である。国譲りの使者が、関東勢力のフツヌシとタケミカヅチであり、その主体はニギハヤヒであることを暗示している。

④ウエガヤ系（七十一代）といわれる、アマテラスの系譜には、ニニギ一族は、東日本勢力の出自がわかるように「日高日子」として三代、系譜に挿入・記載されている。『記紀』では、関東に「日高見国」ありとされ、ヤマトタケルが派遣されたとの記載もあり、「日高日子」は、東日本勢力なのである。

⑤一方、ニギハヤヒは、スサノオの系譜に「大歳命」として挿入されている（原田常治氏も指摘）。何故、アマテラスの系譜とスサノオの系譜に、ニニギやニギハヤヒが挿入されたのであろうか。それ

は、『記紀』成立当時には、ニギハヤヒに国譲りしたイズモ族やアマテラス族が隆盛しており、しかも両族の後裔は、王権を継承していなかったからではなかろうか。臣下となったニギハヤヒ系統の復権も含めて、三族で王権を形成したように、系譜を作りなおしたのではあるまいか。イズモの系譜では、出自の定かでない、「皇祖神」（大国魂命、韓神、曽富理神、白日神、聖神）が大歳命（ニギハヤヒ）の子神として、記載されており、実際の子孫は、記載されていないことが、創作の証拠である。大歳命には、地元系の系譜のほか、様々な神々の始祖ともなっていて、別に大歳命の独自の系譜が存在していることも、これを裏付けている。

これらのことからも、ニギハヤヒ族の西進は、確かなことのように推察する。

「ニギハヤヒ（族）」を主とする東日本勢力が西進し、ヤマトを建国すると解釈することにより、『記紀』のいくつかの矛盾が解決する。

① ニギハヤヒとニニギは、兄弟であり、『記紀』にも一書として記載されている。ニギハヤヒが、ヤマトに先住し、ニニギの子のイワレヒコに、王権を禅譲しているが、これは、「天表」（アマツシルシ）でも確認されているように、同族のためである。『記紀』がニギハヤヒを明記していないのは、『記紀』成立時には、ニギハヤヒ系統は、既に臣下になっており、正確な記載ができなかったからである。

② 出雲の「国譲り」は、ニギハヤヒ族が西進する以前に、すでに、スサノオ、大国主が、出雲周辺から九州を含む「クニ」を形成していたということである。

原田常治氏の古神社調査によれば、スサノオは、出雲統一後、九州に侵攻しており、筑後川流域や、アマテラス率いる、日向・東九州を支配領域に組み込んでいた。スサノオは、アマテラスと婚姻し、宗像三姉妹をもうけており、それらを子の大国主に継承し、九州も統治していたとされている。ニギハヤヒ族のヤマト建国以前に、スサノオの出雲が成立していたと認知できる。

出雲の「国譲り」は、大国主が主体であり、東日本を根拠とする、タケミカヅチとフツヌシが、ニギハヤヒ族の使者として交渉し、成立したものである。出雲に降臨したのはニギハヤヒである。イズモの天道日女命を妻にしていることからも明らかである（子は天香語山命）。このため、スサノオの出雲の系譜に、ニギハヤヒが「大歳命」として、挿入されることとなった。大歳命の後裔として、韓神、比売大神など皇祖神が記され、実子（ウマシマチなど）が消去されていることからも、「挿入」と判明する。

③井上元彦氏なども指摘しているように、出雲大社は、大国主のタタリを封じ込めるために、創建されたものであり、タタリや怨念の存在を重視する、東日本勢力が主体であったことを示しているのである。渡来系のアマテラス率いるウガヤ朝では、その観念の存在は確認されていない。

④正史『記紀』による、ニニギの日向・高千穂への降臨は、交渉相手の「出雲」ではない。この矛盾は、兄のニギハヤヒが出雲を制圧し、弟のニニギが高千穂に降臨した、別々の事柄であり、両者を合体させて記載しているのである。

⑤『記紀』は、アマテラス系と出雲系を王権の系統としている。このため、東日本勢力のニニギを、アマテラスのウガヤ朝の系譜に、（日高日子）を挿入している。また、兄のニギハヤヒを出雲の系譜に（大歳命）として挿入し、両系譜に東日本勢力を取り込んで、同様の対応をしている。系譜挿入は、三系

統を統合するための操作なのである。

『記紀』の矛盾の一つに「ヤマトタケルの東日本征討」記事がある。『記紀』では、崇神代と景行代に、九州（熊襲）と東日本（四街道）に二回の征討が記されている。

ヤマトタケルは本当に東日本を征討したのであろうか。

図３－６は、『記紀』の征討ルートを抽出し、図化したものである。これによれば、一目瞭然、『記』『紀』に大きな差異があるのである。『日本書紀』の方が、「正史」で、色濃く過大表現が目立つとされているが、征討ルートは、陸奥にまで及んでいる。後代の蝦夷征討を考えれば、これは、明らかな虚偽と判断される。

『紀』は、何故、こんな記載をしたのであろうか。それは、「日高見国」の伝承に新旧のあることを理解せず、あるいは、承知の上で、編集者が「(旧)日高見国」を（意識的に）読み替えた結果ではなかろうか。

『古事記』の図で、最も遠い地点は、筑波の新しい「日高見国」である。

『記紀』の記載で共通している箇所は、関東、甲斐、信濃、尾張である。一見すると、両端の関東と尾張が出発点・終着点で、甲斐や信濃は通過点であることがわかる。両端の関東や尾張で記載が多く、『記』では、西端の尾張周辺で記載が多い。『記紀』ともに、ヤマトとの繋がりの記載はなく、支配地域の入ったための理由も成り立つ。

しかし、『記』では、伊吹山、近江、三重などに記載が多く、『紀』の出発地としての単純な扱いとは大きな差がある。実は、尾張周辺は、出発地ではなく、終着地ではあるまいか。すなわち、これは、「ヤマトタケルの西進」伝承の過程を示したものではなかろうか（図３－８参照）。

『先代旧事本紀』（国造本紀）によれば、福島周辺に国造が任命されたのは、ヤマトタケルの派遣された景行紀よりずっと後の成務紀とされている。これからも、福島以北にある、陸奥統治は、夢幻であったことがわかる。

一方、ヤマトタケルの東日本征討前の「熊襲征伐」もその根拠に乏しいとされていて、『紀』の創作の可能性が指摘されている。

『常陸風土記』では、倭大王が西に遠征したことになっていて、ヤマトタケルの存在伝承を記載している。

これらの諸事情を勘案すれば、常陸の倭大王（ニギハヤヒ）の、甲斐、信濃、東海の遠征の存在を示すものではなかろうか。あるいは、本編の主張する、東日本勢力の尾張進出を裏付ける伝承ではあるまいか。また、記載の中に、「吾妻」の地名化があり、「アヅマ国」にも通じる古い伝承と考えられるからである。しかし、ヤマトタケルは、イワレヒコのずっと後の景行の子とされているので、かなり現実性は、乏しいのであるが。

『記紀』にはまた、崇神代十年の「四街道将軍」が東海道（タケヌナカワ）、北陸道（オオヒコ）、西街道（キビツヒコ）、丹波道（タンバミチヌシ）に派遣されている（図3－7参照）。

明らかに景行代のヤマトタケルの東征とは、コースが重複している部分が多く、矛盾した話で、こちらの方が、現実的である可能性も大きい。

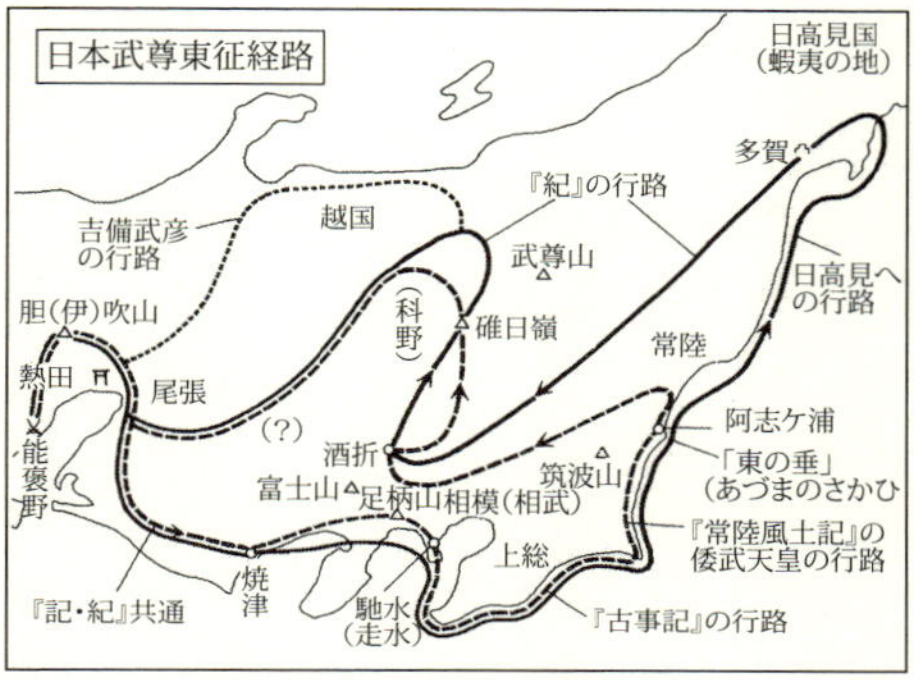

図3－6　記紀の東日本征討図

古事記と日本書紀で「ヤマトタケルの東征」の行路、関連地名が、大きく異なっていることを示す（景行代）。

（出典：高木彬光『古代天皇の秘密』角川書店）

図3－7　四将軍派遣

「四将軍派遣」の推定ルート図。（崇神代）オオヒコ・ヌナカワワケ親子の会津での合流を示す。

（出典：松枝正根『古代日本の軍事航海史』新人物往来社）

図3－8　ヤマトタケルを祭神とする神社の分布

仙台周辺と関東・愛知に集中している。ハヤヒ族の移動を示してはいないだろうか。

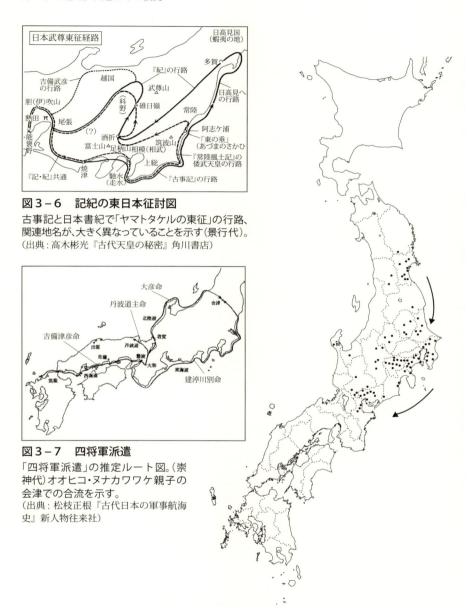

五、西進　その根拠(Ⅳ)古史・古伝による証明

一方、正史ではない、『ホツマツタエ』や『宮下文書』には、ニギハヤヒ、ニニギは、兄弟で、関東から近畿や九州へ西進したと堂々と、かつ、明確に記載されている。

①『ホツマツタエ』には、仙台平野で「日高見国」を建国したニギハヤヒ族が南下して、筑波周辺に移動し、やがて、西日本の進入者に対応するため、ニニギを派遣し、さらに、ニギハヤヒも西進して、征討したと記載されている。

②『宮下文書』にも、ほぼ同様な記載があり、関東の本拠地は、富士山麓で、クニを統治し、外敵に対応するため、阿蘇に本拠地を構えたとされている。また、富士山麓の本拠地は、富士山の噴火で壊滅したとされている。『宮下文書』は、徐福の監修とされ、東海に徐福族が到来したことも示している。

③『東日流外三郡誌』には、「アソベ族」が存在し、近畿に進出していた、アビ、ナガスネヒコ兄弟が帰還し、晋から渡来してきた郡公子の娘と婚姻して、「アラハバキ族」を形成して、ヤマトを攻めたと記されている。後・晩期の「東日本勢力の西進に参加したが、やがて、イワレヒコのヤマト東遷に反対して敗れた」とされている。この移動には、亀ヶ岡土器の移動が根拠として存在する。

④また、『先代旧事本紀』（国造本紀）によれば（図3－9参照）、福島の「阿岐国」や「ムサシ国」、「イバラギ国」は、東日本の本国とは別に、西日本に同系の国造の国が、瀬戸内海西部の沿岸ぞいに、九州の眼前に存在している。これは、東日本勢力の西進時の「名残り」と考えられる。何故なら、これらの国は、天孫系でも名門系でもなく、後代の抜擢人事とは考えられないからである。また、九州北岸

のチクシに安倍系国造、マツラ国造が物部系の穂積氏となっていて、同じように考えられる。

⑤宮津にある「籠神社」の宮司の『海部氏系図』には、ニギハヤヒ（彦火明命）は、ニニギの兄とされ、丹波に降臨して、オオナムチの娘、天道日命と婚姻し、その子の「天香語山命」がオワリ族の祖先であると明記されている。国譲り後の対応と解されるが、ニギハヤヒの丹波降臨が明記されている。また、丹波降臨では、丹波の「佐手依姫」と婚姻し、娘の「穂屋姫命」を得ていて、実在性を示している。

国内の古史・古伝を探ると、ニギハヤヒ・ニニギ兄弟の西進は、明瞭で、その目的は、進入者に対する討伐とされている。

また、⑤の事実から、オワリ族は、東日本勢力の西進には参加せず（アマベ族のみ帯同）、後代の「倭国大乱」時の活躍が妥当かもしれない。

⑥『東日流外三郡誌』は、アラハバキ族の近畿進出を主張している。

現在、列島内にあるアラハバキ関連の「古神社・摂社」などの分布を（図3-10）に示す。

これによれば、古伝の主張とは合わず、古神社の分布は、関東までに集中し、西日本には、点在という分布である。青森から関東までは、主として内陸を移動したように見える。

この分布がすべての状況を反映しているとは、断定できないが、一つの事実、すなわち、北奥羽勢力の関東南下を示していることは事実である。「出羽」～「常陸」～「武蔵」のルートに多く分布していて、本編の主張のルートと一致していることは看過できない。

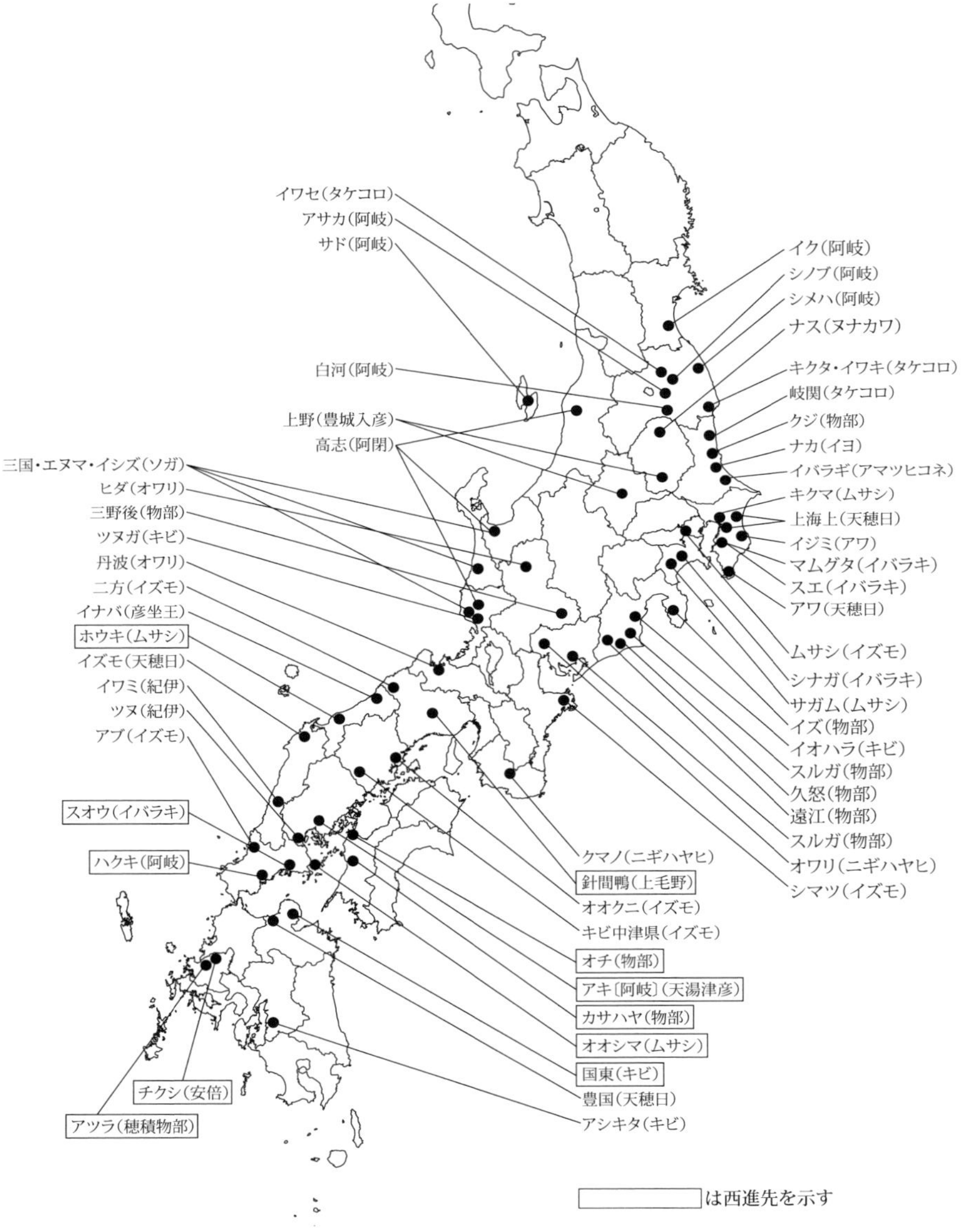

図3－9　国造の出自分布

『先代旧事本紀』(国造本紀)による。東日本の部族(阿岐族、イバラキ族、ムサシ族)が西日本にも分布している。

また、西日本では、「伊予」「出雲」に集中分布し、「周防」にも六箇所分布している。「伊予」「周防」は、「イ」族地名や「阿岐」族の国造の分布にも近接しており、この時の移動の可能性も残る。「伊予」国造も物部氏で、関連が深い。

これまで記述した「アラハバキ」の分布は、既述のように、東日本勢力の国造の分布とも一致し、西進と関連している可能性も否定できない。

また、『東日流外三郡誌』によれば、ヤマト建国時に、イワレヒコに敗れた、アラハバキ族は、その後も、神武代、五代、八代天皇代に西征して、王権継承争いに関与し、空位時代や八代孝元天皇擁立を創出したと主張している。外戚としてヤマト王権継承争いの一方の部族に助成したと解すれば、無下に虚実だとも言い難く、東西勢力の抗争も、過去の「大移動」に起因している可能性も高い（六章参照）。

一方、有名な「三内丸山遺跡」は、何故か、縄文時代中期に終焉を迎えている。

その原因については、考古学分野からの明瞭な指摘はないが、一部が、アラハバキ族と同動して、ともに南下したのかもしれない。

また、亀ヶ岡土器の移動は、縄文時代晩期であり、「三内丸山遺跡」の終焉とは一致していないが、北奥羽勢力の関東への「移動の流れ」が存在したことは、明瞭であり、その可能性は否定できない。

静岡には、「安倍川」が存在し、その命名の由来は、定かでない。後代の北奥羽勢力の安倍族の移動と推察されるが、「伊豆」「駿河」にもアラハバキ神社もあり、西日本への通過地点、寄港地点と推定されることもあり、今後とも由来の発掘調査が必要である。

図3－10　アラハバキ関連神社の分布

『東日流外三郡誌』に登場する「アラハバキ神」を祭る神社は、点々と関東に南下し、西部中国地方に集中していて、東日本から西日本への移動を示している。国造の出自分布との関連も濃厚である。

〔解説〕荒脛などと書かれてアラハバキと読まれる神がありアラハバキ神社も多い。〔神奈備にようこそ　あらはばき〕に含まれている瀬藤氏の資料によると全国で150余りを数える。
表記は、
麁脛バキ、荒覇吐、荒吐、荒羽、阿良波々岐、荒脛巾、荒掃除、新波々木、阿羅波婆枳、荒羽々気、阿羅波比など多様である。
分布は、
陸奥、出羽、常陸、武蔵（多数）、房総、相模、甲斐、越後(2)、参河(1)、伊豆(1)、伊勢(3)、丹波(1)、摂津(1)、伯耆(1)、出雲（多数）、隠岐(9)、安芸(6)、備後(1)、周防(6)、長門(1)、伊予（多数）、土佐(2)、肥前(1)、壱岐(1)となっている。
実はこれらの数字には移動する人を示す「客人」という表記の神社も加わっている。特に西国に多い。
（ORIG/2000/04/15より）

アラハバ神は西日本に移動している。
（矢印は著者）

六、西進 その根拠(Ⅴ)移動手段としての水軍

(1)海洋民「イ族」の解明

海洋民の「イ族」は、朝鮮半島の古伝『大震本紀』に、列島東北部に居住する部族として記載されている。

渡辺誠氏の『縄文時代の知識』によれば、大型動物の狩猟から、海獣に狩猟対象が変化した結果として、縄文時代人の海獣出土遺跡が、太平洋岸では、北海道から伊勢湾まで、日本海側では、宗谷から出雲まで、それぞれ沿岸部に連なって分布している(図3−11左図参照)。

また、漁業の「回転式離頭銛頭」の分布は、北海道で縄文時代早期から使用され、東北でも青森から仙台湾で、縄文時代中期から使用されているとされている。その東北での分布は、仙台湾付近に、大きな集中分布がある(図3−11右図参照)。その後、時代とともに関東、西日本に移動している(図3−13参照)。

安本美典氏の指摘では、釣り針の出土数は、約九十五%が東北、関東、中部に集中して分布しており、東日本に圧倒的な漁労民が存在していたと主張している。

一方、海獣の狩猟を反映すると考えられる「ワニ」地名の分布は、上記の分布とほぼ一致した分布を示している(図3−12参照)。「ワニ」地名が海獣の狩猟と関係すると解釈すると、海獣出土のない中九州や瀬戸内海での分布は、特異であり、その原因は別に述べるが、渡来系「ワニ族」の進入路を示すもので、別物と考えられる。

さらに、東北地方から東海地方の太平洋岸には、「イ」を冠する地名が多く分布している(図3−14参照)。北端の「ヘイ」に始まり、「イジ(伊治)」「イク(伊久)」「イワイ(盤井)」「イワキ」「イワオカ」「イスミ」

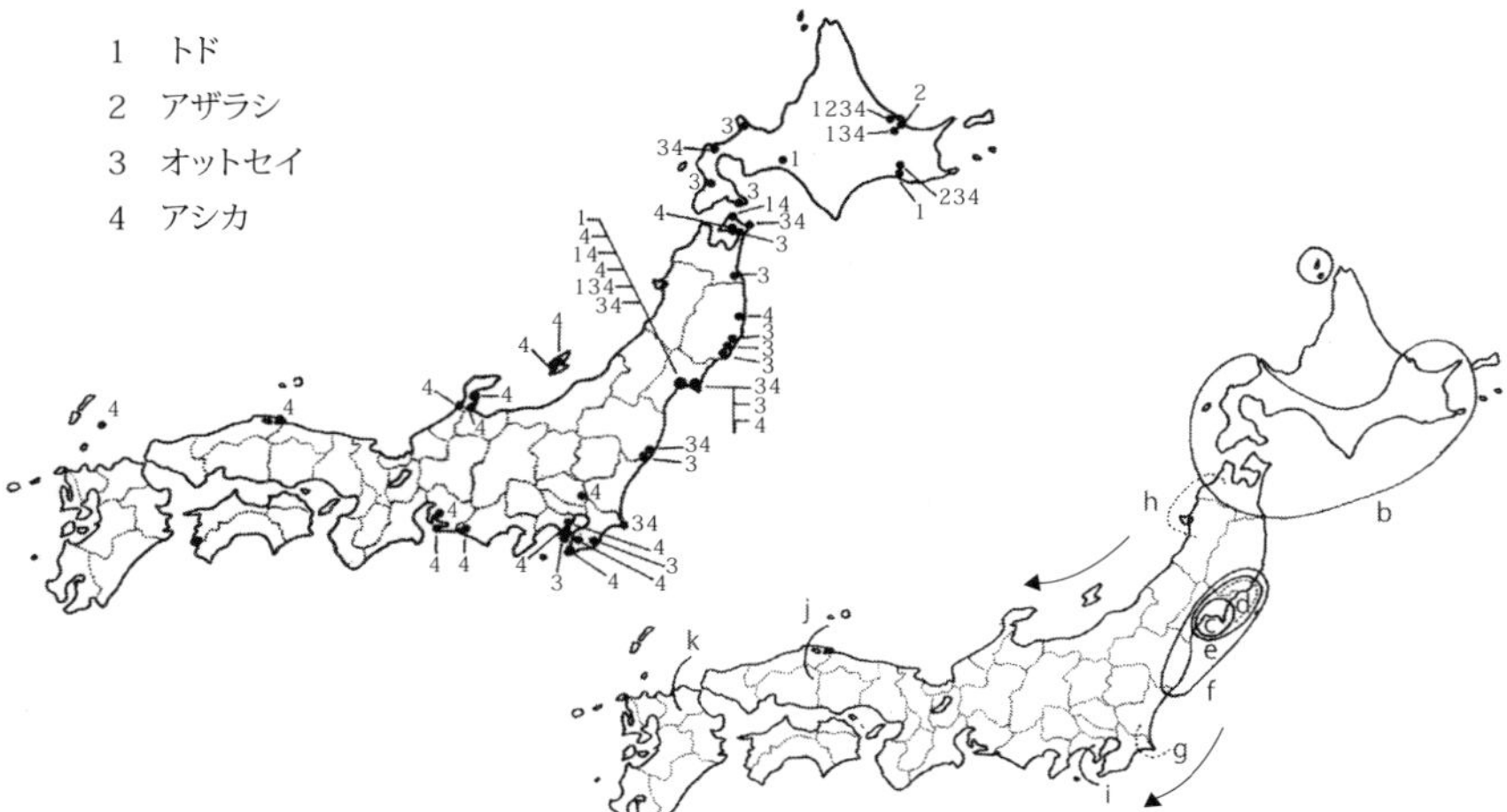

図３−11　漁労民の分布

海獣出土遺跡（左図）、回転式離頭銛などの分布（右図）から、縄文中期に仙台湾周辺に集中していた漁労民が南方に移動しているのがわかる。（出典：渡辺　誠『縄文時代の知識』東京美術社）

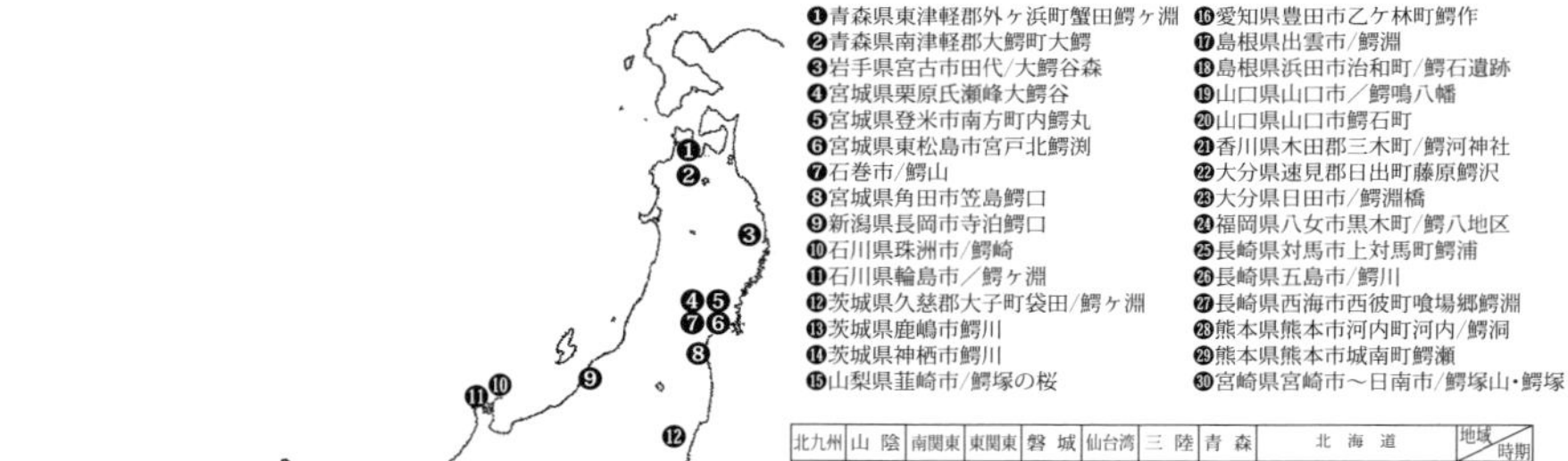

図３-12　「ワニ」地名の分布

海獣出土遺跡と「ワニ」地名とは西日本で異なっている。渡来民「ワニ族」の侵入を示す。

（出典：インターネットより）

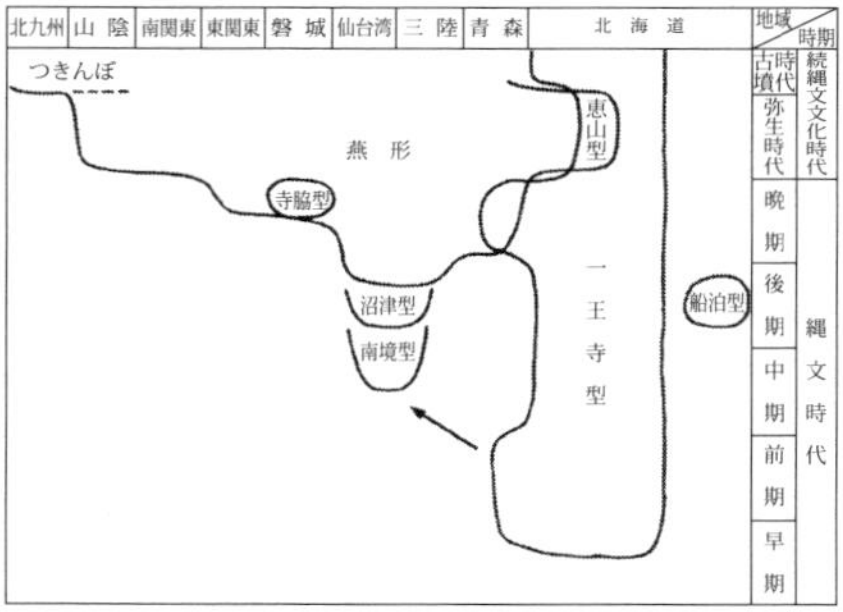

図３-13　回転式離頭銛の時代別分布変化

北海道で早期後半に発生し、西へ移動している。「燕形」は、晩期に一挙に西日本にも拡大分布している。

（出典：渡辺　誠『縄文時代の知識』東京美術社）

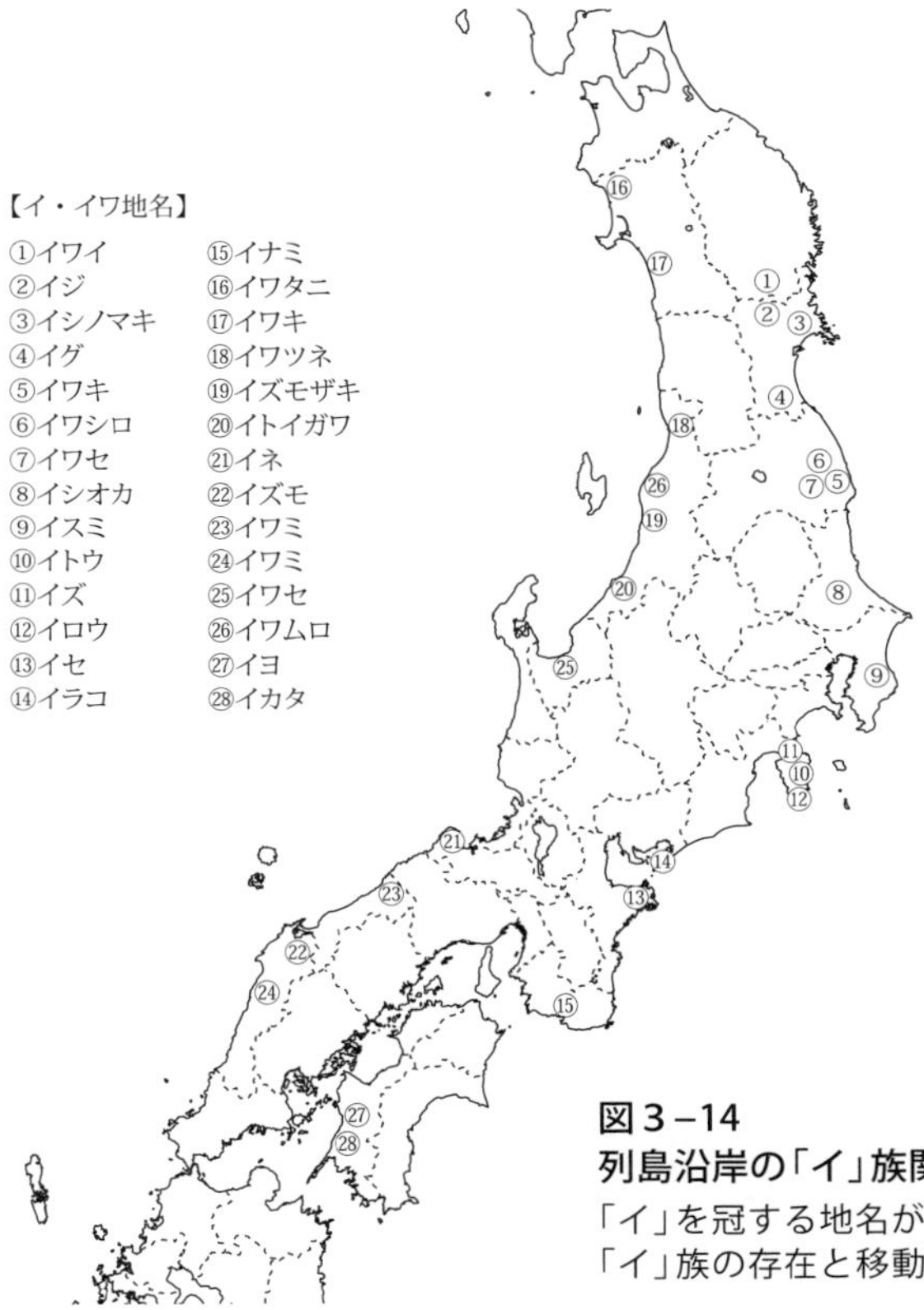

図3－14
列島沿岸の「イ」族関連の寄港地分布
「イ」を冠する地名が、西日本に展開し、
「イ」族の存在と移動を示している。

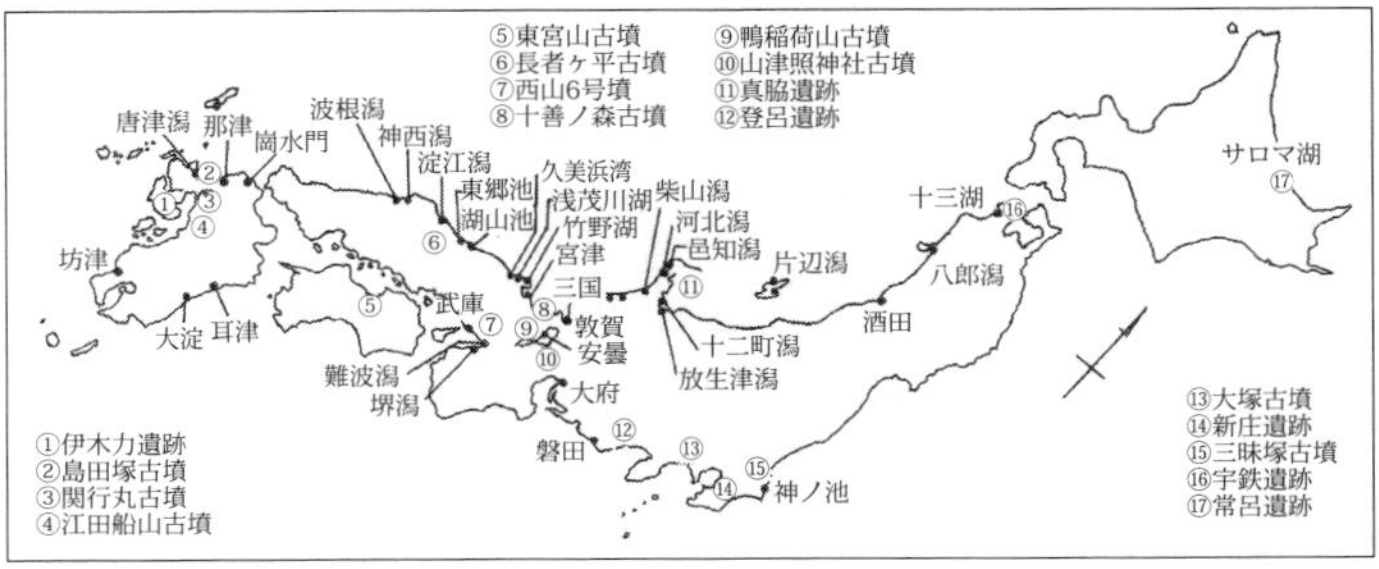

図3－15　弥生時代の港と遺跡

日本海側に寄港地が多い。「アベ」族の存在の可能性を、前出の「ワニ」地名、弥生期の港の分布により示す。日本海側にも北から南に展開する漁労民・海洋民が存在した。「アベ族」の分布は、国造の出自分布からも津軽～越～福井（阿閉国）に及ぶ。

（出典：松枝正根『古代日本の軍事航海史』かや書房）

「イズ」「イオハラ」「イロウザキ」「イワタ（磐田）」「イセ（伊勢）」などである。これらは、水軍「イ」族の寄港地を示していると推察される。主な行動範囲はヘイ（閉伊）～イズ（伊頭）と推定される。
縄文時代中期には、松島湾や古東京湾で、貝塚の隆盛もある。

これらの諸事実を勘案すると、太平洋岸を頻繁に行き来する、海運の発達があり、漁業は、縄文時代から存在していたことは明白な事実であり、その海洋民の主体は「イ族」と考えられる。

また、後述するが、「イ族」は、ニギハヤヒ族（和族、ワ族）と合流しており、香取神宮の祭神イワイヌシ（フツヌシ）はじめ、イ・ワイ、イ・ワ・キ、イ・ワ・オカ、イ・ワ・タなどの地名等を残している。ニギハヤヒ族の南下や西進の海軍として、同道したものと推定される。

ニギハヤヒ族（和族、ワ族）は、水辺の民と言われる「濊」族とすると、同じ海洋民として、相通ずるものがあったのかもしれない。

（2）海洋民「アベ族」の解明

日本海は、大陸からの渡来や、後代の征討、交易などの存在から、縄文時代から古墳時代にかけて、海洋民の主な活躍の舞台であった。

海洋民の「アベ族」の存在は、阿部比羅夫の粛慎征討の折、一八〇艘の船団を率いたとされていることからも、東北の日本海側にも海洋民が存在していたことを示している。

「イ族」の項で示したように、海獣出土遺跡や、「ワニ」地名は、「イ」族と同様な分布を示しているが、「回転式離頭銛頭」の分布や釣り針の分布は、日本海の「アベ族」の領域では少ない。これは、日本海側では、砂浜が多いこと、合流する海流もなく魚類が少ないこと、貝塚の分布が少ないことなどと関連し、漁労民は少なく、大陸に近い関係もあり、交易を主目的とする海洋民の存在が推定される（図3－15参照）。

真脇遺跡の海獣出土は有名であり、また、後代では、「安東水軍」や「北前船」の活躍があり、海洋民は縄文時代から、継続して存在していたものと推察される。

「アベ族」は、北のツガルの「ア・オ国」（仮称）から南の福井の「阿閉国」にも存在したと推定されるが、ナガスネヒコ、アビヒコも、ニギハヤヒの日本海側の同族（弥彦勢力）に同行し、出雲の国譲りの主体に合流していた可能性もある。亀ヶ岡土器の南下に密接に関連していたと推察されるからである。

後代では、ヤマトで敗れた「アビヒコ」の後裔が「アベ族」に連なるとされており、十三港を根拠地とした「安東水軍」にも連なっている。

一方、後代の「国造」の分布（前出）によれば、高志の国造は、阿閉（アヘ）族とされており、最南端の福井が阿閉国の境界になっている。「イ」族の北方境界が、閉伊（ヘイ）であることと対応していて、地名的に注目に値する。

また、筑紫の国造も阿倍族の後裔とされており、「アベ族」は、日本海沿岸に広く分布・存在していたことを示している。

（3）海洋民 アマベ（海部）族の解明

系図1には、「尾張・海部氏の系譜」を示す。

「尾張・海部氏の系譜」では、「アマベ」族は、オワリ族と同族とされている。ニギハヤヒ（天火明命）と天道日女命の間の子、「天香語山命」を始祖としている。

後述するが、一族の女性は、始祖の「天道日女命」以来、「日女命」を使用しており、系譜に明記されて、残されていることから、邪馬台国の「ヒミコ（日女命）」も「トヨ（小止与命）」も「オワリ族」の出自と推定される。「アマベ」族は、東日本勢力として活動しているのである。

「アマベ（海部）」族の地名移動による、寄港地の分布を示す（図3－16参照）。

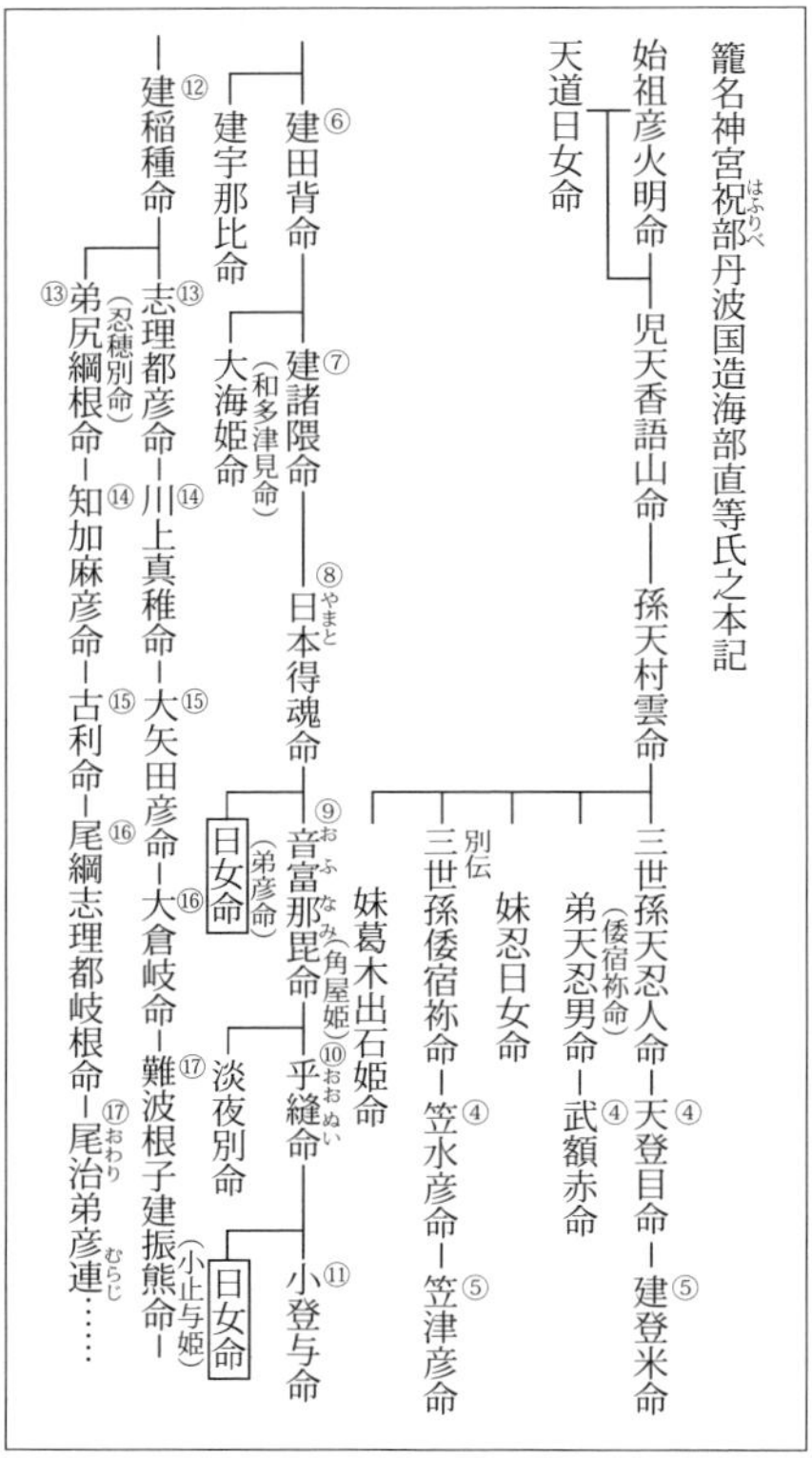

系図1　海部・尾張族の系譜

「海部」族の系譜もその存在を裏付けている。女系は、「日女命」を歴代名乗っている。途中に、（ヒミコ）、（トヨ）が明記されている。

オワリを本拠地と考えると、寄港地はすべて西日本に位置している。関連地名が多いコースを連ねると、瀬戸内海～関門海峡を通り、北九州までたどることができる。このコースを外れるのが、①高知、②豊後、③隠岐、④丹波である。

このコースは、何を示すのであろうか。「交易ルート」であるとの考えもあるが、私論から言えば、東日本勢力の大移動における、「ニニギ軍の西進ルート」を示している、と考えられる。「キビ」の対岸の「讃岐」を拠点に、イズモ討伐の同盟交渉を「キビ」と行い、イズモ背後を西方から攻めるべく、「安芸」を確保したのではなかろうか。「イワ」（伊和）大神は、（賀陽）にあり、出雲攻略の拠点の一つではなかろうか。「イワ」族は、東日本勢力の主力部隊である。

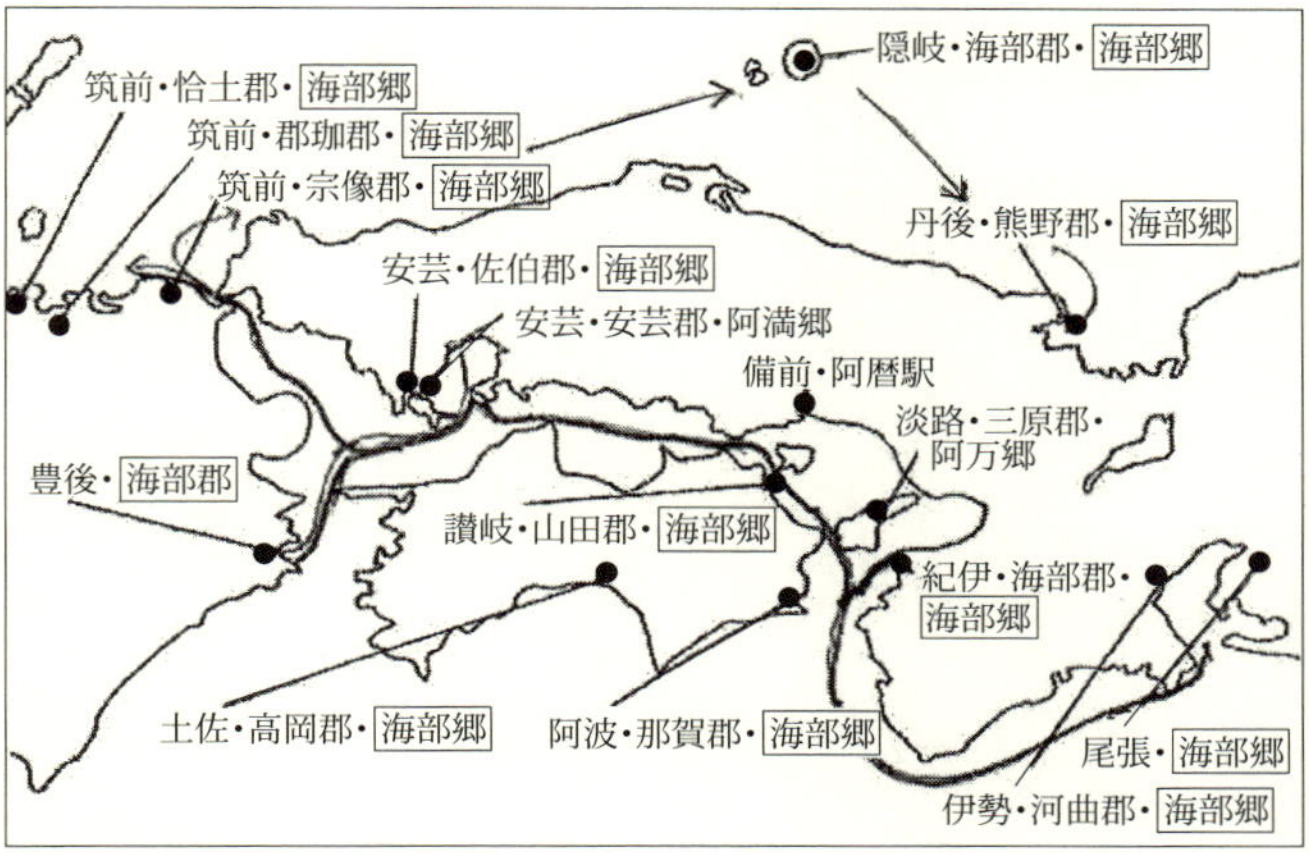

図３−16　安曇族の展開

東海の「海部」地名の分布から、「アマベ」族の存在を推定する。「海部」地名は、東海〜西日本の各所に分布し、海洋民の存在を示す。「海部」地名が瀬戸内海を中心に分布。安曇と海部を同族としているが、疑問がある。

北九州は、戦闘では、アズミ水軍と対峙した場所であり、また、「隠岐」に寄港、あるいは、滞陣していることから、イズモ勢力を西部からも攻略した可能性もある。ニニギ軍は、ニギハヤヒとともに、イズモの国譲りを完了すると、高千穂に降臨しているが、その上陸地点が豊後・海部（佐伯または臼杵）なのである。

この図では、「アマベ（海部）族」ではなく、「安曇族」とされている。安曇族は、大陸系の海洋民であり、国譲り後に、松本に幽閉されていることから、両族は、別の種族と推定する。図は、「アマベ（海部）族」のものと解釈する。

（4）海洋民「アワ（安房）」族の解明

関東には、貝塚の隆盛をもたらした、海洋民がおり、代表して「アワ（安房）」族の存在を推定する。縄文中期には、関東地方の沿岸部に漁業が発達し、茨城以南に、東北沿岸とは異なる漁法を有した海洋民が存在していたことが考古学的にも指摘されている（図3－18参照）。古伝などでは確認できないが、海洋民が形成されていたものと推定する。後代の「安房水軍」である。

「アハ（アワ）」族は、太平洋岸に沖縄本島から千葉・房総まで、地名を残している（図3－17参照）。おそらく、アハ族は、海洋民族で、地名は、寄港地か移住地であろう。

安本美典氏によれば、列島の太平洋岸には、「インドネシア系言語」（オーストロネシア語）が分布しているとされていて、海洋民は、黒潮に乗って、南方から北上してきたように見える。崎山理氏によると、オーストロネシア語は、雲南地方を故郷とし、六千～五千年前に南方へ移動を開始し、南太平洋に広く拡散しているが、その一部が北上し、縄文時代後期（四千～三千年前）に、列島に渡来したとされている。

しかし、この方向は、本書で主張している「イ・ワ」族、「アワ」族の南下とは逆方向で、東海から千葉・房総の間で、両族は重複している。この交差・重複部では、何かその重複の残滓はあるのであろうか。あるいは、移動・到来時期が大幅に異なるのであろうか。

一方、片山一道氏によれば、縄文土器やその類似土器が、南洋諸島に点在しているという。これは、言語とは逆方向の移動方向である。ラピタ人と呼ばれる人集団が、フィジー諸島からポリネシアに、三千三百年前頃、移動したという。縄文時代人は、これらの人集団に関連している可能性が指摘されている（コラム1参照）。

この移動時期を、本書のニニギの西征時期とすると、縄文時代人は、広く南方にも展開していたこととな

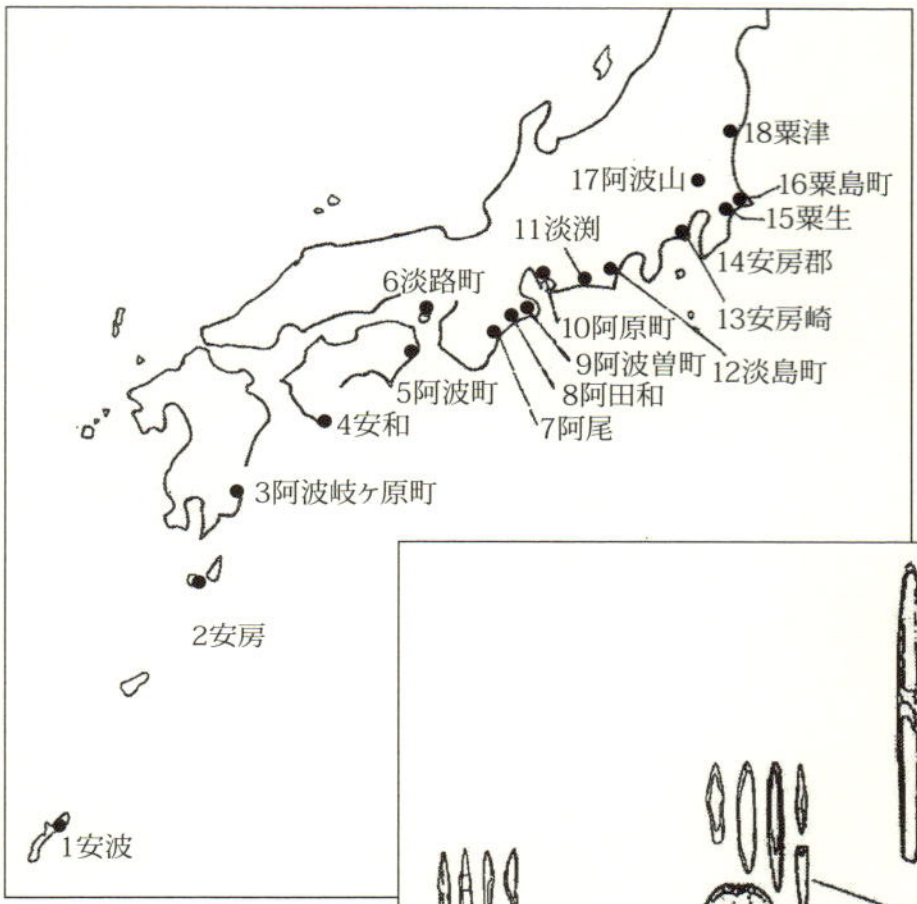

図３－17
太平洋海洋民「アハ（アワ）」族の分布

地名分布や異なる漁法の存在から、「アマベ」族と異なる「アハ（アワ）」族の存在を推定する。

黒潮流域における地名「アハ」の分布状況。沖縄からいわき付近まで示されている。

（出典：松枝正根『古代日本の軍事航海史』かや書房）

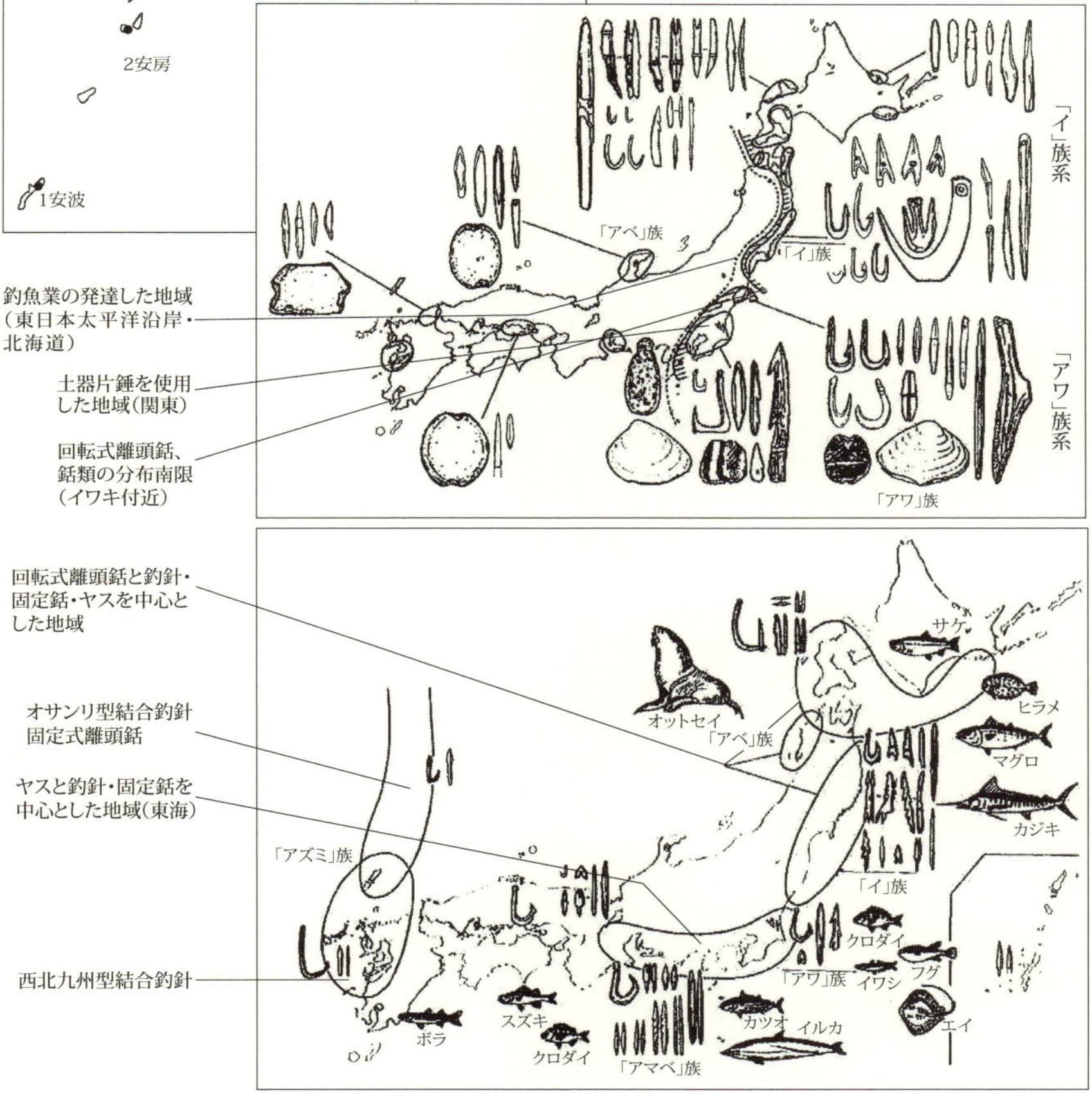

図３－18　海洋民の存在

太平洋岸の海洋民の存在を示す。漁具により「イ」族、「アハ」族に差があり区分できる。

（出典：日本第四期学会『図説日本の人類遺跡』東京大学出版会）

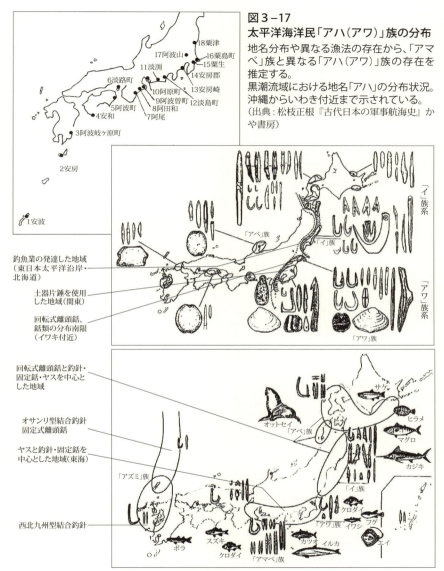

る。九州の縄文時代中期の曽畑式土器や後期の市来式土器は、沖縄本島に伝播しており、この九州勢の南下にも注目すべきであろう。

東日本に居住した縄文時代人は、西日本に渡来してきた渡来民に、ただひたすら、一方的に圧倒されていたのではなく、南方へも羽ばたいていたのであり、これまでの一元的な見方は誤りであろう。その契機は、太平洋岸の海洋民の「ニライカナイのクニ」への憧憬なのかもしれない。

コラム1

ラピタ人の移動

『日本人の起源』（産経新聞社　二〇〇九）の中で、片山一道氏によれば、三千年前、南太平洋のフィジー諸島から、ポリネシアに移動した部族があり、「ラピタ人」と推定されている。ラピタ人は、土器製作、いも栽培、イヌ・ニワトリ、ブタ飼育を南太平洋に広げたとされている。

ラピタ人は、地元の伝承によれば、アフリカから渡来したとされているが、地元の研究者（パトリック・ナン氏）は、遺伝学的にこれを否定し、また、アフリカからフィージー諸島までの移動の痕跡もないとしている。

現代のポリネシア人の出自を、片山氏は、「乳児に高頻度に蒙古斑があらわれる」「体質的にアルコールを受け付けない下戸が多い」「指紋・掌紋などがアジア人と似ている」ことなどから、「アジア人」起源としている。そのアジア人は、その移動痕跡から、台湾や華南からの移動民の可能性を示している。

さらに、その可能性の一つとして、日本列島からの海洋民の移動の可能性を追求している。ポリネシア人の中に、縄文時代人の後裔が存在している可能性があるという。土器を文化の基層としているという共通項を見出して、その根拠としている。

列島周辺の海流は、黒潮が太平洋西端を北上しているが、列島や大陸周辺では、地形が複雑なため、反転流が生じており、これをうまく利用すれば、南下することができる。フィージー諸島からポリネシアへは赤道流があり、これに乗れば、東に渡航することも可能である。現代では、海流の

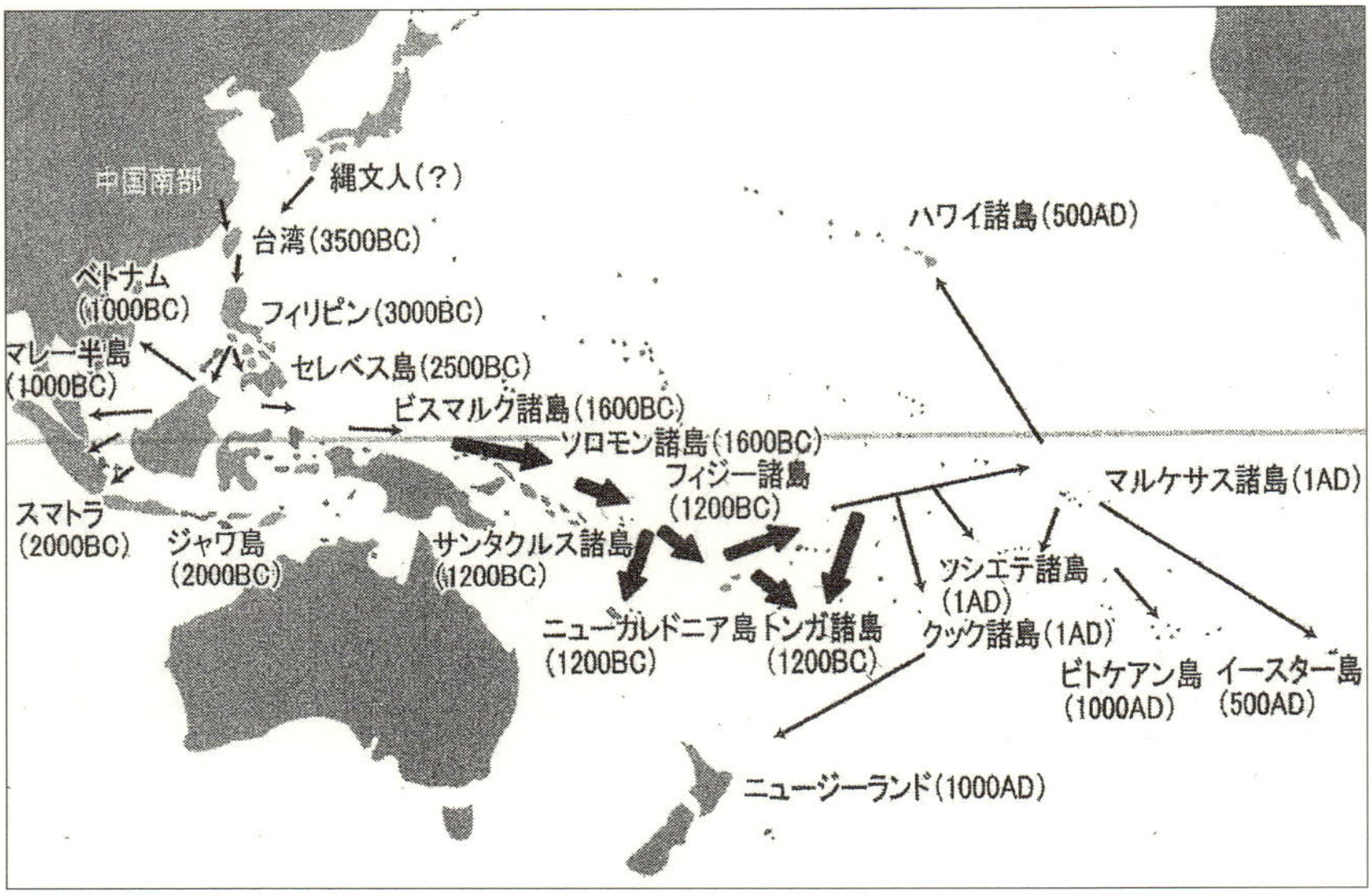

ラピタ人の植民の経路と時期（出典：片山一道『日本人の起源』産経新聞社）

詳細な流れが把握されているが、古代ではかなりの経験が必要とされている。一方、列島の海洋民は、列島と神津島間を旧石器時代から行き来しており、沿岸の移動も頻繁なことから、海域の移動の経験は蓄積されていると考えられ、列島からフィジー諸島までの移動の可能性を、完全には否定できない。

本書でも主張しているように、縄文時代の後・晩期には、東日本勢力が西へ大移動しており、古伝では、中国大陸にも及んでいることが伝えられている。これらのことから、花綵列島沿いに南下し、南アジアに移動した海洋民が存在した可能性は、容易には否定できないのである。

七、西進　その根拠（Ⅵ）地名移動など

国内の地名については、これまですべて、西日本勢力が東日本に進出したので、西日本出自とされている。しかし、今回の東日本勢力の西日本への移動を想起した時、種々の問題が解決されることも多い。東日本勢力の移動は、当然、東日本に実在した地名のみならず、諸々の事項の移動も考慮しなければならない。特に、縄文語の不明な現在、国名などに現れる「一字音」の語彙による解読は、重要な解明の視点を有していると考えられる（コラム2参照）。

以下に、〔地名移動〕を列挙してみる（図3－19参照）。

ヒタ（チ）↓　ヒダ（飛騨）↓　ヒタ（日田）　アワ（安房）↓アワ（阿波）
ケノ（群馬・毛野）↓　ケノ（宇佐・下毛郡）　アソ（富士山）↓アソ（阿蘇山）
イワイ（岩手・盤井）↓　イワイ（福岡・盤井）
シキ（埼玉・志木）↓　シキ（奈良・磯城）　イボ・川（岐阜）↓イボ・川（播磨）
アキ（福島・阿岐）↓　アキ（広島・高知・安芸、国東・安岐町）
アマベ（海部）↓　アマベ（紀伊・海部、豊後・海部）
タ・マ、ア・ヅマ（吾妻）↓　ツマ（都万、妻、投馬など）　ツボ（都母）↓ツマ（妻）
ヒタカミ（日高見）↓　ヒダカ（紀州・日高、但馬・日高、豊後・日高郡）

また、「東日本の部族名」から、「国造名」からも、西日本への移動が推定される。

「イ」族↓「イ・ト（伊都）」、「イ・ヤ（伊邪）」「イ・ツミ（出水）」「イ・キ（壱岐）」「イ・ワイ（盤井）」「イ・ヨ（伊予）」「イ・カタ（伊方）」「イ・サキ（伊崎）」など多数。
「タマ」族↓「ツ・マ」（都万など）、「イ・ト（伊都）」（古くは「イ・タ」とか）
「アキ」族（福島・阿岐）↓アキ（広島・高知・安芸）（国造名）「阿岐」↓「安芸」（広島）
「アマベ」族（海部）↓アマベ（紀伊・海部、豊後・海部）

安本美典氏（『倭人語の解読』によれば、『魏志倭人伝』にある「地名などの固有名詞」を、中国の「上古音」（先秦時代）、中古音（隋・唐時代）などで解読し、国内資料の『記紀』『風土記』『万葉集』などの「類似語」と比較して、「邪馬台国」時代の「倭人語」の解明を行っている。それら多くが「万葉仮名」で解読できるとしている。

① その中で、『延喜式』に登場する九州地名（郡名）九十五箇所のうち、五十五箇所が完全な地名で、三十五箇所が判読できる関連した地名で、現在まで残り、実に千年経ても九四・七％の地名が継承されていることを指摘している（表3－3参照）。

② また、「ふしぎなことがある」として、関東の「毛野の国」地名が北九州の「御木（毛）郡」に、「総の国」が同様に「宇佐郡」に、常陸の国「日高見の国」が同様に「豊前・日高郡」に、「常陸・久慈の国」が「玖珠郡」「久住」に、それぞれ関東地名と九州地名が音韻的対応していることを挙げている。

上述のように、すべてを西から東に移動すると固執していて、解決不能事項になっている。

延喜式	現代 郡名	現代 市町村名	延喜式	現代 郡名	現代 市町村名	延喜式	現代 郡名	現代 市町村名
恰土	{糸島}	(恰土)：	宇佐	宇佐	宇佐市	球磨	球磨	球磨村
志麻		志麻町	日田	日田	日田市	山鹿	——	山鹿市
早良	早良	早良町	球珠	玖珠	玖珠町	臼杵	臼杵(東西)	臼杵市
那珂	——	(福岡県那珂川町)	直入	直入	直入町	児湯	児湯	
席田	——	(席田村)	大野	大野	大野町	那珂	南那珂	(那珂)：
糟屋	粕屋	粕屋町	海部	海部(南北)		宮崎	宮崎	宮崎市
宗像	宗像	宗像町	大分	大分	大分市	諸県	諸県	(東西北)
遠賀	遠賀	遠賀町	速見	速見		菱刈	——	
鞍手	鞍手	鞍手町	国崎	国東(東西)	国東町	桑原	——	
嘉麻	{嘉穂}	嘉穂町	基《き》肄《い》	{三養基}	(基山町)	贈於	曾於	
穂浪		穂波町	養父			大隅	——	大隅町
夜須	——	夜須町	三根		三根町	姶羅	姶良	姶良町
下座	{朝倉}	朝倉町	神埼	神埼	神埼町	肝属	肝属	(肝属川)：
上座			佐嘉	佐賀	佐賀市	馭謨	——	
御笠	——	(御笠)	小城	小城	小城町	熊毛	熊毛	(熊野)：
御原	——	(御原)	松浦	松浦(東西南北)	松浦市	出水	出水	出水市
生葉	(浮葉)	(浮葉町)	杵嶋	杵島	(杵島山)：	高城	——	(高城町)
竹野	——	(竹野)：	藤津	藤津		薩摩	薩摩	薩摩町
山本	——	(山本)：	彼杵	彼杵(東西)	東彼杵町	甑島	——	甑村(上下)
御井	三井	(御井)：	高来	高来(北南)	高来町	日置	日置	
三潴	三潴	三潴町	玉名	玉名	玉名市	伊作	(伊佐)	(伊作)：
上妻	——		菊池	菊池	菊池市	河辺	川辺	川辺町
下妻	——	(下妻)：	阿蘇	阿蘇	阿蘇町	頴娃	——	頴娃町
山門	山門	大和町	合志	——	合志村	揖宿	揖宿	指宿市
三毛	(三池)	(三池)：	山本	——	(山本)	給黎	——	喜入町
田河	田川	田川市	飽田	{飽託}	飽田村	谿山	——	(谷山市)
企救	(企救)		託麻		託麻村	麑島	鹿児島	鹿児島市
京都	京都		益城	益城(上下)	益城町	壱岐	壱岐	(壱岐)：
仲津	——	仲津市	宇土	宇土	宇土市	石田	——	石田村
築城	(築上)		八代	八代	八代市	上県	上県	上県町
上毛	——		天草	天草	天草町	下県	下県	
下毛	下毛	(下毛原)：	葦北	芦北	芦北町	95郡	55郡	

表3－3 延喜式地名

「延喜式」に現れる地名（郡名）と現代の地名（九州）
1000年経過しても、そのほとんどが継承されている。
（出典：安本美典『倭人語の解読』勉誠出版）

図3－19 東日本勢力の西進による主な地名移動

地名移動より東日本勢力の西進を示す。上表の「延喜式」に現れる地名が、現代にも継承されていることから、地名移動も現在地名から遡ることができると推察する。
○は、移動地名を示す。

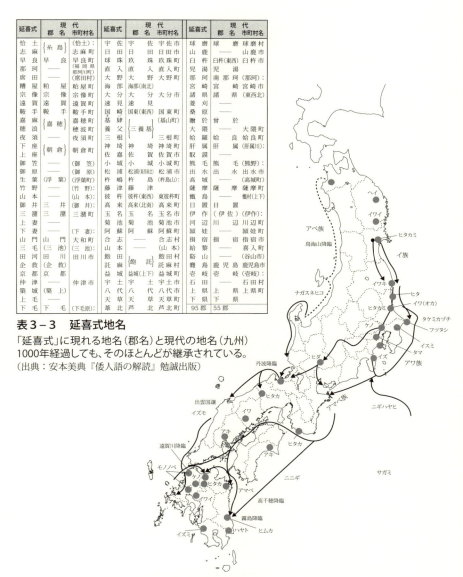

断している。

コラム2
「一字（音）名」と「二字（音）名」

縄文時代の地名については、現代の地名と全く一致するわけではなく、何か痕跡を残すものと判断している。

安本美典氏によれば、縄文時代には、既に「古極東アジア語」というべき言語が、環日本海地域で成立していたとされている。また、崎山理氏は、「日本語は、北方のツングース諸語と南方のオーストロネシア語族系の言葉が混合して成立した。両系統の言語が出会ったのは、縄文時代後期（四千～三千年前）である」とされている。さらに、現代方言や奈良時代の上代日本語と列島の南北に位置する系統の異なった言語を比較して「縄文語」の再構成を提案している。私は（ア）、彼は（イ）、親戚は（カラ）などが提案され、名詞はわかりやすいが、助詞や話し言葉がやや難しく思われる。これらから、名や地名は、一字音から始まったと推定される。

一方、古代中国の国名や姓氏は、一字音名で示されることが多く、列島内でも中国を見習って「倭の五王」の時代まで、それに追随していた。国名は、殷、周、秦など。東夷の族名は、伯（夷）、和（夷）、陽（夷）、淮（夷）、徐（夷）など、姓氏は、姫（氏）、劉（氏）、曹（氏）、孫（氏）などである。

これらのことから考えられると、ニギハヤヒ族の出自と考えられる「濊（ワイ）」族は、「わ（和）夷」族であり、一字音の「ワ」ではなかったか。

また、部族が合同・連合すると、それぞれの一字音を連結した族名になっているのではなかろうか。東北にいた、「イ」族と「ワ」族が合流して、「イワ」族となり、「キ」族と合流すると、「イ・ワ・キ」となるように。

九州でも、「ナ」族、「ミ」族、「ク」族が、それぞれ「ナ」「ミナ」「クナ」などのクニグニを造っている。

時代が経過して、長い名が作られるのではなかろうか。

ある文献では、旧石器時代に、「一字音」の言語が存在し、「ケ」（削）、「オ」（置）「セ」（背負う）「タ」（耕す）「ワ」（割る）「カ」（欠く）など、その後二音語化し、「カク」「カム」「カル」などが形成されたとしている。しかし、ヒトの動作や地名に、一音語が残ったとしている。

一音地名語として、

「芋（う）」、「麻（あ）」「加（か）」「賀（か）」「玖（く）」「妹（せ）」「田（た）」「出（で）」「登（と）」「沼（ぬ）」「根（ね）」「場（は）」「保（ほ）」「見（み）」「和（わ）」などを列挙している。

また、山の呼称には、「ネ」が多いとし、「オネ」「ミネ」「ウネ」「ヤネ」「ムネ」等を指摘し、「ネ」→「峰」→「岳」→「山（やま）」→「山（さん）」の変化を指摘している。

いろいろ事例を挙げてみると、

（1）一字音語（動詞）人体関連　ミる、トる、キく、クう、サす、ツく、ナく

（アイヌ語）ヤ、ネ（ヤネ、オネ、ミネ）

（2）二字音語　アイヌ語も多い。

（動詞）歩く、走る、動く、触る、食べる、怒る、笑う、開く、閉じる

（名詞）ヤマ、ウミ、オカ、タニ、ミネ、ヌマ、カワ

　　クリ、アワ、ソバ、ムギ、ヒエ、ゴマ、ワラ、タバ

（アイヌ語）ヤチ、ナイ、ベツ、キリ、クル（カラ）、シュマ、ピラ、シリ

（3）三字音語の発生

（アイヌ語）トマム、トマリ、オンナ

（4）連結して部族名・国名・地名となる。

「イ・ワ」「ア・キ」「ア・ワ」「キ・ヌ」「フ・サ」「ミ・ヌ」

「イ・ト」「フ・ミ」「フ・コ」「ミ・ナ」「ツ・マ」

「ユウ・ベツ」「オボ・ナイ」「ヒ・ナイ」「ポロ・シリ」

「イ・ワ・キ」

（5）一～二音連結して、文・人名になる。渡来系は語順が逆か。

「イワデ」　イに、ワが、デた（列島の語順）

「イデワ」　イデた　ワ　（語順逆転・渡来系）

「イズモ」　イズる　モ　（語順逆転・渡来系）

「イズミ」　イズる　ミ　（語順逆転・渡来系）

「コシオウ」「スサノオ」（詳細は、系譜の解明参照）

（6）弥生時代前後に、大陸や半島からの住民の渡来により、大陸語や半島語の流入が始まる。

（7）八世紀の漢字導入後には、全国の国名・地名を、二字の「好字」に変更するよう指示があった。

（8）漢字は、当初の「表音」文字から、「表意」文字に変更された。

一方、前述の安本美典氏『倭人語の解読』によれば、古代国名をして以下のことがわかるという。

①「つしま（対馬）」「いき（一支）」「まつら（末盧）」（「いと（伊都）」「な（奴）」「うみ（不弥）」などの三世紀当時の「倭人語」の地名が、「万葉仮名」で読めるとすると、これらの地名は、三～八世紀に至るまでほとんど変化しなかった。

②「万葉仮名で読める字は、万葉仮名で読み、万葉仮名で用いられた事例の存在しない漢字は、その漢字の上古音または、中古音と同じ音をもつ万葉仮名で読む」とすると、上の六つの国名は、「万葉仮名の読み方」で十分読める。

③『魏志倭人伝』の「国名」の多くは、後の時代の「郡」程度の大きさである。

④上古音に基づく読みに近いのは、「一支」「末盧」「奴」、中古音に基づく読みに近いのは、「伊都」「不弥」である（国成立の時代を反映しているのか）。

八、西進 その根拠(Ⅶ)系譜からの解明

『記紀』などの系譜から、東日本勢力の西進は証明できるのであろうか。

出雲の「国譲り」の相手が「大国主命」なので、系図3－2に「大国主命」の系譜を示す。ここには、妻の「鳥取神」との系譜に、三代孫は「速甕之多気佐波夜遅奴美神」がおり、妻は「前玉比売」、その父は「天之甕主神」となっていて、関東勢力の「前玉」「甕」の地名が入った名称となっている。また、その子や孫にも同様に「前玉」「甕」の名が継承されている。これらは、明らかに東日本勢力が、国譲の主体であったこと、出雲を制圧したことを示している。

一方、「アマテラス」の系譜には、孫として、「ニニギ」「ホオリ」「フキアエズ」の三代にわたって、「日高日子」の名称が加味されている。これも、東日本勢力の「日高見国」の「日子」が挿入されており、この時期、明らかに東日本勢力がアマテラス勢力を制圧したことを示している。

これら、西日本の二大勢力である、「出雲」と「日向」の系譜に、東日本勢力が挿入されていることは、重要な事実である。これは、東日本勢力がこれらの国を制圧したことを示しており、明瞭な「東日本勢力の西進」の根拠となりうる事実である。

主系列に、他系列の女性との婚姻は、普通のことであり、系譜の合体は、珍しいことではなかろうが、出雲や日向に東日本勢力が挿入されることは、注目に値する事項なのである。「アマテラス」系では、ワタツミ、ヤマヅミ系が地元系であり、「スサノオ」系では、トトリ、オオ、オカ系などが近隣部族で地元系なのである。

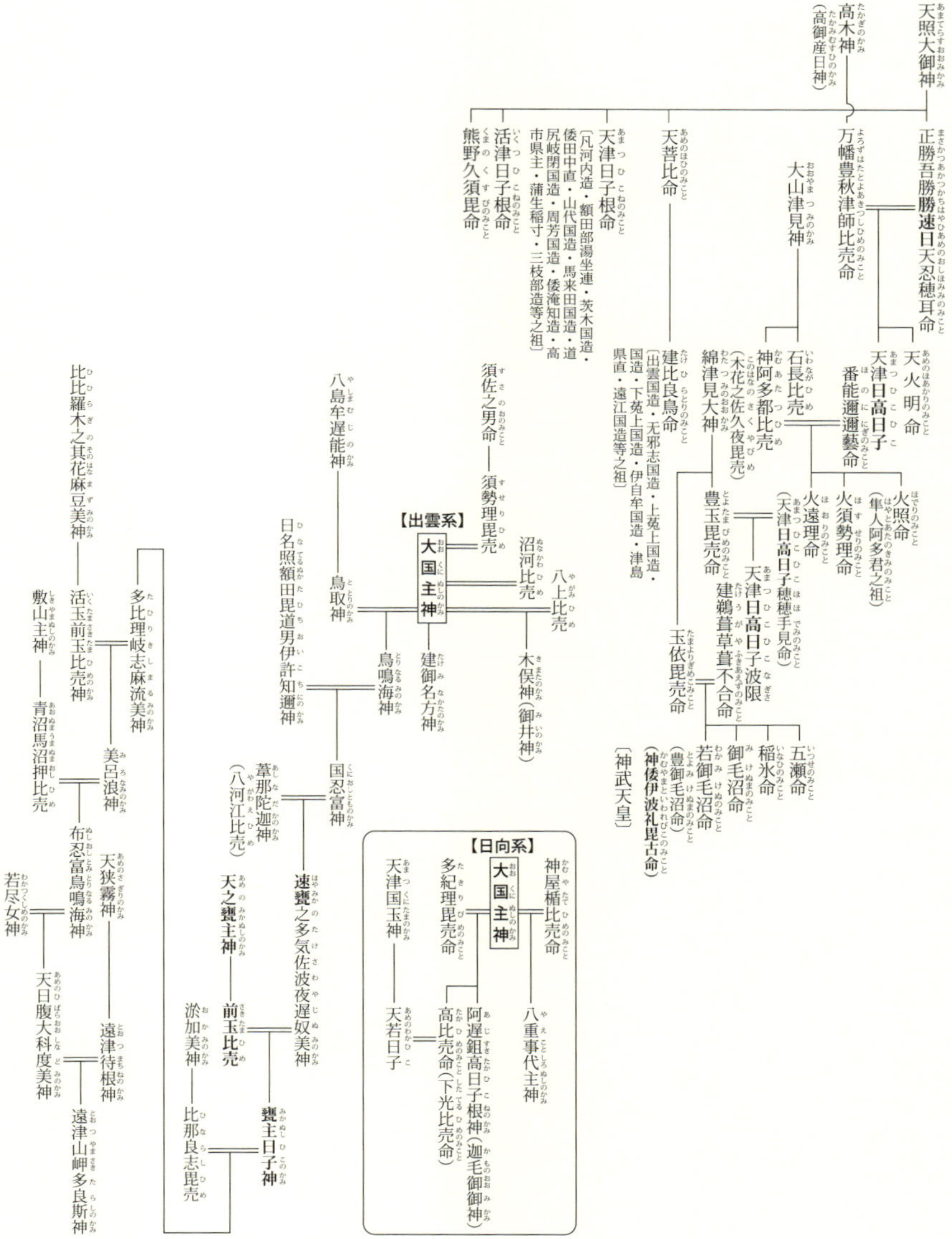

系図３－２　系譜からの解明

系譜の解明から、東日本勢力の西進の存在を示す。アマテラス系に「日高日子」が、大国主系に「ミカ（甕主）」「 サ キタマ（前玉）」など東日本勢力の名称が見出せる。古事記のアマテラス（上右）とオオクニヌシの系図（上左）。（出典：『歴史読本（古事記の見方、楽しみ方）』新人物往来社）

したがって、東系の「ヒダカ」「ミカ」「サキタマ」などの存在から、東日本勢力の西進の存在が判明するのである。

コラム3

『記紀』の系図からの解明

『記紀』の系図などは、貴重な事実を記載している。各系図から、つぎの事項が判断できる。

①別の系統との婚姻により、出自や関係がわかる。

②命名により、「出身部族」「居住地」「名称」「性別」などがわかる。

③初期は、一字音語で事実が判明しやすく、二字音語となると、語の「意味」も付加されている可能性が高くなり、解釈が難しくなる。

以下に、その事例を示す。

①「大国主命」系図の「甕」「前玉」など関東地名の挿入
「アマテラス」系図の「日高日子」など「日高見国」の王子名の挿入
「大年命」系図の「韓神」「曽富理」「白日」などの半島名の挿入

②命名の「出身部族」「居住地」「名称」「性別」
「スサノオ」の妻は、地元「須賀」の「クシ・イナダ・ヒメ」
　隣町「大（意宇）」の「イチ・ヒメ」
　「天」族の「アマテラス」
「大国主命」の妻は、地元「八（や）」の「カミ・ヒメ」
　直系の「須」の「セリ・ヒメ」
　隣国の「鳥取（トトリ）」（ヒメ）

コシの「ヌナカワ・ヒメ」
地元「八（や）」の「タテ・ヒメ」
宗像の「タ」の「キリ・ヒメ」

③
「建速須佐之男」―建速（尊称）須佐（地名）之+男
「八島士奴美神」―八島（居住地）士奴（名）美神（尊称）
「深淵之水夜礼花神」―深（フカ）（部族）淵（居住地）の水夜礼（名）花神（尊称）
「天之都度閉知泥神」―天（部族）の都度閉（居住地）知泥（名）神（尊称）
「宇都志国玉神（大国主神）」―宇都志（居住地）国玉（国王）神（尊称）
「天之尾羽張神（伊都之尾羽張神）」―天（部族）の尾羽張（居住地）神（尊称）
「布怒豆怒神」―布（部族）の豆怒（名）神（尊称）
「布帝耳神」―布（部族）帝耳（名）神（尊称）
「天津日高日子番能邇邇藝命」―天（部族）の日高日子（出自名称挿入）番（ホ）（部族）の邇邇藝（名称）命（尊称）
「天照国照天火明櫛甕玉饒速日命」―天照国照（美称）天（部族）火明（新名称）櫛甕玉（居住地）饒速日（旧名称）命（尊称）

第四章　東日本のクニグニ

一、東日本には、どんな部族やクニグニが存在したのか

(1)東日本のクニグニ

東日本には、どのようなクニグニや部族が存在したのか、まず、大陸、半島、列島内の古史・古伝を探ってみようと思う。古史・古伝などによれば、東日本に存在した部族やクニグニは、時代を定めず、羅列すると、次のとおりである（カッコは出典）。

①アラハバキ族『東日流外三郡誌』（津軽）、「ア・オ」族（仮称）アソベ族、イソベ族、オシマ（北海道）族
②イ族『大震本紀』（岩手～福島太平洋沿岸）北部に「ヘイ」族、沿岸ぞいに、「イ」寄港地が分布
③アベ族（『記紀』）（青森～福井・日本海沿岸）「アヒ（安比、安日）」族、福井に「アヘ（阿閉）国」
④毛野族（『記紀』）（群馬）「キヌ（鬼怒）」族（栃木）
⑤アズミ族、海部族（『記紀』）（東海・九州に地名分布）
⑥阿岐国（福島）、阿閉国（福井）（『先代旧事本紀』〈国造本紀〉）
阿岐国造は、佐渡から福島に及ぶ。北茨城に「岐閉国」あり
⑦日高見国（『記紀』、『ホツマツタエ』）、高志国、佐渡国（『記紀』）
⑧東国（『ホツマツタエ』）
⑨サガミ、ムサシ、アワ（『記紀』）
⑩イデハ（出羽国）（古神社資料）

図４－１　東日本の部族とクニグニ

文献や地名などから、その存在が推定される各部族やクニグニの分布を、時代を考慮せずに示す（○数字は本文と対応）。

⑪オワリ族（尾羽張）（『記紀』）
地名より推定

⑫ノヘ族（八戸）、ヘイ族（岩手）

⑬タマ・サキタマ族、フサ族（千葉）、ヒタ族（茨城）

⑭カイ族、シナノ族

これら、時代を異にする、族やクニを（図４－１参照）に示す。このうち、部族の移動を明記できるのは、アラハバキ族、ヒダカミ族（古伝）、海洋族（イ族、アベ族、アワ族、海部族）、毛野族（地名移動）、オワリ族などである。

また、『梁書』には、倭国のほか、「文身国」「大漢国」とともに、東北に「扶桑国」が記されているが、「梁」は、（五〇二～五五七？）の国であり、六世紀の状況である。

（2）国内の部族

国内の東夷　東に複数の異族がいること。蝦夷や毛人だけではない。
「土蜘蛛（つちぐも）」「八掬脛（やつかはぎ）」「国巣（くず）」「蝦夷」が東夷の主役。日高見国も東夷の一つ。

『記紀』（七一〇、七一二）
大和周辺　阿太の苞苴担（ユヘモク）、吉野首の祖先井光（イヒカリ）、吉野国樔の祖先磐排別（イオシワケ）、菟田の兄猾（エウカシ）、弟猾（オトウカシ）、磯城の八十梟帥（ヤソタケル）、忍坂の磯城族、墨坂の兄磯城、鳥見の那賀須泥日子（ナガスネヒコ）、土蜘蛛の新城の戸畔（ニヒキノトベ）、和珥の土蜘蛛居勢の祝（コセノハフリ）、臍見の長柄の土蜘蛛猪の祝（イノハフリ）、高尾張の土蜘蛛八握脛阿太の鵜飼の祖先苞苴持
景行１２　直入県のネギノに三つの土蜘蛛あり「打猿（ウサ）」「八田（ハタ）」「国麻呂（マロ）」
景行２７　武内宿禰「東夷の中、日高見国あり。その国人、男女並びに結結・文身し、人となり勇敢、是れ総じて、蝦夷と曰う。」ヤマトタケル蝦夷征討を命ずる。
敏達１０（五八一年）「蝦夷、数千、辺境を寇す。」蝦夷首魁「綾糟（アヤカス）」毛人族
『続日本紀』（八世紀末）上表文
「（天皇の）威、白河の東に振るい、毛狄、屏息す」

国内資料では、弥生時代以降、全国に様々な部族が、縄文時代から引き続き、生存していたことはわかるが、詳細な縄文時代の状況は、不明である。別資料により、検索を行わなければならない。

二、国内の古史・古伝の伝承は、主張する

「偽書」などとされている国内の古史・古伝には、興味ある事項が記載されている。列挙すれば、以下のとおりである。

①『上記（うえつふみ）』七一二～一五九六年間、九世紀以降成立か。

（イ）王朝継承・推移は、以下のとおりである。

（1）スサノオ王朝　出雲七代

（2）ニニギ王朝　ニニギ～ホホデミ

（3）山幸彦王朝

（4）ウガヤフキアエズ王朝七十一代　豊後、肥後、日向を主な根拠地とする。海浜の産屋など南方系習俗、「女の兵人」記載あり。女尊の時代、上古の記憶とヨサキヲの存在を指摘。しかし、新しい三世紀の倭人の礼法も示す、「平手を叩く」「跪みて」などの記載があり、違和感があるとか。

（5）サヌ（神武）王朝（七十一代目ウガヤ王）

（ロ）サルタヒコは、出雲の佐太の大神と伝承が同じ。出雲の神。黄金の矢が同族の印、北方系騎馬民族の観念。サルタヒコは、その後、九州、四国に移動か。

（ハ）オシル人の来寇　北方民族、雄族、粛慎人（邑良志＝挹婁人）
・船団で三度来寇し、侵入地はすべて越（北陸）である
・常に穀物を要求している
・遠流志別（オルシワケ）神社（陸奥国・栗原）、邑良志別（スラシワケ）ウソミナ（能登）などがあり、一部列島に居住している。
（ニ）オオナムチとスクナヒコの詳細な関係を述べている。
（ホ）イナヰ伝説（新羅征討　ウガヤ王十五代の時）とされているが、また、（ナガスネヒコと結ぶ、ウガヤ七十一代のこと）としても、辰・弁辰代とすると前三世紀以降であり、新羅成立は四世紀以降であるので、年代や時代がずれていていずれも合わない。

〔特記事項〕
『上記』では、列島の王統成立の流れを記していて参考になるが、突然、長大な「ウガヤフキアエズ王朝」七十一代が挿入されていて、不自然であり、これを除けば、妥当な可能性が高い。七十一代には、渡来以前の代を含むと推察される。習俗などは、事実か。また、オシル人の来寇も、かなり詳細であり、事実性は高い。

②『天記』奈良時代、藤原一族の文人　浜成による。
（イ）〈国生み伝説〉四国が、淡路島、秋津島の次にあり、九州や隠岐島に先行している。何故か。
（ロ）〈神格伝説〉の中に特異な神（サルタヒコの遠祖、スサノオの臣下、フツヌシなどの臣下、オオナム

チに天孫への降伏を勧めた神など）を含む。

（八）（ニニギ降臨にあたっての三十二随神）

アメノコヤネ（中臣氏）、フトタマ（忌部氏）、アメノウズメ（猿女君氏）、イシコリドメ（鏡作連氏）、タマノオヤ（玉作連氏）、アメノオシヒ（大伴氏の祖）、アメツクメ（久米氏の祖）、アマツマラ（物部造の祖）、アマツソソ（笠縫部の祖）、アマツアマウラ（為奈部の祖）、ホホロ（十市部首の祖）、アマツアカボシ（筑紫弦田物部の祖）アメノカゴヤマ（尾張連始祖）、アメノムラクモ（渡会神主氏）、アメノミクダリ（宇佐国造）としている。

（ニ）（ヤマトタケルの東征討伝説）「尊、兵を率いて、駿州、浮嶋野に至る」

『駿河国風土記』では、この地名は、有渡郡にあり、益頭郡や安倍郡に近い。

駿河の安倍勢力が、東方のバックアップで対抗したか。

〔特記事項〕

ニニギ降臨にあたっての三十二随神は、『記紀』などと大いに異なり、雑多な集団に見える。また、尾張氏や渡会氏など東日本系を含んでいることが面白い。本書の主張のイワレヒコ東遷に、東日本勢力の残留部族が含まれていた可能性がある。

ヤマトタケルの東征討伝説は、『古事記』と『日本書紀』では、東征ルートに大きな差があるほか、『風土記』とは、戦闘記載などの差異があり、『天記』との差異も指摘されていて伝説の内容に疑問な点が多い。

③『宮下文書』から、二つの事項が指摘できる。

一つは、列島への渡来が、兄弟が別々に富士山を目指して、弟は海岸沿いを東へ、兄は大陸を東に進み、列島には弟が西日本に先に着き、兄は遅れて日本海を渡り、北陸から近畿、東海を経て富士山に至り、兄弟再会を果たしたという記載。まさにY遺伝子分析による「人集団」の移動経路と一致しているのだ。

もう一つは、富士山で出会った兄弟が列島を東西に分割統治したが、西に進入者があり、兄が応援に駆けつけ、阿蘇山に陣取って撃退したという記載である。神話にあるニギハヤヒとニニギ兄弟の逸話や侵入者の存在を裏付けしている。

これらはまた、『記紀』の記録として、ニギハヤヒとニニギ後裔のイワレヒコとの同族確認の記載に反映していると推定する。

田中勝也氏によれば、『上記』と共通するところが多いうえ、コノハナヤクヤヒメの伝承があり、地元主張に強く基づいて、創作されたものとしている。

渡来ルートはさておき、「列島に渡来」「日本海から北陸に上陸」「兄弟統治」、「進入者への対応・駆逐」などが、記載されている。

④

「出雲神話」には、スサノオがヤマタノオロチを退治する伝承や、大国主と高志国のヌナカワヒメとの婚姻話、そして、出雲の国譲りなどの話が有名である。『記紀』に記載された内容と『出雲風土記』の内容が全く異なっていることもまた、有名である。『記紀』の内容なのか、『風土記』の記載なのか検討に留意する必要がある。

しかし、日本海北部の大陸には、オロチの本拠地があり、日本海沿いに南下してきていたオロチ族と対決する事態は、当然発生しただろう、また、高志族との関係も地勢的に、素直に理解できることである。ただし、「オロチ族」が存在していたか否かは、後代は確認できるが、この時代には、不明である。

⑤『ホツマツタヱ』によれば、最初に現れた神は「クニトコタチ」で、日高見国は、その後、九代のオシヒト（オシホミミ）が東北・多賀城付近でミヤコを開いた。
分洲制をとり、各々にオシカド（勅命執政官）をおいて統治したとされる。

ナカクニ（畿内地方、西方地域）は、ヤスガワ（野洲川下流地域付近）に本拠を置き、オモイカネが治めた。四国と紀伊半島南部地域は、ツキヨミが治めた。

ネノクニ（北陸道諸国）は、シラヤマカミが治め、九州地方は、スミヨロシ（カナサキ）が治めた。

コヱクニ（東海道諸国）は、アマテルカミの親政となり、イサワ（伊雑宮）に居して治めたとされている。有名人が登場しているのである。

また、ヒタカミ国は、時代と共に、東北から徐々に南下し、筑波周辺や近江に本拠地をかまえ、西にニニギを派遣し、さらに、西征して九州に至るが、ニギハヤヒも西遷して、東から西へ移動したと記されている。ニギハヤヒとニニギの兄弟統治も記載されている。

〔特記事項〕
列島内でも、すでに国々の建国があり、弥生時代以前には、西日本への進入者に対する在地勢力の人集団の南下と西への移動も存在したのであり、一方的な東征のみが存在したのではないことを示している。

また、『記紀』のヤマトタケルへの討伐の記載にも「ホツマを討つ」とされており、「ホツマ」とは、「あづま」のこととされ、焼津以東の「東国」の存在を示唆している。

しかし、本書は、近世に近い語彙が確認されていること、五七調にこだわるあまり原名などが省略されていることなどから、成立が新しく、江戸時代以降に、ホツマ文字を使って、三輪系関係者により作成・保持されていたとの指摘もある。

⑥『東日流外三郡誌』は、「偽書」とされてしまっているが、貴重な指摘もある。

(イ)津軽海峡の存続に関わる氷河期への記憶がある。縄文時代から北海道渡島地方を含めた津軽地方勢力の存在は、考古学的にも否定できない。

(ロ)「アソベ族」は、その習俗から、アイヌ系先住民とされている。(アベ)は、アイヌ語で、(火)を表す語に通じるとされ、アソベ族自身は、(行く、起きる)の意だとする。後代の「安倍族」もこれに由来する可能性がある。「アソベ族」は、火山噴火と大地震で多くが滅んだとされている。

(ハ)「ツボケ族」はツモと自称した。ツモは「都母」の地名として近世にも残っており、原族はカムチャッカからきたものか、あるいは、ツングース系靺鞨族の流れを汲むともいわれる。狩猟と漁業を生業とする。土器を作り、火食をし、竪穴住居に住んだ。馬を飼い、狩猟や戦闘に用いた。

(ニ)春秋時代・晋の郡公子一族が渡来、娘秀蘭がナガスネヒコの妻となる。

中国の『春秋伝』や『史記』によると、晋の献帝(紀元前六七六〜六五一)の時、郡公子事変があり、津軽に流亡民がきたとされている。中国文献と矛盾を含むが、晋伝説が風化しており、相当古い時代のことであることを示唆している。かくて、三系統の勢力が混合・同化して、「アラハバキ族」を形作ったとしている。その王権の宗主は、ナガスネヒコの兄、アビヒコである。
（ホ）その後、この北勢力の南下は、事実と思われる。亀ヶ岡土器は、変遷しながら、九州にも及んでおり、これらの事実を裏付けている。
（ヘ）このアビ・ナガスネ伝説は、江戸時代に成立した諸書・諸伝に対応伝説が存在する。書では『会津四家合考』『津軽風土記』『津軽家古系譜考』、家伝では、「安倍系図」「秋田系図」「藤崎系図」「白鳥系図」などで、一致して次の内容を掲げている。
・神武の時代、アビとナガスネの兄弟が、摂津を根拠地にして、天孫ニギハヤヒの子・ウマシマジを主君として、畿内を支配していた。
・神武は、九州日向から東征を開始し、畿内に進入しようとした。
・アビとナガスネ兄弟は、生駒山を支えて戦いは十年に及んだ。
・戦闘は日向側の勝利となり、ナガスネヒコは、神武の兄を殺した罪で死罪となった。
・一方、アビは追放されて、津軽に定住した。
（ト）アラハバキは、存在する。『出羽風土略記』（一七五一～六三成立）には、秋田・雄勝郡の「阿良波岐権現」が、荒羽々岐神を奉斉しているとされている。

〔特記事項〕
これらの記載以外に、その後、アラハバキ族は、ヤマトを攻め、一時、王位を簒奪したと記載され、その根拠が明確でないので、かなり批判的で、「偽書」とされているが、系譜の解釈や地勢的に納得できる部分もあり、検討しつつ、記述の内容を再評価する必要がある。

⑦各国内の古伝から、「降臨伝承」を列挙すると、各所に降臨者が存在する。

『常陸風土記』「普都（フツ）大神・香島大神」「綺日女命（カムハタヒメ）珠売美万命（スメミマ）」

が随従。「立速日男命（タチハヤヒ）」（祟り神？）も降臨

『出雲風土記』「天乃夫比命（アメノフ（ホ）ヒ）」「布都怒志命（フツヌシ）」

「大国魂命（オオクニタマ）」の降臨

『播磨風土記』「玉帯比古大稲男（タマタラシヒコオオイナオ）」

「玉帯比売豊稲女（タマタラシヒメトヨイナメ）」

「八戸挂須御諸命（ヤトカカスミモロ）の降臨

『新撰姓氏録』「白雲別神の女（シラクモワケ）」（吉野連の祖）

『記紀』「ニギハヤヒ」「ニニギ」「スサノオ」後代では渡来記事多し

『海部氏系図』「ニギハヤヒ」（宮津降臨）

などなど、かなり全国に降臨記載が多い。その詳細は不明である。『出雲風土記』には、フツヌシ、ニギハヤヒ（大国魂命）が降臨したと明記されている。

⑧先住民

『神武紀』「八十梟師（ヤソタケル）」

『景行紀』「鼻垂」「耳垂」「麻利」「土折猪折」筑紫

「神夏磯媛（カムカシヒメ）」

「八女津媛（ヤメツヒメ）」八女県

「速津媛（ハヤツヒメ）」速見邑
「速来津媛（ハヤキツヒメ）」肥前風土記
「八十女・浮穴沫媛（ヤソメ・ウキナワヒメ）」
『常陸風土記』「国栖（クズ）」「夜尺斯（ヤサカシ）」「夜筑斯（ヤツクシ）」
（アイヌ）「野の佐伯」「山の佐伯」（サエキ）

などなど、各地に当然、先住民は存在しているが、『景行紀』では、女王の記載もかなり多い。

三、クニは、まず、東日本から形成された（縄文土器の分布変遷による解明）

考古学の成果として、縄文時代の土器分布の地域差が図4－2のように提案されている。

これらから、種々の状況が読み取れる。

ニギハヤヒ族が到来または渡来してきたとすると、土器分布は、大陸との対比で検討する必要がある。

① 中国の興隆窪文化（八千～七千年前）の流れを汲むとされる「平底土器」が、対応する縄文時代早期後葉（八千～六千年前）に北海道の札幌低地帯に現れている。また、早期は、列島は大陸とまだ陸続きであり、「押型文土器」が北東北と西日本に現れている。九州には、「貝殻文土器」（C1系人集団）が現れているので、「押型文土器」はC3系の人集団に対応する可能性がある。旧石器時代から継続して縄文時代にも人集団が到来してきていたと考えられる。

② 縄文時代前期（六千～五千年前）には、渡島～北東北に興隆窪文化の流れの「円筒式土器」が南下して分布するようになった。東北中部（山形～仙台）に変化が現れるのはこの時期で、「大木式土器」に

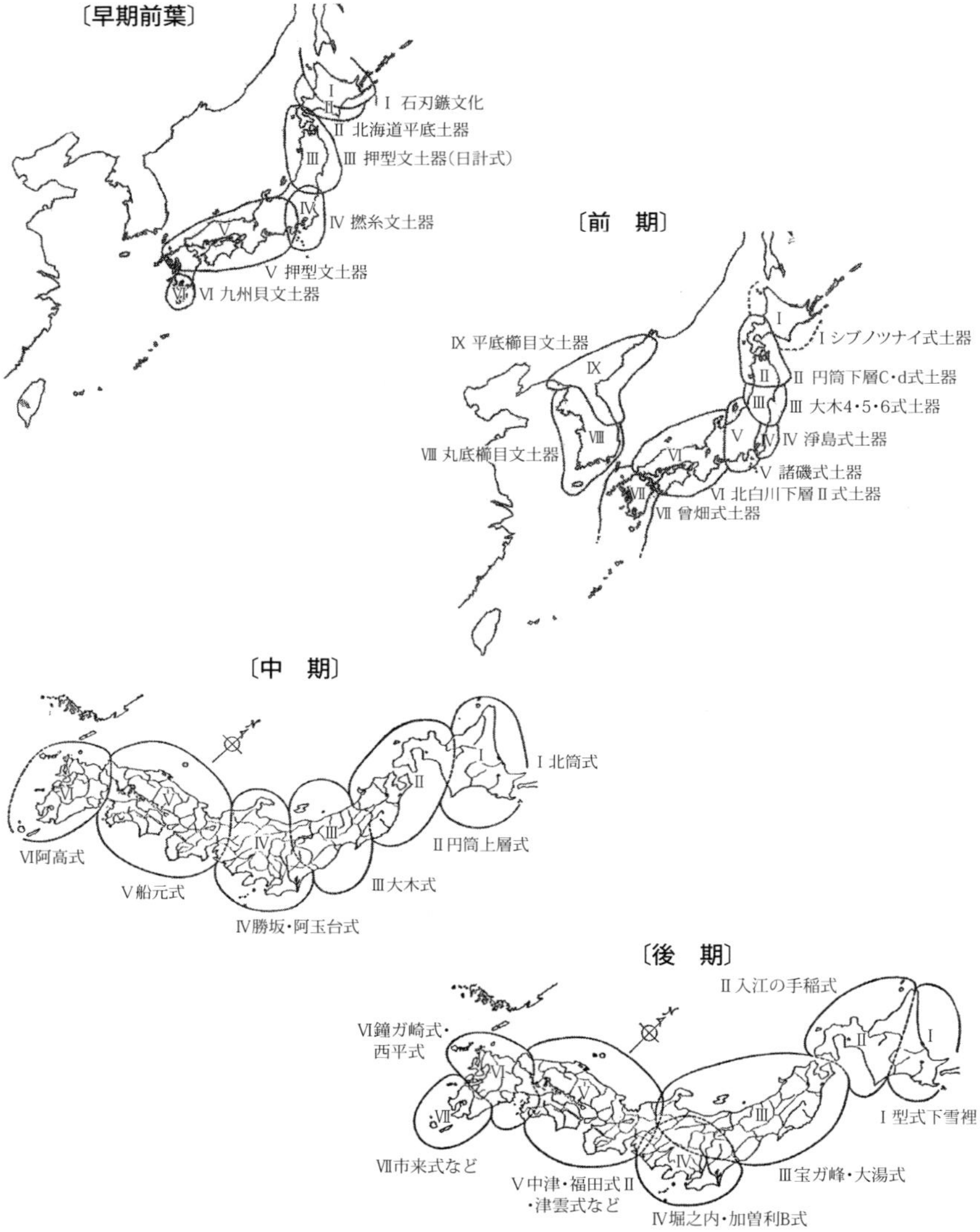

図4－2　東日本のクニグニを探る

土器の型式分布（前出）より、東日本に誕生したクニグニの形成を推定する。①西日本に比較し、東日本に種々の土器が発生し、独自性を強調する動きが前期より、活発・顕著となる②西日本、特に中・四国・近畿には、変化はなく、人集団の移動は、感じられない。③①の動きが、やがてクニグニの形成に連続してゆくのではなかろうか。

（出典：藤村東男『縄文土器の知識（Ｉ）』東京美術社）

代表される土器群が出現する。後半には、「彩漆土器」が山形・高畑町に現れている。

③「大木式土器」は、縄文時代中期（五千～四千年前）には、佐渡～福島を含み、関東北部まで分布が拡大している。「ヒタカミ」国や「アキ」国の成立は、この頃のことと推定される。山形に、大汶口文化（四千～二千五百年前）に属する刻文付有孔石斧が出土している。

④後期（四千～三千年前）になると、東北の「宝が峯・大湯式土器」が津軽～能登地区まで急拡大している。この時期には、青銅刀の出土から、華北系、「殷」系の一団が渡来してきた可能性がある。

それぞれの時期に、大陸と関連する土器が現れているが、特に東日本では、「中期における多様性が、後期には統合される傾向を示し、晩期には関東地区まで併合される」状況が、顕著な変化として、特筆できる。これは、中東北の勢力が、北方や関東にまで拡大したことを示している。そして、晩期後半には、東西日本の二大文化圏（東日本の〈大洞式土器圏〉と西日本の〈遠賀川土器圏〉）が形成される（前出）。

これらの変化は、国内勢力圏の変化に対応しているものと推定される。

一方、西日本の状況を見てみよう。

①九州では、早期に南部に「貝文土器」の一時的分布があったが、前期に「曽畑式土器」、中期に「阿高式土器」は、九州共通の土器圏を形成していた。また、尾張以西の中国・四国地方も、早期の「押型文土器」、前期の「北白川下層式土器」、中期の「船元式土器」と、早期から前期、中期を通じて、共通の土器圏を形成してきている。

②そんな中、変化が現れたのは、後期で、北九州から四国の伊予にかけて、まるで、侵入があったよう

に、「鐘ガ崎式土器」が分布している。

③そして、晩期には、一挙に九州全域から近畿圏まで含めた、「黒土BⅡ式土器」圏や「遠賀川土器」圏が発達することとなる。その変化は、急激で、北九州への侵入族が九州から近畿地区を席捲したように見える（前出）。

これらのことから考えるに、後期（四千～三千年前）の北九州への侵入は、かなり衝撃的で、その後に一挙に西日本を制圧した「黒土BⅡ式土器」の勢力が存在したように見えるが、九州や西日本の大勢力の「アマテラス勢力」（日向族）も「スサノオ勢力」（出雲）もいずれも局地的分布であり、一方、この時期、大陸・半島からの多勢の渡来民の勢力の存在も考えられず、これは、国内の「東日本勢力の進出と席捲」と解釈するのが、妥当ではなかろうか。

全体的にみると、前期に多様化した土器文化圏は、時代の経過とともに統合化されてゆく。特に、東北勢力の拡大が顕著であり、主体が東日本に存在していたことは明白である。

西日本は、晩期前半に黒土BⅡ式土器の文化圏で統一される。原ヤマト建国を示すものではなかろうか。

黒土BⅡ式が、遠賀川式土器のみに変化していることからも、これを推定できる。

また、津軽海峡をまたいで、同一文化圏が形成されているが、後期の一時期分断されている原因は何かと注視される。北九州への新たな侵入と関連しているのであろうか。

土器文化圏は、各時期により、様々な動きをしており、すでに、集団で移動するクニグニが成立し、脈動していたものと推定できる。

四、東日本のクニグニの盛衰

縄文土器分布や出土物などから、津軽から中部地方にわたる、東日本勢力の盛衰をまとめれば、表4－1と図4－3に示すとおりである。

（1）ア・オ国（ツガル族、オシマ族を「ア・オ」族と仮称命名）

・津軽海峡をまたいで、旧石器時代から居住民存在。
・大平山元遺跡（草創期）、三内丸山遺跡（中期）、亀ヶ岡遺跡（晩期）ほか。
・大陸よりの穀物の伝播が早く、ソバ・ヒエなど栽培。
・列島孤島化後も海峡をまたいで、引き続き大陸や北海道と交易。
・『東日流外三郡誌』のアラハバキ族の本拠地。
・漁業も盛んで、後代の安東水軍の存在から、「アベ（安倍）」水軍を想定。

（2）古四王国

・「古四王神社」の分布から推定。各所で祭神に差があり、古いわりに神社名は共通し、古神社と推定。神社の一部は、フツヌシ、ミカハヤヒ、ヒハヤヒ、タケミカヅチの四神を祭神としている。
・秋田では「タケミカヅチ」を大彦命が祭ったとの伝承もある。
・鳥海山山麓に渡来系出土品が多いことなどから、ニギハヤヒ系勢力（ワ）族の渡来を推定。海岸から内陸にも分布しているので、一時的な居住ではない。
・秋田・唐松神社に『物部文書』伝承。鳥海山への降臨を伝える。
・後に、奥羽山脈を越えて、北上平野、仙台平野に移動。

（3）イワ（イ）国

・C3系、D2系の人集団（イ族）が根幹、渡来系（ワ族）のO3系が合流。
・中東北に縄文中期から後期に成立。
・漁業関連の出土物から推定。仙台平野に「イ」族の分布。
・山形の「古四王」国より「ワ族」が仙台平野に移動してきて、合体し建国。
・「イ」族と「ワ」族で構成。イワ地名を残す。
・ニギハヤヒ系の「イワイヌシ（フツヌシ）」が主導。
・後の「日高見国」（『ホツマツタエ』伝承）建国。
・大木式土器を帯同。松島（七ヶ浜）周辺が本拠地。
・漁労から、水軍に発展、やがて、南に移動、拡大。
・オロチ人、オシル人、粛慎人など、北方系渡来人が混在している。
・ソバ、ヒエなど栽培、漁業、狩猟、採取経済。
・騎馬、弓矢、石剣を武器とする。
・後代、福島～関東の鹿島まで南下。福島で「阿岐族」と合流。

（4）阿岐国

・『先代旧事本紀』（国造本紀）から抽出。佐渡、伊具、染羽、信夫、安積、白河国造など、成務代に成立。
国造は、「天湯津彦命」十世孫、十一世孫が多く渡来時期が古い。
・佐渡、新潟から阿賀野川沿いに福島、郡山、白河など阿武隈川流域に進出。
・縄文中期とされる「馬高式（火焔）土器」の分布は、阿賀野川を経由して福島白河に至っており、阿岐

時　代	渡り島・津軽	北東北(東)	北東北(西)	南東北	北　陸	北陸(越前)	関　東	中部・東海	イベント
早期	「アヘ族」	「イ族」		「イ族」					
興隆窪			玦状耳飾						
8000〜									
紅山文化									
6000〜									
		(円筒下層式)		(大木式)		(北白川式)	(諸磯式)		
前期									最大海進
	「アヘ族」「ノヘ族」「ヘイ族」			「イ族」					孤島化進行
中期				貝塚最盛期			貝塚最盛期		
大汶口文化		三内丸山		刻文付磨製石斧(山形)					遺跡人口最大
									フツヌシ渡来
		(円筒下層式)	「イデワ族」	(大木式)			(勝坂式・阿玉式)		南下
5000〜4000	ア・オ(ツガル)国		古四王国	イ・ワ国(古日高見国)			アツマ(ホツマ)国		シナノ移動
後期				「アキ族」			「ヒタ族」		
				「イワキ族」			「フサ族」		
夏							「タマ族」		
4100〜3600									関東勢力移動
殷									ニギハヤヒ族
3600〜3050				青銅刀(殷系・山形)					ニニギ遠征
			(宝ヶ峯式・大湯式)			(中津・福田式)	(堀ノ内式・加曽利式)		
4000〜3000				日高見国		イズモ国？	アツマ(ホツマ)国		
晩期			(亀ヶ岡式)				(安行式)		
			日高見国				アツマ(ホツマ)国		
周									
3050〜2771									
郡公子渡来 2660				(大洞A式)					出雲国譲
3000〜2800					日高見国				原ヤマト建国
弥生									
春秋									
2771〜2403									
戦国		「アラハバキ族」							
2403〜2221									
秦									
2221〜2206									
前漢									
2202〜AD8									
後漢									
25〜220									
									倭国大乱
		(扶桑国)	(出羽)	(阿岐国)	(阿閉国)	(阿閉国)			邪馬台国

表４－１　東日本勢力の盛衰(土器・出土物より)

族帯同の可能性もある（山梨県考古博物館資料）。

・北は阿武隈川河口以南、南は北茨城の「岐閉国」まで。

・ニギハヤヒ族「ワ」族主導。子の「天香山命」が弥彦山に上陸。東に移動の可能性。

・契丹古伝の「阿基国」か。縄文中期の渡来か、殷時代頃の移動か？

・北方の「イワ」族と合流し、「イワキ」の地名を残す。

・後裔に「比止祢命」「志久麻彦命」「豊嶋命」「足彦命」などが見える。

・「古四王」国の南辺を構成している。

（5）フサ国

・香取神宮、鹿島神宮、石岡を中心とする、後代の常陸国、上総国、下総国。

・イワキ、阿岐国勢力が南下して形成。常陸を中心に「日高見国」を造る。

・フツヌシ（イワイヌシ）が主導。

・ミカハヤヒーヒハヤヒータケミカヅチの系統も随伴。

・関東勢力の西進の根拠。堀ノ内式、加曽利式土器の発祥地。

・縄文中期は、貝塚が大発生。漁業も盛んとなり、海洋民と「アワ水軍」を構成。

・西進時には、出雲国譲りを主導する。

（6）タマ（玉、魂）国

・阿岐国勢力が、鬼怒川沿いに南下して、サキタマ、タマ国を形成。

・「ケノ」族、「ナス」族などの周辺部族を連合し、また、「フサ国」も合流して、タマ（玉、魂）国を造る。

・ニギハヤヒが本体。「玉」を象徴とする後代の「アヅマ（ホツマ）」国を建国。

・旧石器時代より関東平野の人口密集地。一連の遺跡多し。

・「ケノ」族は、先行移動し、宇佐に上陸。地名を残す。

・古伝では、弟ニニギが先行移動。

・中期に誕生したN系の人集団も率いて、後期後半〜晩期に西日本に大移動。

（7）シナノ国

・八ヶ岳、諏訪湖周辺が主力。井戸尻遺跡付近が中心？

・古くから関東・東海の交易路。
・晩期に、千葉の土器が一時的に侵入。
・関東勢力の通過途中にあり、先行移動か。

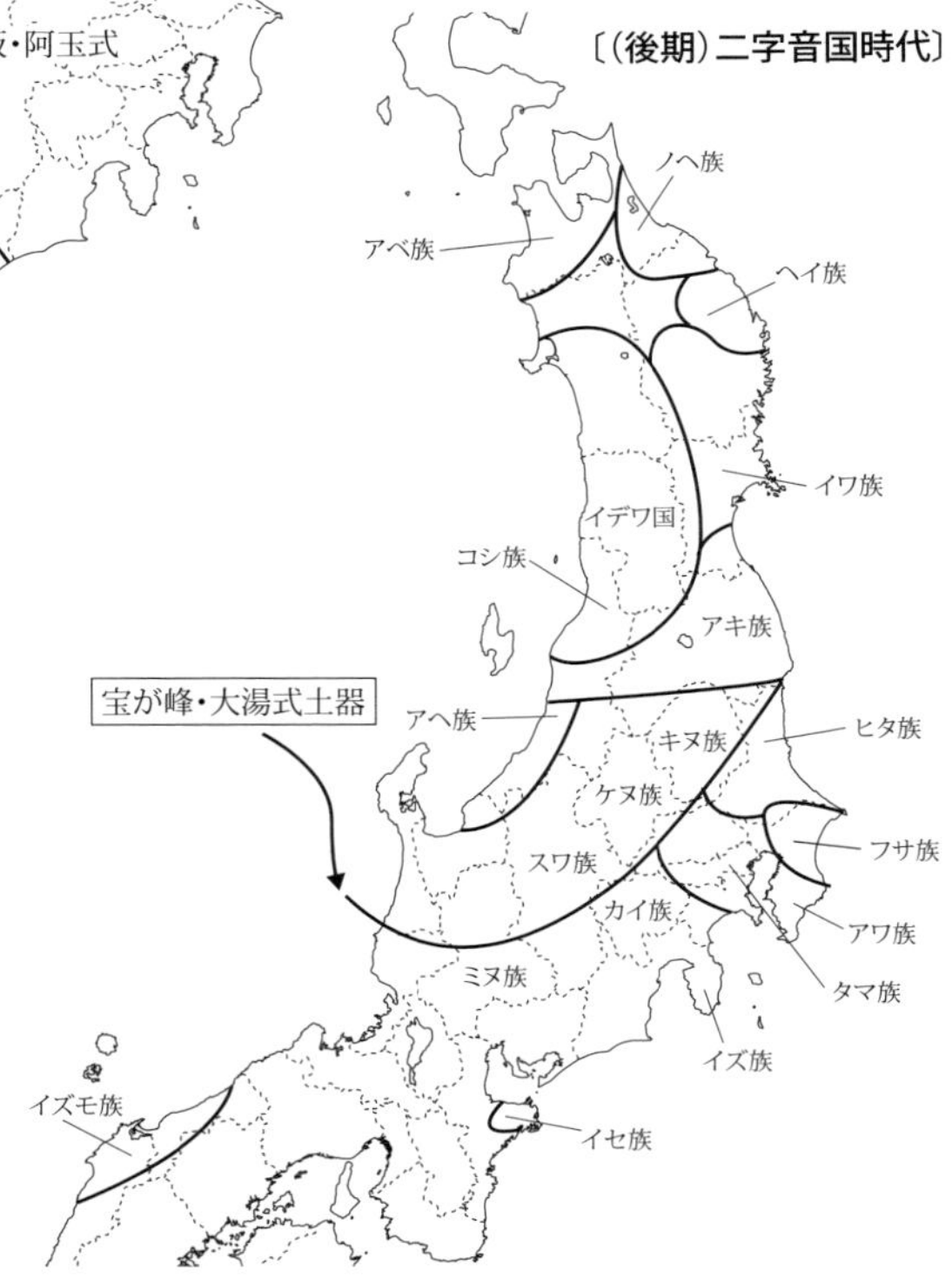

図4－3　東日本のクニグニ(時代別分布)

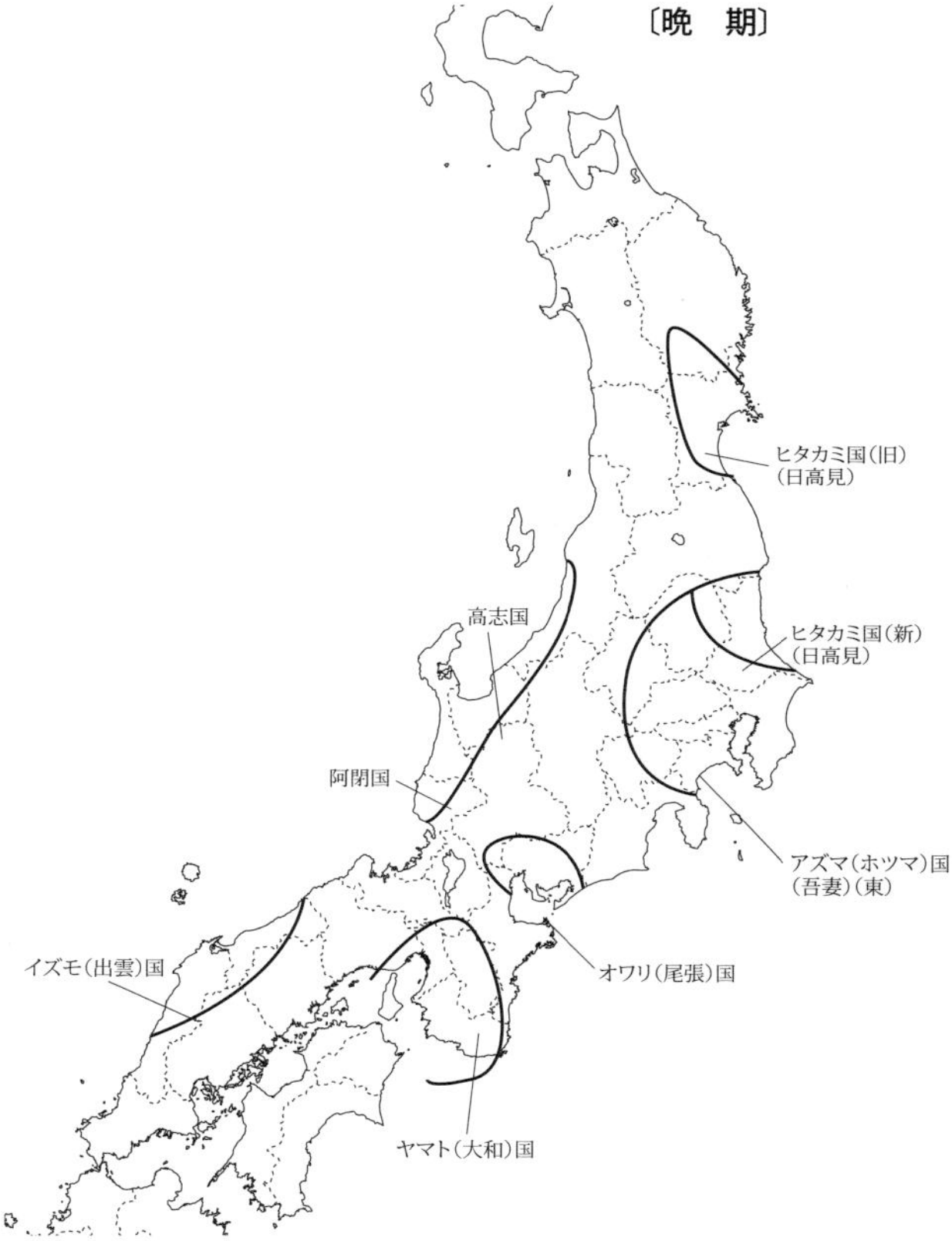
〔晩　期〕
ヒタカミ国(旧)
(日高見)
ヒタカミ国(新)
(日高見)
高志国
阿閉国
アズマ(ホツマ)国
(吾妻)(東)
オワリ(尾張)国
イズモ(出雲)国
ヤマト(大和)国

〔国造期〕
ヌシロ
エミシ
アギタ
佐渡
阿岐
岐閉
高志
アヘ
常陸
上毛
毛野
ムサシ
安房
甲斐
阿閉
サガム
遠淡江
スルガ
ヤマト

第五章　移動したのは、誰か

一、ニギハヤヒ(族)の出自

ニギハヤヒ(族)とは、『記紀』に記載されている、イワレヒコに先行して、ヤマトを統治していた「大王」である。子のウマシマチは、「物部氏」の始祖とされている。

何故、ニギハヤヒ(族)が大王となったのか、この章で明らかにしていく。

『先代旧事本紀』などによれば、ニギハヤヒ(族)の始祖は、「国常立命」とされている。この「国常立命」神を祭る神社は少ないが、駒形根神社など、東日本にも散見される。また、ニギハヤヒそのものを祭る神社も少なくなく、『記紀』の成立で祭神の名の変更はあるが、美和神社(群馬)、物部神社(例えば、所沢の物部神社、現在北野神社)などで祭られている。ニギハヤヒ(族)の痕跡は、なんと東日本にも存在しているのである。

ニギハヤヒ(族)は、渡来人であろうか。列島の国内の出自であろうか。まず、東日本への到来・渡来系の考古学上の出土物などを調べると、次のとおりである(図5−2・5−3参照)。

① 縄文時代早・前期　津軽や渡島地域に雑穀到来(粛慎系?)

② 八千五百年前　興隆窪文化に由来する「玦」の到来(大陸東北部)

③ 縄文時代中~後期(五千~三千年前)津軽・渡島のヒエ・ソバ・アワ

六千~三千年前　大汶口文化に由来する「鉞」(刻文付磨製石斧)(山形)

縄文時代中~後期　信濃・中部・関東にヒエ・リュクトウ、ソバ・キビ(華北系)

④三千六百〜三千五十年前　殷代の「青銅刀」山形出土
⑤晋の献帝（二六七六〜二六五一）の時、津軽に郡公子渡来（古伝）

ニギハヤヒ（族）が渡来によるものとすると、③の時期六千〜三千年前に（縄文時代中期〜後期）に大陸東北部、あるいは華北から、山形周辺などに渡来してきた可能性が大きいものと推察される。山形付近に渡来した、ニギハヤヒ（族）の痕跡は、現地に存在するのであろうか。実は存在するのである。

①新潟・弥彦神社の祭神は、神社資料によれば、「天香山命」でニギハヤヒの子とされている。先住の「イヤヒコ神」がおり、後に渡来・侵入している。ニギハヤヒ族の渡来の痕跡の一つである。
②『物部文書』によれば、ニギハヤヒは、鳥海山に降臨との伝承がある。鳥海山神社の祭神は「大物忌大神」で、なにやら三輪山の「大物主」との強い関連を類推させる。また、この神は、ニギハヤヒの父の「オシオミミ」であるとの伝承もある。
③後代、滅亡した物部一族の後裔が、秋田の唐松神社に逃れてきて、『物部文書』を伝えているが、「故郷に帰った」との伝承もある。
④山形付近には、渡来系の考古学的遺物が多い（前出）。ニギハヤヒとの関連は不明だが、渡来人が存在したことは、否めない事実である。
⑤山形を中心とした地域には、「古四王神社」が分布している。後代の大彦命が祭られているが、祭神は一定しておらず、古くは地元神か海洋神が祭神との説もあり、本来の祭神は不明である。神社は、海岸部や内陸部にくまなく分布していること、範囲が広く大きいことから、「ニギハヤヒ族」の初期の支

配範囲を示している可能性が高い（図5－1・コラム参照）。

一方、周辺の他の地域には、ニギハヤヒ族の痕跡は、存在するのであろうか。

①『ホツマツタエ』では、ニギハヤヒ族は、仙台付近で「ヒタカミ」国を形成し、筑波山麓に南下移動したとされている。

②ニギハヤヒは、「フツ（祖父）」―「フッシ（父）」―「フル」の古名を有しているとされているが、常陸国府のイワオカ（石岡）の総社には、フル大神（ニギハヤヒ）が主祭神となって祭られている。アマテラス系の諸神は、存在しない。

③香取神宮の祭神は、「フツヌシ（イワイヌシ）」でニギハヤヒ系である。祖父の「フツ」の「フツノミタマ」は、鹿島神宮に本来あったものだとされている。後に、ヤマトの「石上神社」に移ったとして、神宮には、そのレプリカの国宝の「直刀」が残っている。ニギハヤヒ族の痕跡であり、「ミタマ」も近畿への移動している。

④佐渡とともに、福島の伊久、いわき、石背付近には、後代、「阿岐国」の孫や後裔などが、国造に任命されている（『先代旧事本紀』〈国造本紀〉）。この付近を「阿岐国」と称していたと推定されるが、ニギハヤヒ系の天香山命一部が、佐渡・新潟から、阿賀野川沿いに進入して建国した可能性がある。

⑤後に詳述するが、ニギハヤヒ族が大陸の「ワ族」とすると、仙台付近の太平洋岸の「イ族」（『大震本紀』による）と合流し、「イ・ワ・イ」「イ・ワ・キ」などの地名を残している。

⑥また、『契丹古伝』により、ニギハヤヒ族が「わ族」とすれば、列島に主筋の（阿基族がいる）ともいわれている。阿岐国は福島付近に存在している。

図5－1　古四王神社の分布

古四王神社が山形県を中心に分布し、祭神の不揃いから、渡来民の存在の可能性を示している。

（出典：渡辺　典和『扶桑国王　蘇我一族の真実』新人物往来社）

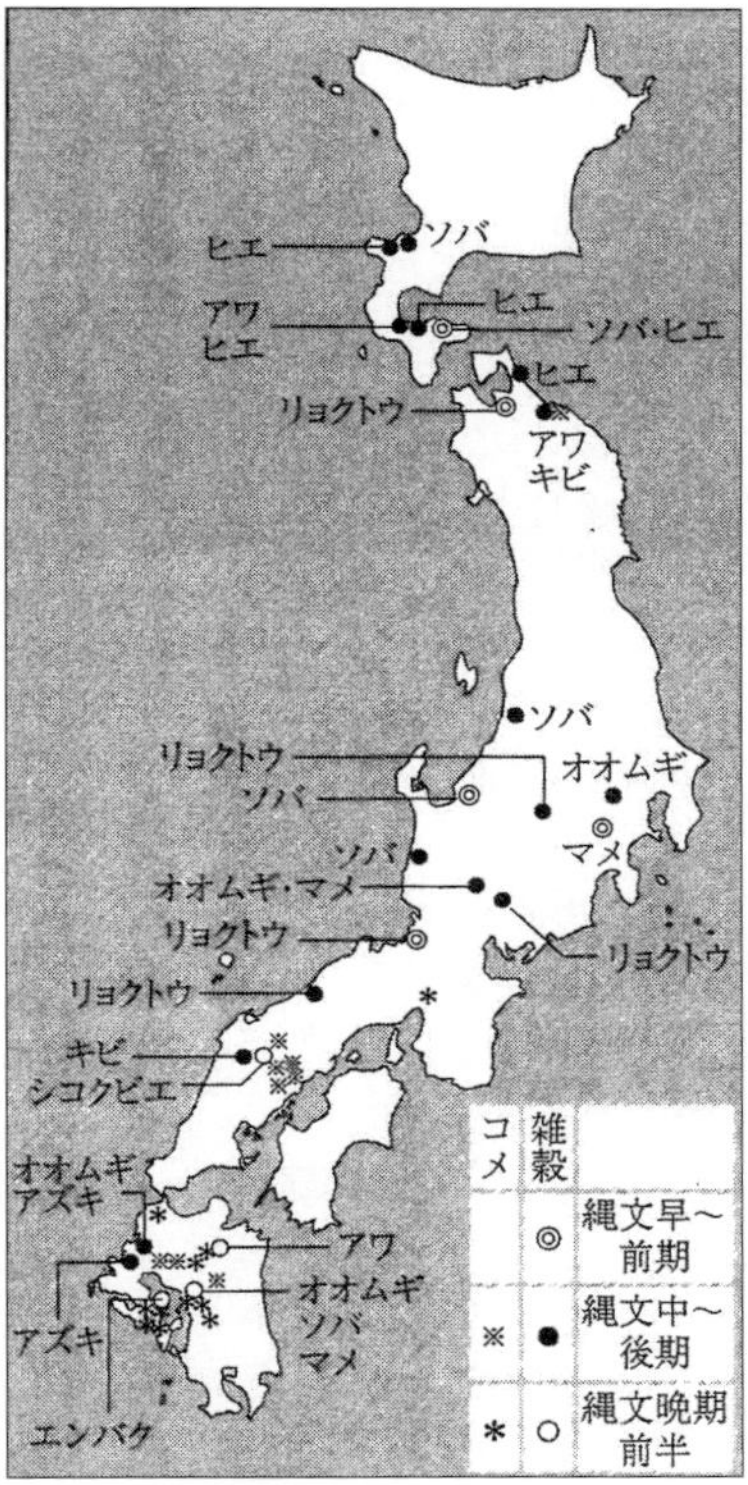

図5－2　穀物の痕跡

晩期前半以前の穀物の痕跡。
縄文中期〜後期に東北、関東にソバ・ムギなど穀物畑作が伝来してきている。
（出典：寺沢　薫『王権誕生』講談社）

図5－3
ニギハヤヒ族の渡来（降臨）地

東北の日本海側は、早くから渡来系出土物の分布が多い。後・晩期の渡来系出土物の分布、古四王神社の分布、中・後期の穀物の痕跡の分布などから、山形（鳥海山）中心に渡来したと推定する。

コラム4

ニギハヤヒ異聞

ニギハヤヒは、「天照国照彦天火明櫛玉饒速日尊」、又の名「天火明命」「天照国照彦天火明命」「饒速日尊」などの名を有し、父は「天押穂耳尊」、母は「豊秋津師姫栲幡千々姫」とされている。ニギハヤヒは、また、『記』（中巻）、『紀』第三巻（神武紀）、『先代旧事本紀』（天神本紀）（天孫本紀）（皇孫本紀）（天皇本紀）などに記載されている。これらの三書は、それぞれ互いに類似した記載が多く、『先代旧事本紀』には、独自記載が散見されるようである。（多田元　歴史読本『先代旧事本紀』と物部氏に関する論考）これらの記載の中から、ニギハヤヒの記載を拾うと、以下のとおりである。

①『記』『紀』の記載が異なっており、『古事記』では、降臨記事でニギハヤヒの（ヤマト先住）がなく、（イワレヒコ東遷の後の降臨）が記載されているが、『日本書紀』では、ニギハヤヒの（ヤマト先住）が明記されている。

②『紀』では、天表（アマツシルシ）の「天羽羽矢」「歩靫（カチユキ）」で、天孫と確認され、同族のイワレヒコに「王権」を禅譲している。

③『新撰姓氏録』では、しかし、皇別には記載されていない。『記紀』成立時に臣下であったためと推定される。ニギハヤヒの後裔が多く記載されている。

その他、他の資料より、ニギハヤヒの関連事項を列挙する。

④原田常治氏の「古神社調査」では、ヤマトの大三輪神社の「大物主神」や「大歳尊」「布留大

神」「櫛甕玉尊」「彦天火明命」「大国魂尊」など、すべて「ニギハヤヒ尊」の別名とされ、全国に祭神として祭られている。この中で、関東では、群馬や栃木の美和神社で祭神が「櫛甕玉尊」となっており、「クシ・ミカ・タマ」（古志・大甕・多摩）と移動してきた居住地の地名を想起させる。

⑤子として、天道日命（出雲系？）の間に、「天香語山命」（尾張・海部系）、ミカシキヒメ（ヤマト）の間に、「ウマシマチ命」（物部系・穂積系・采女系）などがいる。「海部氏系図」には、ニギハヤヒとニニギが兄弟であるとの記載がある。

⑥ニギハヤヒ族は、また、渡来系の名（フツ・祖父）、（フツシ・父）（フル・布留）を有しており、ヤマトに「布留」、香取に「フツヌシ」、鹿島に「フツノミタマ」などを残している。関東への南下は、香取神宮、鹿島神宮や、常陸総社に布留大神などの痕跡を残していることで確認される。

⑦香取神宮に「フツヌシ」、鹿島神宮に「フツノミタマ」があることから、関東への降臨は、『常陸風土記』にある、「香取の宮」と推定される。鹿島神宮の祭神は、しばらく、「香島の天の大神」とされていて、『記紀』には、記載はなく、ようやく『古語拾遺』に記載されている。鹿島神宮の祭神は、タケミカヅチであり、「フツノミタマ」を奉祭していた可能性もある。また、上総・下総の「フサ」は、フツの「フ（布）」の可能性もある。

常陸国府に赴任した国司は、まず、石岡の拝礼所から、鹿島を拝礼することを恒例としていたとされているが、地元総社の「布留大神」より、香取神宮の「フツヌシ（祖父）」すなわち、「イワイ・ヌシ」を礼拝したものか。

二、ニギハヤヒ族は、何処から来たか（1）

ニギハヤヒ族を渡来民族とすると、国内資料は、その可能性が大きいことを前章では述べた。詳細に検討してみることとする。

それでは、一方、中国大陸から、何時、誰が渡来可能であったのであろうか。中国の状況を「中国史」の研究資料から抽出して、その全体の状況を表5－1に示す。これによれば、いくつかの部族が渡来可能であったことを指摘できる。時代を遡ると、正史等はもちろんないので、中国の古史・古伝の情報に頼ることとなる。

（1）国立民族歴史博物館資料の『縄文文化の扉を開く』によれば、BC六千～三千年頃（八千～五千年前）の大陸の状況として、大陸には、三つの「平底土器」の文化圏があり、「遼西・遼東地域」、「東北部の松花江地区」および「アムール川下流地域」に存在していたとされている（図5－4参照）。「平底土器」といえば、穀物の調理に使用する土器でもあり、栽培穀物の存在の可能性を示唆している。列島は、これらの地域の対岸にあり、興隆窪文化（八千年前）に属する、「玦」も陸続きで到来しており、列島内にも、穀物も付随して到来した可能性が高い。また、大汶口文化（六千年前）に属する「刻文付磨製石斧（鉞）」（権威を象徴するともいわれる）の山形への渡来もある。大陸と分離する以前の列島に、人集団の到来が続いていたのである。

（2）縄文晩期前半以前の穀物の痕跡図（図5－2参照）によれば、早期のソバ、ヒエ、リュウトウの伝来に引き続き、縄文中期～後期にコメを含むヒエ、ソバなどの穀物の痕跡が北東北はじめ、関東や九州各所で確認されている。この時代の大陸からの帯同部族などは不明であるが、殷代以前に、北方

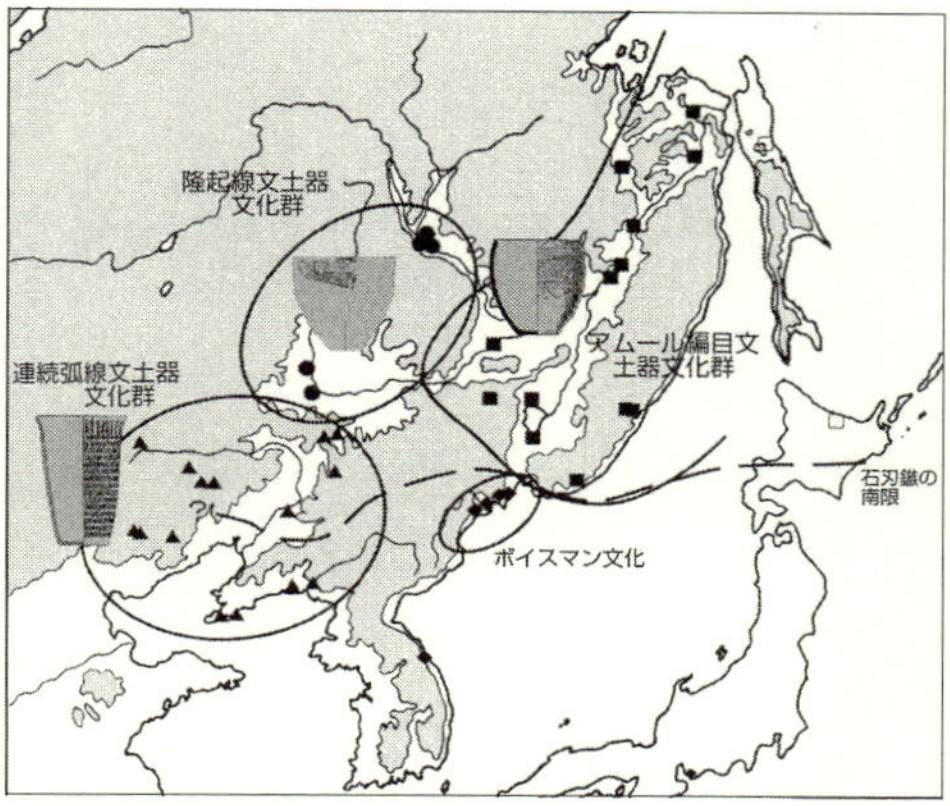

極東平底土器群前半の諸文化

興隆窪遺跡の石器・玦《けつ》

〔興隆窪文化〕
中国遼寧省の古い文化(8000〜6000年前)で、興隆窪遺跡で定住性の高い大型環濠集落が出現し、狩猟採集を基本としながらすでにブタを飼育していたとの見解もでている。平底円筒形土器、玦、細石刃など、日本の縄文文化と似た所も多いという。

文化／地域名／年代B・P	揚子江流域	黄河中・下流域河南省	中国東北部遼寧省	日本及び青森県	
10000年	（丸底土器文化）	（丸底土器文化）	（平底土器文化）↓	草創期（縄文文化）	
8000年	彭頭山文化	裴里崗文化	興隆窪文化	早期	鳥浜貝塚（福井県）
7000年	河姆渡文化		趙宝溝文化		
6000年		仰韶文化		前期	三内丸山遺跡
5000年	良渚文化		紅山文化		
4000年		龍山文化		中期	小牧野遺跡
3000年		夏王朝 商王朝 周王朝		後期	亀ヶ岡遺跡 是川遺跡 槻の木遺跡
（現在より遡る年数）				晩期	

東アジアの文化編年表

図5－4　大陸の平底土器文化圏

左上図は極東地域の平底土器群前半の諸文化。遼西・遼東地区、東北部、アムール川下流域などに分布。

左下の表はその時代(8000〜6000年前)、東北への伝播の可能性が高いことを示す。

(出典：『縄文文化の扉を開く』国立歴史民俗博物館)


に「高夷」(濊も含む?)が存在したと言われており、最も早い渡来とすれば、この時期に「濊族の渡来」の可能性がある。これらの穀物の痕跡は、特異な存在でもない。

(3)『契丹古伝』によれば、「殷」(三千六百〜三千五十年前)は東夷により建国されたとして、構成部族が王統を含め、八部族が列挙されている。すなわち、淮(夷)、和(夷)、播耶(夷)、陽(夷)、徐(夷)、伯(夷)、潢珥(夷)である。この王統を含めた八部族は、「殷」滅亡時に王統は滅せられ、

山東	遼西	遼東	東北	半島北部	半島南部	沿海州		列島渡来
	興隆窪文化	→→					→→	玦(全国)
	紅山文化	新楽文化	仰韶・紅山文化	仰 韶 文 化				
汶口文化	→→						→→	磨製石斧(鉞)山形
高夷・濊	→	→	→				→→	濊族(雑穀)
東夷				→→				
	→→→→ ↓							
	→ ↓	→	→→	→→→			→→	わ族(山形)
濊・貊	→ ↓	→	↓					
人方	↓		↓					
斉	燕・高夷 ↓	東湖	濊・貊	→→→		粛慎	→→	貊族(出雲)
	↓ 辰沄殷		↓			↓		
	↓ ↓→	→→→→	→ →徐珂殷	→→			→→	サカ族、ワニ族
→	↓ →	→	↓	→→		↓	→→	郡公子(津軽)
	↓		↓			↓		(原ヤマト建国)
	燕	燕	↓(東湖)			粛慎		(イワレヒコ東遷)
→	↓		濊・貊 ・扶余			↓	→→	呉族(長崎)(大山)
			↓ ↓ ↓			↓		
斉	燕	燕	↓ ↓ ↓					
→ →			↓ ↓ ↓		倭族		→→	倭族(北九州)
			↓ ↓ ↓			↓		
秦	秦・濊	濊・貊	(東湖)↓	朝鮮				
→ →			↓ ↓ ↓			↓	→→	徐福族(佐賀)
		↓	↓ ↓ ↓			↓		
		濊・貊→	貉(東胡)			沃沮		
前漢	前漢	玄菟郡	↓ 扶余		馬韓			
			↓ ↓		↓	↓		
新	新		濊・貊 ↓		↓	↓ ↓		
			濊・貊 →	貊・濊	↓	↓	←	奴国
後漢	後漢	帯方郡	扶余	↓ ↓	馬韓	沃沮 ↓		
			↓	↓ ↓	↓	↓	←	伊都国
魏	魏	帯方郡	扶余	高句麗・濊	馬韓・辰韓	沃沮・把婁	←	邪馬台国
					弁韓			

表5－1　大陸の中国周辺の諸族

(東湖)は、濊・貊・貉を含む。濊は、扶余。貊は、高句麗となる。

渡来可能な部族を大陸諸族の移動の分布から推定する。右端にその可能性のある部族を示す。古くは「ワ(イ)」族系、次に「殷」系などの移動民が存在している。

華　北	北　方	山　西
8000		
		仰韶文
4000		
		高夷
3600		
殷	鬼方	殷・伯・淮・
3050		殷・わ・ワ
		殷・播耶・
周	鬼方・北戎	燕
2770		
晋麗妃2650		→
2600		
春秋時代	北狄	
呉2473		
戦国時代	匈奴	趙
越2334		
2221		
秦	匈奴	秦
徐福		
2206		
前漢	匈奴	前漢
新	匈奴	新
後漢	匈奴	後漢
魏	鮮卑・烏桓	魏

（数字：年前）

各部族は、南方と北方に逃亡している。南方に逃亡した、播耶（夷）、陽（夷）、伯（夷）は、その後、「周」により、滅亡あるいは同化されている。

一方、北方に逃亡した淮（夷）は、後に王統の一族を奪還して、遼西に「辰沄殷」を建国し、さらに圧迫されると、東方に移動し、徐（夷）も合流して、「徐珂殷」を造っている。

残る和（夷）、潢珥（夷）の行方は不明であるが、この二部族は、列島に渡来してきた可能性がある。和（夷）族は、出土物などから山形に上陸し、潢珥《わに》（夷）族は、ワニ地名分布から中九州に上陸し、瀬戸内海に至っている。わ族は、ニギハヤヒ族で、東日本勢力を結集し、「西進」を実行することとなる。

（4）各種研究書（例えば『古代朝鮮』井上秀雄　NHK出版など）によれば、殷代に山西省付近に居住していた「濊・貉・貊」族は、華北勢力と同化せず、戦乱ごとに東に押し出され、遼西、遼東を経て、中国東北部や朝鮮半島北部に移動している。その一部は、東北部で「扶余」となり、時代を経て「高句麗」を建国している。同化を拒否し、「移動」を選択した、独立性の強い部族である。主体は、最終的に高句麗となるが、その一部は、列島に渡来してきた可能性がある。松本清張氏によれば、前漢代に遼東七県が滅亡した時、その一県の「エズモ」が列島に渡来し、「イズモ」国を建国したのではないかと主張している。

（5）『東日流外三郡誌』によれば、晋の郡公子が、麗妃の乱（二六六〇年前頃）を逃れて、津軽に到来し、その娘がナガスネヒコと婚姻して、アラハバキ族を形成したと記載されている。中国の古史も「麗妃の乱」として、郡公子の害を伝えており、その一人が逃れて、列島に渡来したとしても、不思議ではない。

（6）春秋〜戦国時代から「秦」の統一の時期にかけて、古史古伝にあるように、「呉」の王統が列島（五島列島付近、鹿児島、大山付近）に渡来している。また、「越」の滅亡時には多くの倭人が移動し、九州北部や朝鮮半島南部に渡来し倭人の国を造っている。さらに、「秦」統一後には、「徐福族」が列島に渡来し、佐賀〜東海まで進出している。

それでは、ニギハヤヒ（族）の出自は、中国大陸にあるのか。この時期に大陸東北部に存在し、半島方向に移動しているのは、ツングース系の「ワイ（濊）族」がある。これが、ニギハヤヒ族の出自なのか。ワイ族は、後の秦代には、一部が「扶余」となり、さらに「高句麗」になっている。

また、「殷」建国（三六〇〇〜三〇五〇年前）に参加した「東夷」にも「ワ（和）族」が含まれている。『契丹古伝』によれば、東夷のうち、「和族（わ）」「潢珥族（わに）」「徐珂族（さか）」が、殷滅亡時に破れて東北部に移動したとされている。その後に「徐珂族」は、「辰沄殷」や「徐珂殷」の建国に関わっているが、「和族（わ）」「潢珥族（わに）」の痕跡はなく、「ワニ」族が列島に存在していることから、「ワ」族も、列島に移動してきたものと推察される。

これらのことが事実とすれば、ニギハヤヒ（族）の出自は、ツングース系の「ワイ（濊）族」または「和族」ではなかろうか。「和族」とすると、「殷」滅亡後となるのと、三千年前頃となり、縄文時代晩期となり、列島内の状況からは、既に東日本勢力の移動は、後期から始まっており、やや時期的に遅い印象である。もしかしたら、建国時の三千六百年頃の移動であろうか。いずれにしろ、後代、倭国を建国した華南系の「倭（うぉ）族」ではない。遺伝子分析では、O3系あるいはD2系の部族集団と推察される。

また、建国時に、同化を避けた一部族が、捕虜の「いけにえ」を祭祀とする「殷」を離れ、列島に至った可能性も否定できない。それゆえ、殷の滅亡後に、ニニキシも遠征でき、行く先のなくなった、同系部族の「ワニ」族や「サカ」族も渡来してきたのではなかろうか。

むしろ、この早い時期の渡来の方が、種々の状況を説明しやすくなっている。

三、ニギハヤヒ族は、何処から来たか（2）

朝鮮半島からの移動も各種資料に、渡来の記載がある。

（1）「高句麗」建国の際、扶余の朱蒙とその友人が祖国を離れたが、その友人「陜父」が列島に渡来し、「多婆那国」を建国したとされている。「多婆那国」は、「多羅国」と同一とする意見に従えば、九州・阿蘇周辺に渡来したこととなる。扶余系部族で、西日本への渡来である（『三国遺史』）。

（2）九州・高千穂周辺には、祖母山伝説が伝わっており、その伝承の元をたどれば、沿海州から半島を経由し、阿蘇山周辺に及んでいる。この伝承は、（1）の事実を反映しているかもしれない。これも西日本への渡来である。

（3）『記紀』では、アメノヒボコや、ツヌガアラヒトの渡来を伝えているが、渡来時期が、紀元後で新しく記述伝承とは合わず、渡来地も九州や敦賀なので、東日本との関わりは少ない。

（4）列島には、古史・古伝はないが、半島からの渡来部族として、コメを含む雑穀を帯同して日向に渡来した「ウガヤ族」、既述の「イズモ族」、そして、白山信仰を有する「シラヤマ族」などもある。また、半島南部から、地名移動を伴う、「加羅族」「安羅族」などの渡来もある。

これらのことから、古史・古伝では、半島から西日本に渡来した部族の存在はあるが、弥生時代の事例が多く、縄文時代の古伝では、列島での明確な根拠などは、確認できていない。

（5）一方、北方からの渡来については、『記紀』や「古伝」は、「粛慎人」や「オシル人」の到来や接触を度々伝えている。北東北には、「オルシワケ神社」や「オラシワケ・キミウソミナ神社」などもあり、粛慎人の移住の可能性を示す痕跡もあるが、それ以外に定住を示す、部族を断定できる考古学的な根拠に乏しい。また、縄文時代晩期には、大湯遺跡など、北東北で「環状列石」があり、日本海側から内陸への移動はあるが、その主体は解明されていない。

前項も含めて考察すれば、ニギハヤヒの出自は、中国の古代、西から東に移動を追跡され、同化を拒み、独自性が強く、誇り高い、ツングース系といわれる、「濊（和夷）（わ）」族ではなかろうか。

「濊（和夷）（わ）」族は、大陸では、戦闘に勝てない部族であり、朝鮮半島まで追い詰められ、咸興付近より、日本海に乗り出したと推測される。漁労を生業とする「水辺の民といわれていて、移動は容易であり、リマン海流から対馬海流に乗って、山形付近に漂着したと推定する（図5－5・5－6参照）。

列島では、「漁労民」である、北東北の「イ」族とは、相通じるものがあり、容易に、同盟したものと推

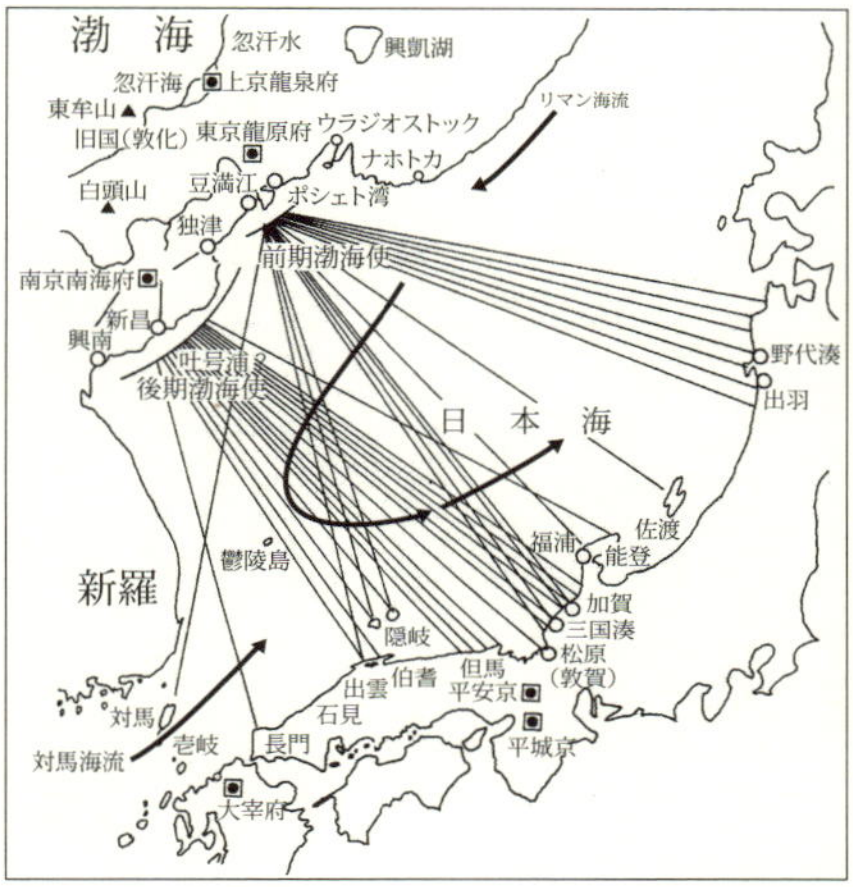

図5－6　渤海国使の渡来海路

秋田〜九州まで広い範囲に到来。大陸側でリマン海流の影響で南に流される可能性が強い。（出典：上田 雄『渤海国』講談社）

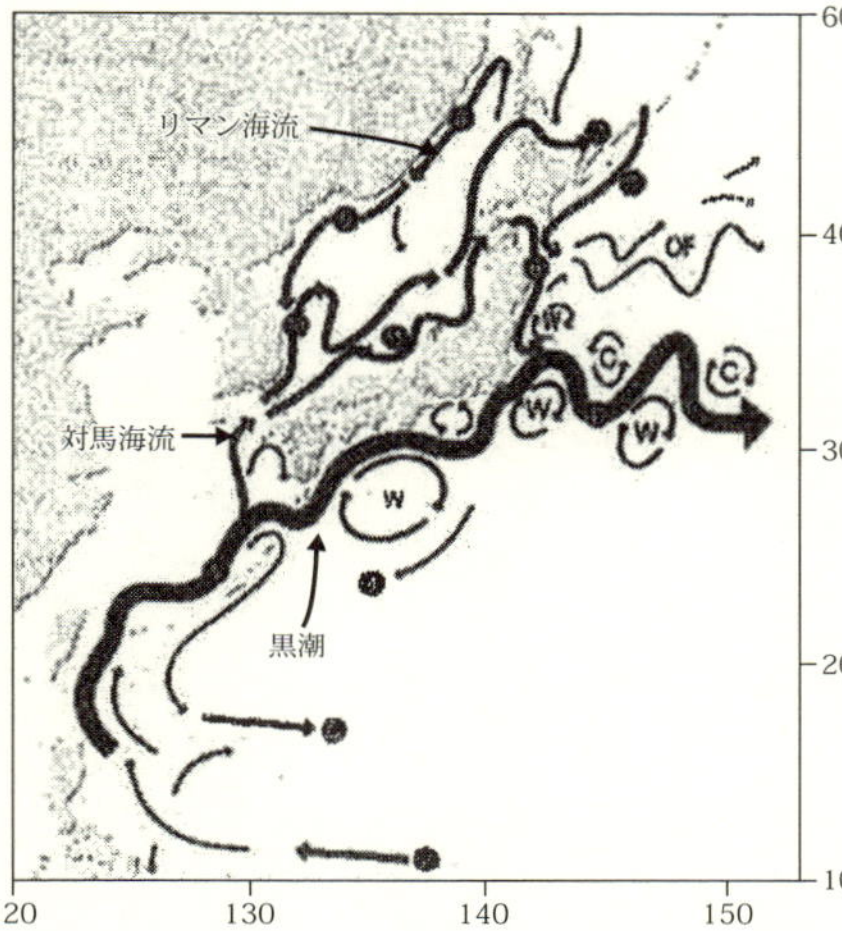

図5－5　日本海の海流図

リマン海流から対馬海流に乗り換えれば列島に到達する。
（出典：不明）

察される。ニギハヤヒ族は、山形・秋田周辺では、断続的に漂着する同族をまとめ、先住民とともに「古四王国」を造ったものと推定する。

という。

コラム5

「濊」族と「貊」族

「濊貊族」は、三上次男氏によると、一つの族と考えるべきではなく、それぞれ別の部族であるという。

「濊」族が、主として水辺に居住し、漁労と狩猟に関係の深い生活を営んでいた。半島から沿海州にかけての沿岸と、黒龍・松花などの大河の下流部に主として居を占めた濊人は、水辺・低地性・有文土器文化の所有者であった。

「貊」族は、熱河山地方面から、東部・南部の満州を経て、半島の丘陵地帯一帯に生活していた。丘陵地帯を舞台にして、狩猟・牧畜を主とする生活を営み、その上、初歩的な穀物栽培を行っていた。熱河山地方面から、東南部の満州を経て、朝鮮半島にかけて居住した貊人は、平地・丘陵性・赤褐色無文土器文化の荷担者であったとされている。

また、井上秀雄氏（『古代朝鮮』ＮＨＫ出版）によれば、「濊貊族」は、先秦時代から存在し、次第に東方に追われて、朝鮮半島の東海岸の咸興付近に至っている。しかし、「濊」族は、魏の時代まで残っているが、「貊族」は、後漢時代までで、「高句麗」に併合されたように消滅している。移動を繰り返していること、半島東部に圧迫されているなどから、列島に、早い時期に押し出された

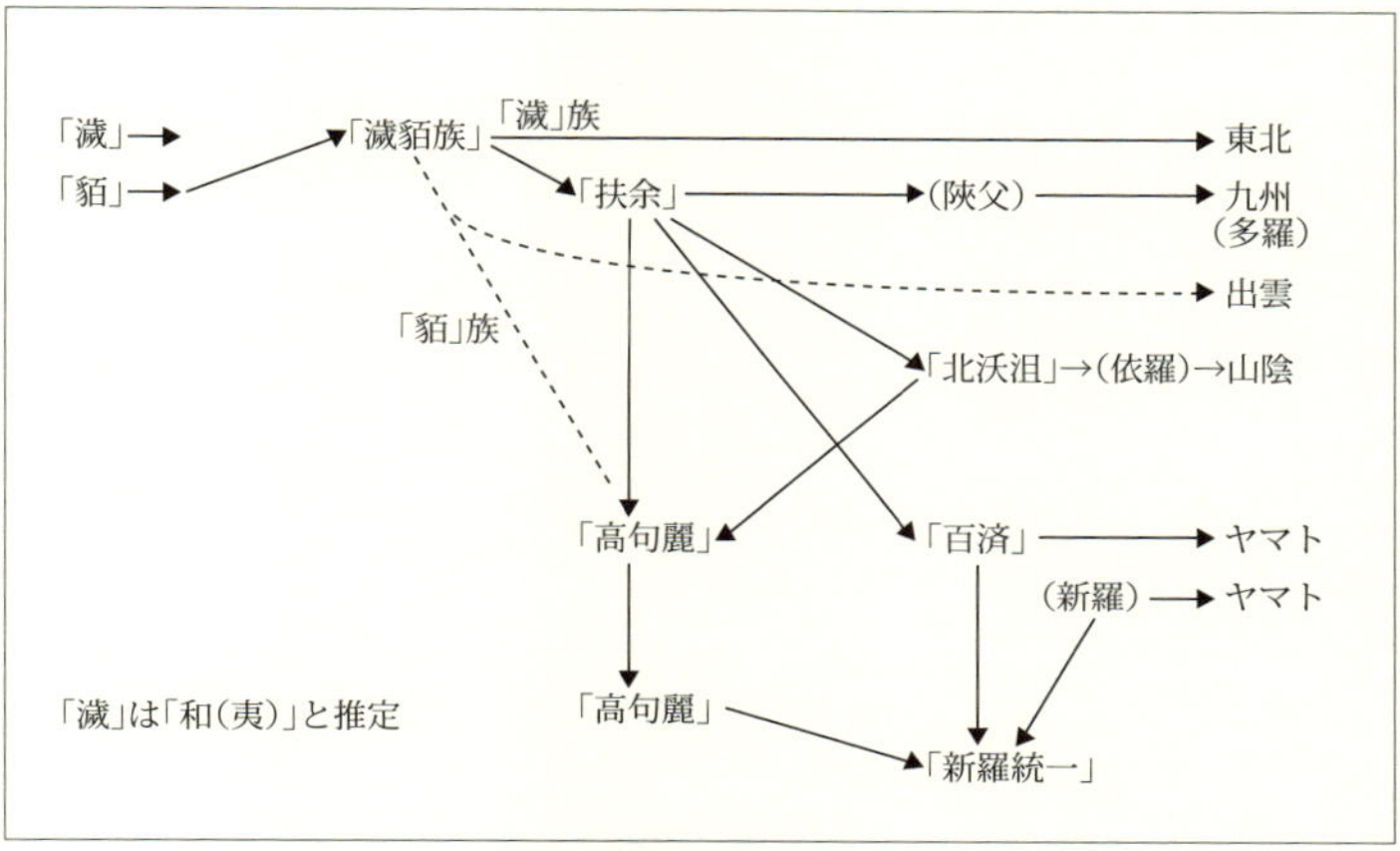

「濊・貊族」の動き

可能性が高い。特に、「濊族」は、海洋性民族であり、その移動は、容易であったと推測される。

本書では、ニギハヤヒ族およびイズモ族は、これら、「濊」族、「貊」族に出自を有する可能性を指摘している。

コラム6

「古四王神社」について

「古四王神社」は、山形県を中心に、秋田県南部と新潟県北部に多く分布し、その周辺では点在分布して、少なくなっている。

秋田市の「古四王神社」は、

①古くは地元神や海洋民の神を祭っていたのではないかと言われているが、

②崇神代に、大彦命が、タケミカヅチを「アギタの浦の神」として祭ったとされている。その後、

③阿部比羅夫が遠征の時、始祖「大彦命」を合祀したとされている。

現在は、本宮的役割となっている。

新潟・新発田市五十公野にある「古四王神社」は、「高四王神社」、「高志王神社」(明治三十年)と名称が変化しているが、「大彦命」を祭っている。仏教と関係する(古)「四天王寺」との指摘もある。

秋田・にかほ市象潟の「古四王神社」は、フツヌシ、タケミカヅチ、ミカハヤヒ、ヒハヤヒの四神が祭られている。創建は新しく、一二六三年とされているが、ニギハヤヒとの関連があるらしい(ハヤヒ)の祭神も並んでいる。「四王」を四人と解釈している。

喜多方市の「古四王神社」は、「大彦命」と「武淳名川命」の父子が祭られているほか、「市千穂命」(系統不明)が合祀されている。五九三～六二八年の推古代に、聖徳太子が、喜多方、秋田、新発田にそれぞれ「大毘古命」を勧請したとされている。四天王が本尊で、これが神社名になったものとされている。「鳥獣の肉を食べないこと」「婦人は、笠を被ること」「子供は、正月七日間白

米を食べる」などの慣わしがあるとされている。

秋田・鹿角市八幡平の「古四王神社」では、越王と呼ばれる「大彦命」が祭神で、継体十八年勅命で建立されたと言われている。

岩手・花巻市の「古四王神社」は、大同二年（八〇七年）の創建で「坂上田村麻呂」を祭神としている。古くは「薬師如来」が祭られていたとの伝承もある。

その他の岩手の神社は、多くが「坂上田村麻呂」「ヤマトタケル」に占拠されている。

このように、同じ名称の古四王神社でも、創建、祭神も様々で一定していない。それなのに何故「古四王神社」の名称だけは残っているのか。秋田の例のように、創建は、かなり古く、時代とともに、その内容が変化していったことを示している。当初は、地元神の「ワ」の神、「イデワ（ハ）の神で、ニギハヤヒ族を祭ったものではなかったか。あるいは、「アベ」族の神、海洋民の神の可能性もあるが、内陸の山地内にも存在していることから、前者の方が妥当ではなかろうか。

大王の出身地との誇りを保持し、怨霊を恐れ、名称は変えられぬままに、時代の要請に左右されながら、継承されてきたのではなかろうか。

山形県を遠く離れるほど、仏教系となったり、祭神の「大彦命」が「坂上田村麻呂」になったりして、変化が大きいことが、この推論を証明してはいないだろうか。

一方、「古四王」を「高志王」と記載したり、「腰王」と記載している例もあり、「高志の国」（越国）の王と解釈するむきもあるが、文献上では、指摘が見られなかった。時代が「スサノオ」の時代に近時していることから、（イデハのクニ）の「コシノオ（ウ）」の可能性も残されているものと判断される。

四、ニギハヤヒ族が、東日本勢力の主体となれたのは、何故か

ニギハヤヒ族が、東日本勢力の主体となれたのは、何故であろうか。以下、検討してみる。

（1）ニギハヤヒ族は、「大物主」として祭られているように、「霊（モノ）」を祭る司祭族として存在していたことを、まず、挙げることができる。自然崇拝やアニミズムと言われる、「万物に霊の存在」を認めていた縄文時代人の精神的支柱となりえたためであると推察される。その結果、祭主的立場を堅持できたのではなかろうか。何故、司祭者足りえたかは、「殷」の流れを継承しているとしたら、理解しやすいのかもしれない。それ以前の渡来であれば、その根拠は定かではない。

（2）ニギハヤヒ族を「わ（夷）族」や「濊（ワイ）族」の流れを継承する部族とすると、部族統合やクニの形成のノウハウは、ある程度認識していたものと考えられる。水軍力に着目したクニ造りは、陸上交通がままならない縄文時代の列島の現状では、極めて有効な視点と考えられ、多勢力の移動には、必然性が高いものであった。大陸脱出が、水軍力によるものであることを実感していたものと考えられる。

（3）中国大陸で獲得した、「栽培技術」や「青銅器鋳造技術」は、注目に値する先進性を有する技術として、縄文時代人の社会に歓迎されたものと容易に判断される。外的世界の技術に乏しく、かつ、技術を熱望していた縄文時代人の指導者的地位に一挙に登場したものと推察される。

（4）「和（環）（輪）の精神」は、縄文時代人の長期にわたる生存を可能にしてきた精神文化であり、それは、縄文時代人を統合するのに、もっとも有利な条件である。少数の渡来人にとって、部族形成から部族統合まで、主導権をとりやすい精神文化であったと考えられる。

（5）前項の前提は、各部族の生存権の保障である。捕虜や奴隷を生贄として抹殺するのではなく、各部族の個性を生かしながら、統合化してゆく部族連合国家としての統治体制は、後に「共立」の精神を生む。追われ逃れて到達した退路のない列島は、共存社会でなければならなかったと考えられる。

これらの条件は、渡来時期を考えずに、列挙したものであるが、早くは縄文時代後期の段階で、遅くとも「殷」代後期には成立する条件と考えられる。ニギハヤヒ族の渡来が殷滅亡後とすると、（1）～（5）の条件が成立するのか、部族統合の時間が十分あったのか、疑問ではある。

佐野学氏（『日本古代史論』東アジアの古代文化6号）によれば、「征服者（天孫族）の人種は、北アジア遊牧民に出自あり」として、次の根拠を列挙している。

①戦闘行動における氏族原則と英雄原則があること。各氏族が、氏族の原則を越えて、強力な英雄的指導者を有する氏族を中心に集結し、同盟を優先して、大行動を起しうる、軍事的部族連合を形成している。

②家臣的に服従する親衛隊組織があること。

③北方族の習俗の「軍陣の占卜」があること。

④軍使は神聖なものとする思想があること。

⑤降伏・服従者の軍隊を、自己軍隊に改編していること。

⑥武装・武器が、弓矢・刀・騎馬を重視していること（矛、楯、甲冑ではない）。

⑦鉄器の使用。

⑧クリルタイ的な民主主義があること。重大な政治事項（戦争の開始、外交・交渉指導者の選定、社会危機への対応など）は、種族の代表者を集めて、大集会において決定すること。

⑨北方的婚姻習俗があること。妻の継承婚姻、血族婚姻など。

⑩敵に対する手段を選ばない狡智。「言向け和わす」が基本だが、敵には厳しい。

その結果として、

「かような（北アジア遊牧民的な）組織性や観念形態を所有する天孫人種に対しては、土着の諸族は敵すべくもない」

とし、さらに、二～三世紀の状況として、

「ある時期に、北アジア系の征服者民族の一つの流れとして、優秀な精神力と武力を有する種族―天孫族―が国外から渡来して、比較的短い期間に、大和地方の覇権を先住民と争い、かつて存在しなかった大規模の支配関係を樹立し、統一国家を造り上げたのである」

と、江上説に先んじる「パレオ渡来民族征服説」を展開している。

また、建国に至る過程として、次の三段階を提示している。

（1）氏族共同体の形成

　固有日本人が各地に形成した共同体、先住民が形成した共同体

　大陸から植民せる者の形成した共同体などがある。

（2）原始国家の成立（出雲国、邪馬台国など）

（3）日本国家の成立

この論文は、終戦直後に、江上説に二年先駆けて発表されているが、「古史・古伝より考古学データを優

先するのは間違いである」などの主張がユニークである。

多くの注目すべき視点が多いが、固有の列島人を征服されるべき集団とし、また、東日本勢力を過小評価していることなどは、評価することはできない。また、右記の根拠には、縄文的思想がかなり混在していることは否めない。

一方、江上波夫氏は、渡来民族は、「反漢文化意識」が強いとして、次の根拠を挙げる。
①従属を好まず、移動して、「漢」に和せず。
②青銅製品は、帯方郡に近い三国のみは、剣として使用しているが、他国は変形して呪術具としている。

五、ニギハヤヒ族の移動

それは、まず、ニギハヤヒ勢力の南下から、始まった。

ニギハヤヒ族の移動の根拠は、三章に詳細したが、主たる根拠は、縄文土器の型式の、次のような東北地方の分布変化である。
①縄文時代中期の大木式土器の南東北（山形・福島・宮城など）文化圏
②縄文時代後期の宝が峯・大湯式土器の北陸・北関東への拡大
③縄文時代晩期前半の亀ヶ岡式土器の関東拡大
④縄文時代晩期後半の大洞式土器の東日本統一
これらの変化は、住民の移動によってのみ可能であり、ニギハヤヒ族の「関東への移動」と引き続く「西進」を示しているものと推察される。

（1）山形渡来と日本海勢力

これまで述べてきた諸事実（すなわち、渡来出土物の分布、降臨伝承、ニギハヤヒの子の天香山命の弥彦神社存在など）から、ニギハヤヒ族は、山形・鳥海山付近に主力部隊が上陸した。また、同族の天香山命勢力が、佐渡を経て弥彦山付近に、伝承などから、秋田付近にも同族が多勢で、あるいは数波に分かれて、上陸したと推察される。これらの地域にある「古四王神社」の分布が、初期のニギハヤヒ族の勢力圏ではなかろうか（図5－7参照）。

秋田・山形周辺は、縄文中期でも津軽地方や仙台平野に比較して、遺跡数は少なくなく、上陸にはそれほど大きな勢力の抵抗もなかったのではなかろうか。

「古四王神社」の分布区域は、粛慎人の侵入地域であるとの主張もあるが、現時点では、散発的な侵攻記録は存在し、また、オルシワケ等の神社が栗原に存在しているものの、広い範囲に大挙して渡来してきたことを示す出土物も伝承もないことから、明瞭な根拠は存在していない。また一方、近接の津軽には、三内丸山遺跡などが示す、海峡を支配する大勢力があり、これを飛び越えて北から渡来してきた可能性も小さい。

ニギハヤヒ族は、南の高志勢力や北のツガル勢力の間に侵攻した事となる。「古四王神社」の分布が、日本海沿岸のみならず、内陸深く、かなり濃密に分布しているのは、大勢力による支配領域を示すものであり、また、上陸以後の東への「動き」を示すものではなかろうか。

鳥海山付近には、「イデハ（ワ）の神」が存在している。「ワ」族と称して、入ってきたのに、「デ」（出）とは、理解しにくいが、部族名が最後にあるので、「中国式語順」の逆転表現であろうか（「古四王神社」については、コラム6参照）。

山形への上陸は、「フツヌシ」が主体で、新潟への上陸は、孫のニギハヤヒの可能性もあり、二手方向に

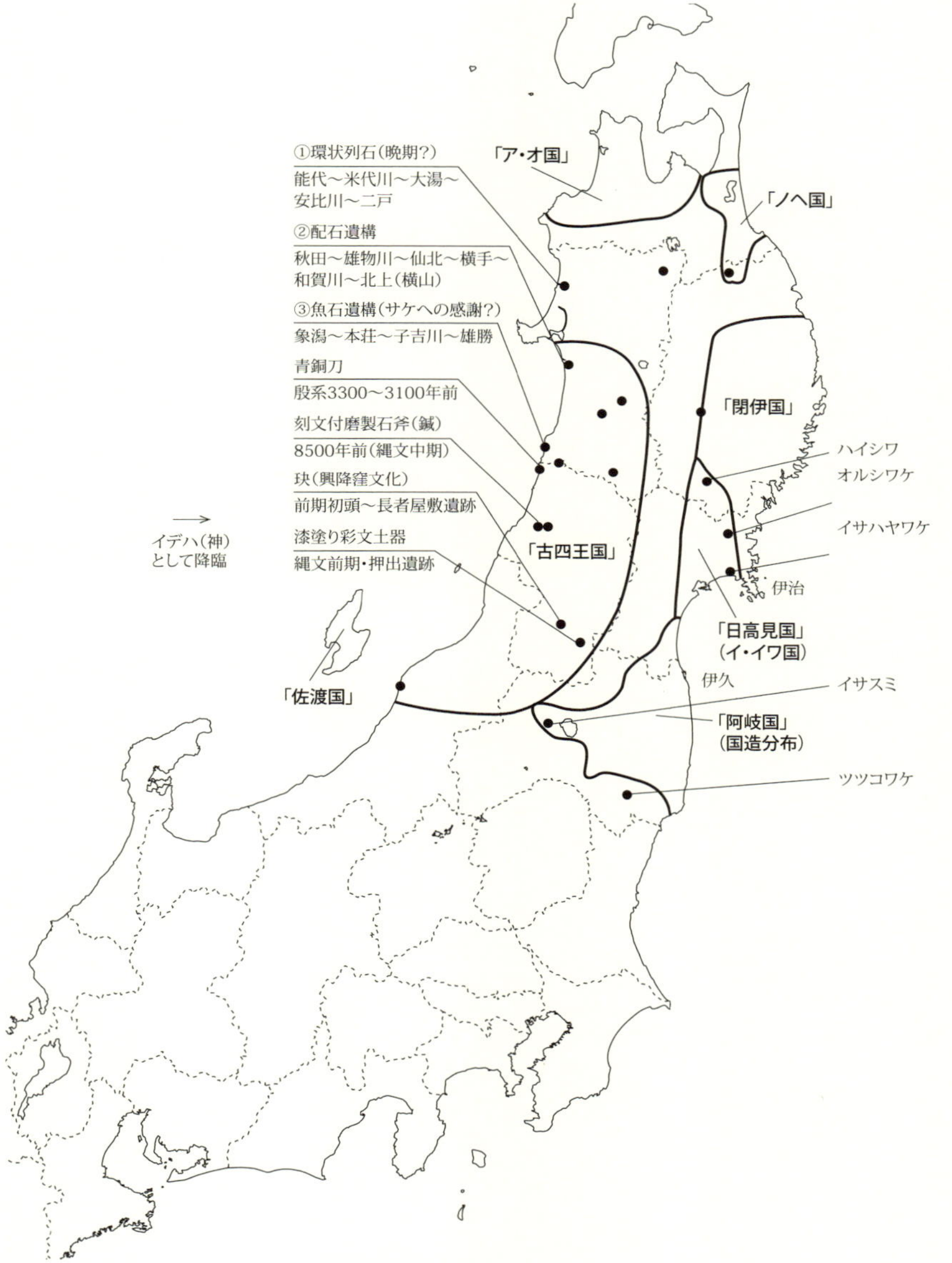

図5－7　ニギハヤヒ系部族の移動（奥羽山脈越え）

古四王国から奥羽山脈を超えて、太平洋岸に移動する。移動前後に存在したクニグニを推定して表示している。

分かれて、あるいは、二時期にわたっていて、山形への渡来が一足早かった可能性もある。両派は「イ・ワ・キ」で合流することとなる。

（2）仙台平野進出と「イ」族合流

この移動の根拠は、部族の合体地名の分布、日高見国の建国伝承の存在、フツヌシを祭神とする古神社の存在、「古四王国」の消滅などである。

「古四王国」から、太平洋側に出るには、奥羽山脈を越える必要がある。横断ルートは、河川沿いと考えられ、南から、

① 阿賀野川〜阿武隈川（福島・阿岐国へ）
② 最上川〜江合川（イ・ワ国へのメインルート）
③ 雄物川〜和賀川（配石遺構伝播ルート）
④ 米代川〜馬淵川（環状列石伝播ルート）

などの諸ルートが考えられ、実際に諸文化の伝播も行われている。

豪雪に埋没して生活するのが、これまでの渡来以前の生活環境と大きく異なり、それを嫌ったのか、やがて、ニギハヤヒ族は、太平洋側の仙台平野に進出する。

仙台平野は、縄文時代前期から続く、漁労民族「イ」族の勢力圏内であり、「イ」を冠する「イジ（伊治）」「イク（伊久）」「イグ（伊具）」など地名が多い。

ニギハヤヒ族の奥羽山脈を越えた進出は、基本的に生業が異なり、沿岸と山岳と居住地域が異なるため

か、あるいは、「水辺の民」と相通じるものがあったためか、比較的平穏に、住み分けが行われたらしく、「イワイ」「イワデ」「イワマ」など、「イ」と「ワ」の共存地名が誕生している。また、平野への入り口に「イワデ」があるのも面白い。

縄文土器では、大木式土器の分布（本拠地は、松島・七ヶ浜）と対応し、後期には、日本海側と太平洋側の分布地域は、合体し、やがて南に拡大してゆくこととなる。『ホツマツタエ』では、この時期に「ヒタカミ」国を建国したとされている。太平洋側の海洋民族「イ」族との合流は、陸上移動がままならない当時においては、交易のみならず、物資や勢力の大量移動を可能にするものであり、やがて、「イ」族は、勢力南下の主力を形成していくこととなる（図5－8参照）。

（3）福島南下と阿岐族の合流

福島南下の根拠は、土器移動拡大のほか、部族合体地名の存在など、阿岐族移動の根拠は、後代の阿岐国造の分布、『契丹古伝』の記載などである。

弥彦山周辺に上陸した、ニギハヤヒ族の分流は、やがて、阿賀野川沿いに東に進出し、会津や南福島へ移動していく。後のことであるが、佐渡から岩城・石背・信夫などには、「阿岐国」出自の後裔の国造が任命されている。阿岐族は、ニギハヤヒ族の分流で、これはその事実を反映していると推察される。この阿岐族は『契丹古伝』によれば、列島の「阿基族」で「秋津州」の名となったとされている古族で、やがて、ヤマトに進出した、一勢力であったことを示している。

また、その勢力範囲は、「古四王神社」の分布南限とも一致し、ニギハヤヒ族が南福島でも、その分流の存在が確認されるのである。

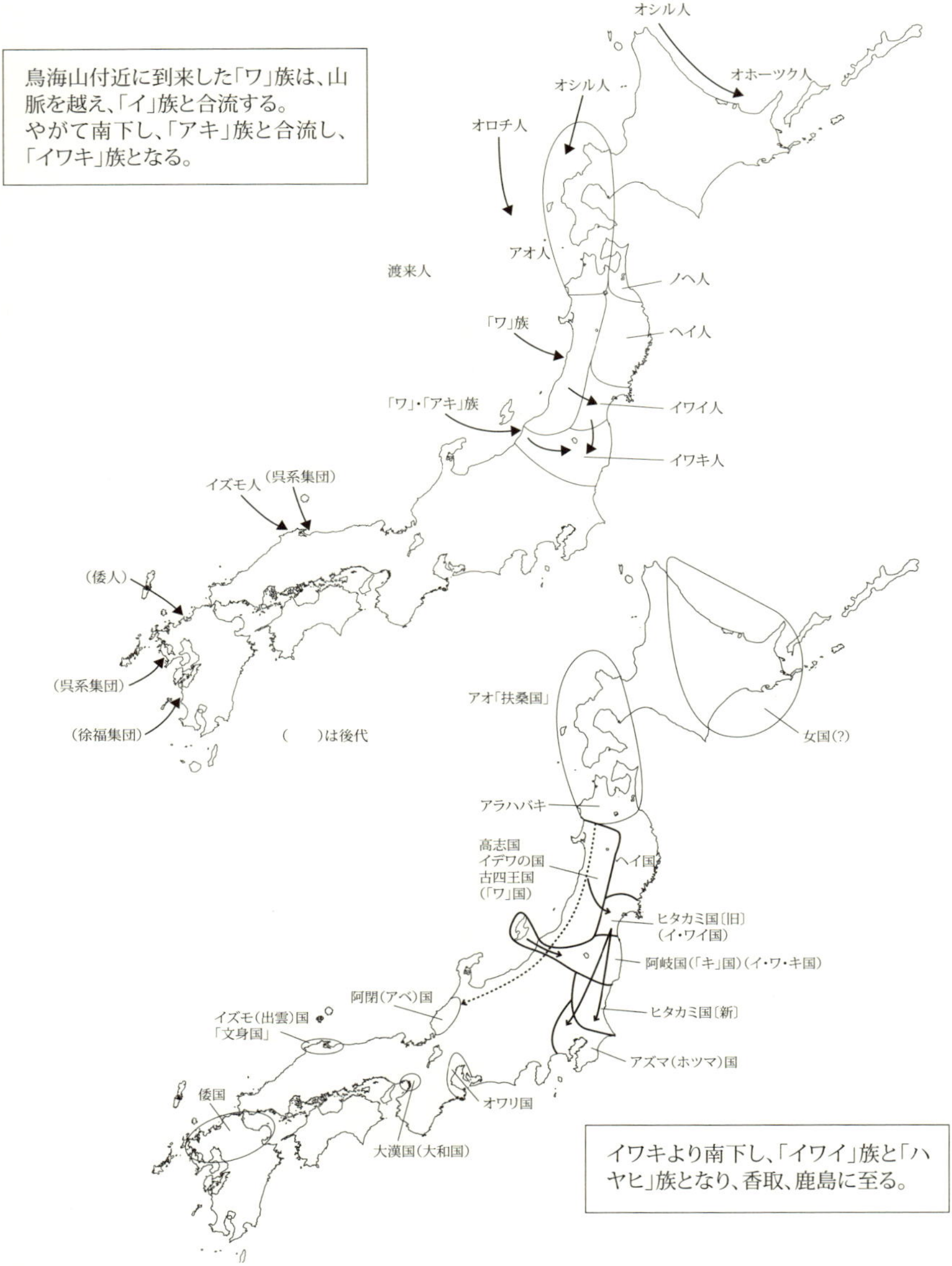

図5－8　ニギハヤヒ族「ワ族」の移動を推定する。

仙台平野から南下し、関東に進出している。その根拠は、一字音名と記紀による「日高見国」の記載、香取神宮・鹿島神宮である。仙台平野から南下し、「イ・ワ・キ」に至る。

そして、北から南下するニギハヤヒ本隊と合流することとなる。「イ・ワ・キ」（岩城地方）地名の存在は、それら諸族の合流の事実を反映している。また、大木式土器の拡大もその傍証となっている。

（4）ヒタチ・イワオカ・利根川に南下（図5－9・5－10参照）

この移動の根拠は、イワイヌシの香取神宮への移動、古伝の日高見国の筑波移動、タケミカヅチ系統の移動などである。

ニギハヤヒ族の南下の痕跡を追跡すると、北関東の利根川北岸に突き当たる。ここには、ニギハヤヒ族系の香取神宮、鹿島神宮がある。香取神宮の祭神は「フツヌシ」で、ニギハヤヒの祖父であり、またの名を「イワイヌシ」と言い、かの「イ・ワイ」族の「ヌシ（主）」が祭られているのである。また、現在は、「タケミカヅチ」は鹿島神宮の祭神であるが、これは、『記紀』などに記載がなく、『古語拾遺』に始めて登場することから、後代のことであり、ヤマトへ移動する以前には、「フツノミタマ」が、この神社の祭神となっていたとされているのである。

鹿島神宮の摂社は、熊野社、須賀社、熱田社など出雲系の神社と祝詞社（イワイ系）の神社はあるが、アマテラス系の神は、もちろん、存在しない。

また、周辺に「物井」なる地名もあり。「イ」族と「モノ」族の統合を示している。

「イワオカ（石岡）」には、常陸国府が設置されているが、常陸一ノ宮（常陸国総社）の主祭神は、「フル大神（ニギハヤヒ）」で、アマテラス系の祭神は祭られていない。国府には、また、遠く霞ケ浦を隔てた「鹿島・香取神宮」を配する拝殿が設置されており、着任後の最初の礼拝はここで行うのが恒例であったらしい。

図5－9　縄文時代後期の遺跡分布

「タマ」「カシマ」「イワオカ」付近に集中部がある。阿武隈川から鬼怒川ルート（東北道）がすでに存在しているような分布である。

（出典：日本第四期学会『図説　日本人の人類遺跡』東京大学出版会）

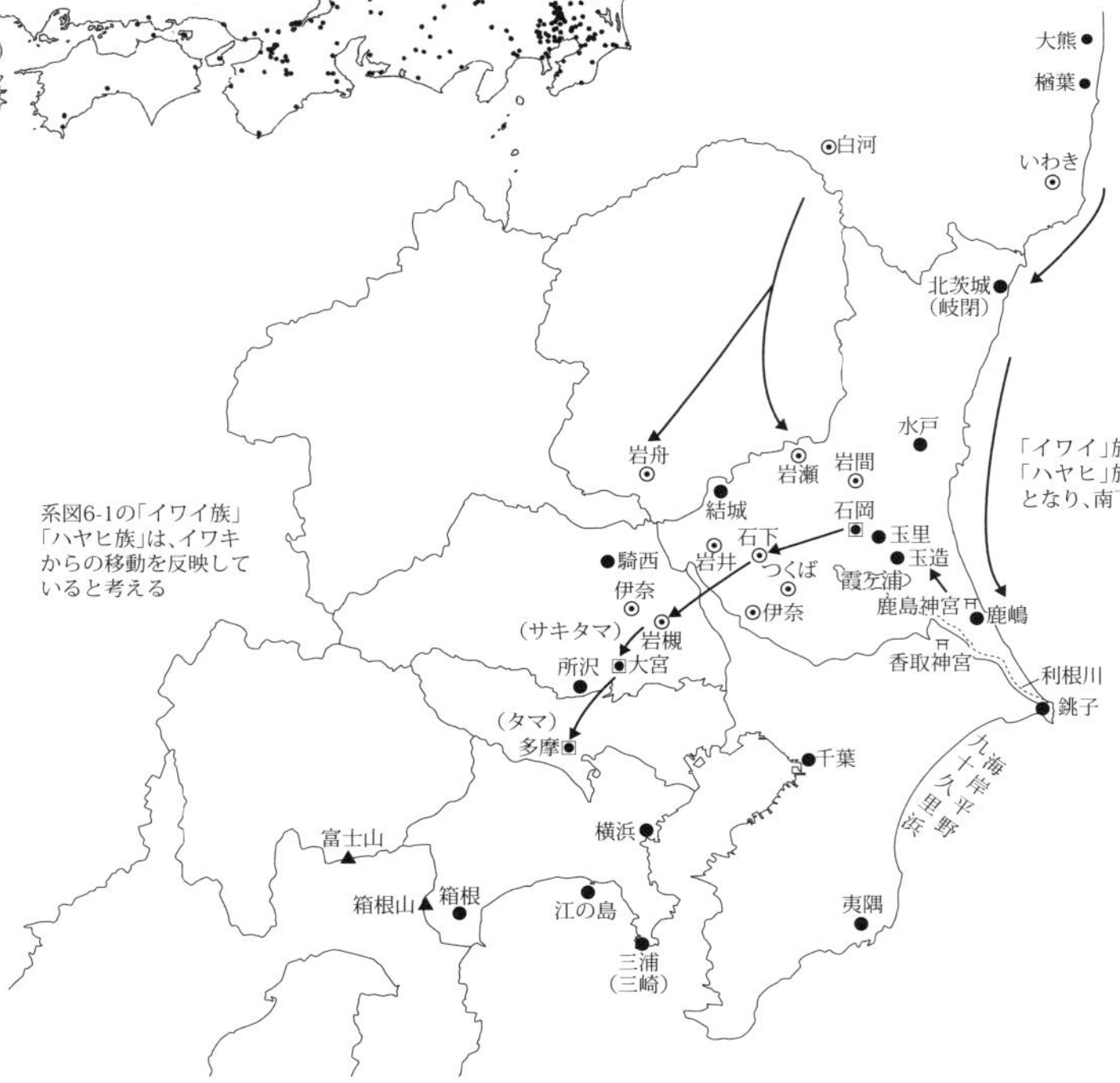

図5－10　ニギハヤヒ部族とその移動（関東侵入）

関東への進出は、地名分布と遺跡分布から、石岡・香取神宮・鹿島神宮へ海岸ルートおよび「阿岐国」領域から岩井・岩槻など内陸ルートである。後に、大宮からタマに進出している。鬼怒川沿いに南下し、「サキタマ」に至るルートと、太平洋岸を「鹿島・石岡」に至るルートが想定される。関連地名も多く存在している。◉は、「イ」「イワ」地名、▣は、主要居住地（推定）。

「ヒタチ」は、『記紀』によれば、武内宿禰が「日高見国あり」とされたクニの候補地の一つで、『ホツマツタヱ』では、仙台平野の故地から、南下した先が、（筑波山麓）と言われている。

一方、『記紀』では、「ヤマトタケル」が征東したとされているが、『記』と『紀』では、征討ルートが著しく異なり、激しい戦いの記載もない。また、ヤマトタケルの行程の検討や、近畿・九州への遠征の痕跡もないことから、『常陸風土記』の記載から、逆に、オワリまで東から西征したのではなかろうか、あるいは、常陸が、ヤマトタケルの出自の地ではないかとの可能性も指摘されていて、「遠征は、西進の痕跡である」との可能性も完全には否定できない。

『記紀』の記述によれば、関東のタケミカヅチは、ミカハヤヒ―ヒハヤヒ―タケミカヅチの系譜が伝えられており、北関東の「オオミカ（大甕）」付近の出自で、ニギハヤヒとともに、南下した可能性もある。また、コラムで記載した、象潟の「古四王神社」は、ミカハヤヒ、ヒハヤヒ、タケミカヅチ、フツヌシが祭神とされており、タケミカヅチ族は、山形～仙台平野に在住していた可能性も推定される。

フツヌシは、関東進出時には、「フツノミタマ」に象徴される「剣聖」であり、ニギハヤヒ族の主体ではなかろうか。

（５）キヌ（鬼怒）からケヌ（毛野）へ

この移動の根拠は、東日本勢力の西進が関東勢力（サキタマ、ケノ）を帯同していること、阿岐族の南下は陸路と推定されること、関連地名の分布などである。

南福島まで南下したニギハヤヒ勢力の一部は、那須高原を横切って、キヌ（鬼怒）から関東平野に入り、ケノ（毛野）へ進出したと地名変化から推察される。

ここでも、「アキ」～「キヌ」～「ケヌ」の関連地名が連なって存在している。

進行ルート沿いに、「イワイ（岩井）」「イワツキ（岩槻）」「イワセ（岩瀬）」「イナ（伊奈）」など関連地名も散在している。

既述のように、群馬には、ニギハヤヒを祭る「美和神社」もあり、所沢には「物部神社（現北野神社）」がある。

毛野族は、ニギハヤヒの西進に同行し、宇佐に上陸し、「下毛郡」を設置していて、地名の移動も見られる。毛野族は、その後の白村江の戦いに至るまで、列島の強力な戦闘部族であり、始祖は、「豊城入彦命」とされているが、なにやら西進して、豊国に侵攻した部族であることを表明しているようで面白い。その重要性から、皇統の中に組み込まれた可能性もある。

もう一部族は、房総半島に進出し、「ア・ワ」を造っている。

(6) 先玉（前玉）から多摩に移動

石岡から多摩への移動は、明瞭な根拠に乏しいが、多摩地区の後・晩期の遺跡の急激な減少が顕著であり、多摩からの移動を考慮せざるを得ないからである。

「サキタマ」から「タマ」への移動を示すような地名であるが、一方、「タマ」は「三種の神器」の一つであることから、この関東統合化のこの時期に、「イワ」呼称を変更し、多摩に移動した時点で、「タマ」となり、「玉」あるいは「魂」を神聖化したのではあるまいか。

出雲の国譲り後の「大国主命」の系譜に、甕玉主命、前玉比売、甕玉日子などが記載されており、東日本勢力の出雲浸透を示している（『記紀』）。

また、ニギハヤヒ族を「殷」構成部族の一つの「わ」族とすると、その周辺に、共伴部族と考えられる「サカ」族の影がある。鹿島神宮には、「坂戸社」があり、埼玉には「坂戸」がある。藤原としえ氏は、サカ族は、坂戸であると主張している。

地名で言えば、ヤマトと関東との関連地名「磯城」と埼玉の「志木」もあり、多摩勢力の西進の根拠の一つにもなりうるのではなかろうか。

後代ではあるが、埼玉・群馬への古墳文化の伝播が早いことは、すでに指摘されている。一方、関東の国造は、どのようなわけか、かなり早い時期（景行紀）に、ムサシ、サガミ、チチブなどが、さらに成務紀には、アワ、ヒタチ、カズサなどが任命されている。関東には、ヤマト進出の同族の後裔が残留していたことを示し、逆に、西進勢力の存在を暗示している。

そして、一時期、「アヅマ（東）（ホツマ）」国を称した可能性もある。

コラム7 スサノオの出自

出雲地方には、旧石器時代に、C3系の人集団が、北方ルートと西方ルートで流れ込み、それぞれ交差している。スサノオの「イズモ」形成後、大国主命の代に、国譲りを強要されて、天穂日一族がその後ずっと出雲大社を護っている。また、出雲国譲りの後で、大山周辺に呉系の人集団が到来している。スサノオは、その中で、出雲の建国の主役である。

『記紀』によれば、スサノオは、イザナギ・イザナミの子として、誕生し、出雲に降臨している。出雲は、この地方にしかない、「神産巣日神」を祭っている。

この「出雲」のスサノオは、どこから来たのであろうか。

スサノオについては、これまでいくつかの出自が提案されている。

一つは、扶余族の百済建国の際、兄弟が扶余を脱出し、百済に至り、兄は海辺に、弟は山辺にそれぞれ国を開いたが、兄は失敗して、クニを去り、列島に至ったという。その兄の名が、「フル」で、スサノオに連なるとされている。

また、一つは、松本清張氏の主張する、「濊人」説である。「漢代の太白山脈より東の七県の住民はすべて濊民であった」(『魏誌』(東夷伝)(濊ノ条)から)、七県のうちに「耶頭昧」があり、類似した部族名を根拠に、「耶頭昧」(エトモ)族が列島に至り、「イズモ」族になったと想定している。東北部の「濊」一派が扶余に併合される中、東方沿岸の「濊」の名は、後漢中期まで続いているとされている。

最後は、本書説で、春秋時代、遼西を追われた、濊貊族のうち、蒙古系の「貊」族が、咸興付近から半島を脱出し、列島に至ったと推定する。「貊」は（mak,mo）と発音するという。熱河山地方面から、半島北部に移動してきた、蒙古系であることから、「イズモ」は、縄文語の「出・蒙」で、「イデ・モ」の縄文語と逆の語順で解釈できる。これらから、スサノオは、蒙古系貊人で、これがスサノオの出自を示していると考える。

これらの三案は、時代が異なり、順に古くなっている。列島では、神代に位置づけられる古い話で、記録に残る新しい時代を除くと、本書説が最も妥当となる。『出雲風土記』と『記紀』は、全く整合する箇所がないことが指摘されているが、もともと別系統の話なので、『記紀』に記載することができなかったと考えられる。

また、一方、前段で述べたように、国内出自の可能性もあり、出雲の先住民として存在していたことは否定できない。縄文時代人は、旧石器時代人を基層としているのであるから。

別な方向から「スサノオ」の出自に迫ってみよう。

吉野裕氏（『スサノヲ伝説の形成』東アジアの古代文化7号〈大和書房〉）によれば、スサノオは、神話などから、非農耕文化を有する、砂鉄鍛冶集団で、新羅系の儀礼を有していたと解釈している。とすると、その渡来は新しく、松本説に近い可能性がある。

『記紀』の「スサノオの系譜」をみると、スサノオは、出雲で二人、日向でアマテラスを妻としている。地元の妻の一人は、「クシナダヒメ」で「須賀之八耳神」を父としている。子の「八島士奴美神」にも「ヤ（八）」が付き、その後代のこの系統には、「布波」「フカ」が付き、四代目でもまた「フ（布）」族の娘が嫁いで、「フ」族となっている。「フ」はスサノオ族の族名の可能性もある。そして、六代目が、大国主命となっている。

この大国主命の妻は、また、多数存在しているが、その内、地元系と推定される、「八上ヒメ」と「八島牟遅能神」の娘の「鳥取神」がいる。鳥取は、因幡郡で、出雲の勢力拡大によるものと推定される。現在の鳥取県の中に、「八束」「八雲」「八橋」などの地名が散在し、「ヤ（八）」族は、鳥取の以前の領域と解される。

一方、もう一人の妻の「神・オオイチヒメ」系は、子の「大歳神」、孫に「大香山戸臣神」がおり、「オオ（大・意宇）」の系統である。意宇郡は、東出雲で隣町であり、これも出雲勢力の浸透による可能性が強い。

このように、スサノオ系は、地元勢力と密接に関連しており、一部にある、スサノオ創作説の主張は、妥当性がないものと判断される。また、出自についても、系譜上から「オオ」族、「トトリ」族、「スガ」族など、周辺部族の娘と婚姻しており、「フル」なる豪古名を有していることからも、渡来系であることは明瞭である。

一方、ニギハヤヒ族の渡来では、フツ（祖父）が山形に、フル（孫のニギハヤヒ）が新潟に渡来しているが、フツシ（父）が、行方不明である。フツシは、あるいは、「イズモ」に降臨した、「スサノオ」ではなかろうか。フツの上陸地点が、「イ・デ・ワ」であり、フツシの上陸地点は、「イ・ズ・モ」としてもいいのかもしれない。

出雲の国譲りが話し合いで解決し、その後のイズモとニギハヤヒ族との関係を考えても、両者はかなり密接であり、原田氏の古神社調査では、親子とされているほどである。

ニギハヤヒ族は、「ワイ・ハク系」の一部、あるいは本流と考えられるので、大陸に残った「フツシ」が最後に出雲に渡来し、一挙に九州を制圧したのではなかろうか。

こう考えると、意外とすんなりと種々の事項（関東でのイズモの分布、近畿での濃厚なイズモの分布など）が説明しやすくなり、後代、ニギハヤヒの痕跡は消されているので、イズモの名の下に、名誉回復が図られたとすれば、全国各地のイズモ分布も、説明がつきやすいのではあるまいか。

王統の重大局面を創出している『記紀』の出雲対応も、ニギハヤヒ族に根幹を有するものとの立場に立てば、納得できるのである。

第六章

ヤマト建国のみちすじ（西進の真実）

一、東日本勢力の大移動

東日本勢力の西進の根拠については、既に三章で詳述したとおりであるが、それらの事実の示すところに従い、その移動を推定してみよう（図6－1参照）。

(1)シナノの先発

シナノ族の移動の根拠は、遺跡の急減、千葉の土器の侵入、西進の通り道であること、情報収集の先進地であること、軍馬の生産地であること、旧西日本勢力の帰還などである。

縄文時代の遺跡分布数の後・晩期における急減は、シナノは、関東地区に次いで多く、中期に急増した後、急減している。何故であろうか。

シナノの縄文時代の遺跡の分布の多い、八ヶ岳周辺の遺跡では、中期には、標高一二〇〇メートル付近に多くあった遺跡が、後・晩期には、減少すると共に、標高八〇〇メートルまで低下しているという（博物館資料による）。これのみから、単純に考えれば、これまでの常識的解釈による、気候の寒冷化による食料不足が、遺跡急減の主な原因と解釈できる。はたして、そうなのであろうか。

既述のように、気候要因は、遺跡の急減の原因ではないので、その原因は他に探らなければならない。

まず、第一の原因に挙げられるのが、縄文中期までに東日本に移動した、西日本勢力の帰還である。縄文中期まで西日本勢力は、シナノに移動・集中していたが、これが、関東勢力の圧迫と帰還願望で、西日本に移動を開始したと推定する。

第二の原因に挙げられるのが、旧石器時代から、日本海側から関東への侵入路として、信濃川〜千曲川ルートが使われており、関東への交易のメインルートの中心に「シナノ」が存在することである。そのため、大陸の各種情報の入手が早かったことが、移動の根本要因であったと推定される。

また、第三の原因として、高標高地域ということもあり、食料の確保は、低標高で温暖な関東に比べて難しく、人口増加と食料確保には、かなり敏感な地域であったからではなかろうか。

一方、シナノは、関東のみならず、東海への交通路でもあり、周辺の各部族の情報には、これまた、かなり敏感にならざるを得なかったのではなかろうか。情報の獲得は、種々の問題への先見的な対応を可能にしたものと推測される。

地勢的位置により、移動を開始した関東の「毛野族」に後押しされた形で、オワリへ進出・移動したのではあるまいか。

また、縄文時代では定かではないが、後代では、「馬」の産地であり、馬の使用が軍勢の陸送と機動性確保に欠かせないこともあり、馬の必要性がもう一つの要因ではあるまいか。シナノが交易目的で用いる馬の陸送に秀でていて、馬を早くから多数保有していたことも合流させられた遠因ではなかろうか。

（2）関東勢力の西進

関東勢力の移動の根拠は、多摩・千葉の人口の急減と土器の移動、フツヌシ・タケミカヅチの移動、N系人集団の移動、「ケノ」・「ヒタ」の地名移動、サキタマ・ミカなどの人名移動などである。

広大で温暖な、居住条件のよい関東平野の諸勢力は、何故、移動したのであろうか。既述の様々な要因の中で何が主因であろうか。それは、やはり、クニ意識の発生ではなかろうか。人口爆発で、各所で食料難が

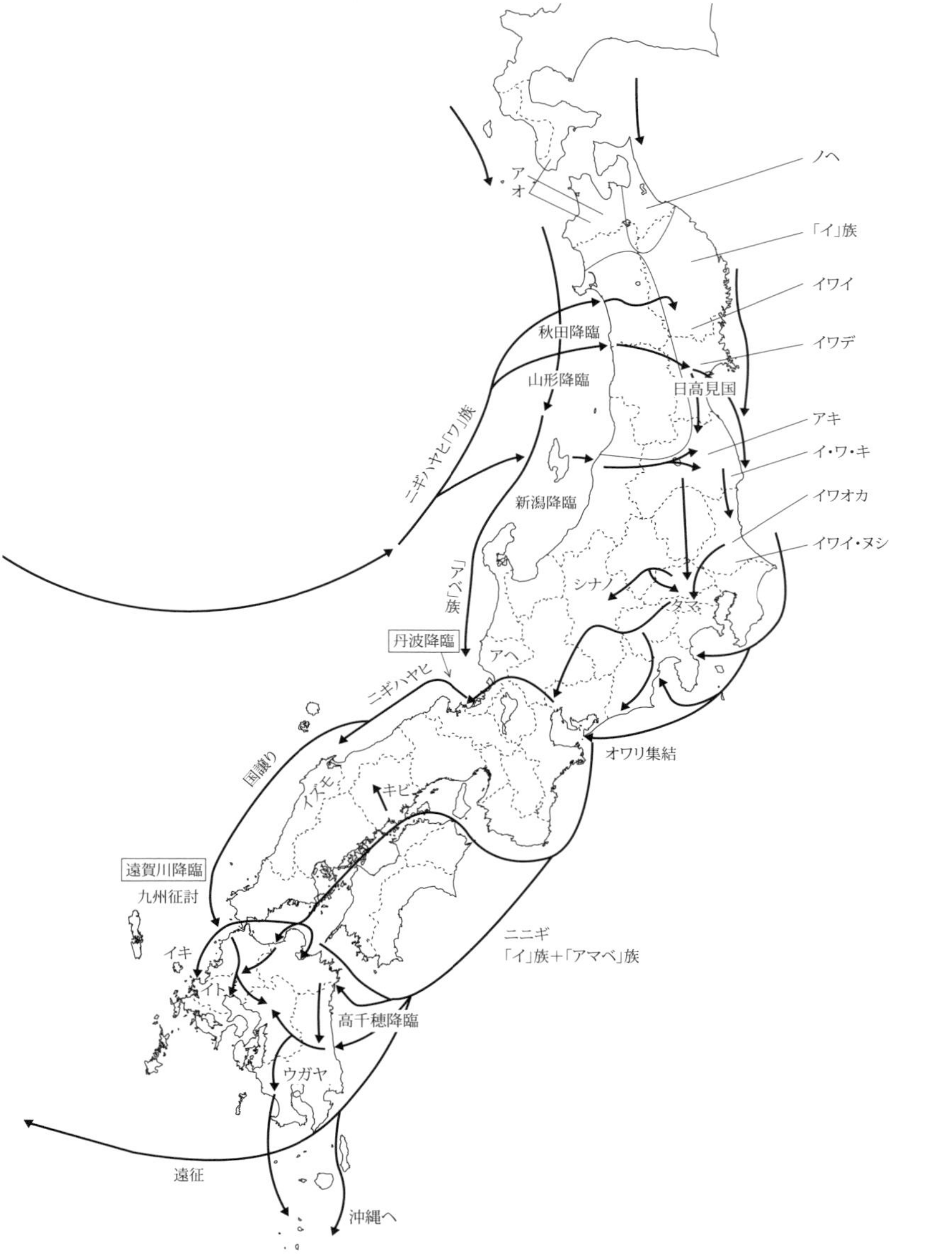

図6－1　東日本勢力の大移動　西進ルートの推定

オワリに終結し、2隊に分かれて西進する。ニギハヤヒは、出雲から遠賀川へ、ニニギは、瀬戸内海から高千穂へ。

発生する中、過疎地への移動と、渡来人への対抗意識が、クニの成立を可能にし、移動・征討の必要性を感知したためではなかろうか。ニギハヤヒ族の強力なリーダーシップがこれを可能にしたのではなかろうか。

一方、Y染色体遺伝子分析結果では、列島にNo系の人集団が誕生したとされている。とすると、その場所は、縄文時代の最大の人口密集地の関東以外はあり得ない。このN系の人集団が移動の主因となった可能性もある。分析では、列島を脱出し、大陸から北欧にまで及んでいるのであるから、その積極果敢性は列島には希薄で、N系人集団の移動を契機とした可能性も否定はできない。

ニギハヤヒ族の西日本への移動は、同族が越後や尾張にも存在することも、戦略的な意味からも、決断を容易にしたものと推察される。また、大移動は、武器に優れた侵入族に対抗するためには、多勢による十分な勝算を認識していたこともその要因ではあるまいか。

関東勢力の主力は、多摩に移動した「ニギハヤヒ」一族であり、加曾利式土器などの移動から「フサ（上総）」族が、安行式土器の移動から、「サキタマ」族が同行したものと推定される。水軍は、東北勢力「イ」族、「アワ」族などが主体で、陸軍はシナノ経由で毛野族が主体で、まず、同族がいる「オワリ」を目指したものと推察される。

また、地名移動から、ヒタチ～飛騨～日田に、毛野族と「ヒタ（チ）」族の同行や、「国譲り」の主役、鹿島神宮のタケミカヅチ、香取神宮のイワイヌシ（フツヌシ）の同行も考えられる。

ニギハヤヒ族に早くから同行した「イ」族は、九州への地名移動、「イワイ」「イキ」「イト」、四国の「イヨ」「イサキ」「イカタ」などもあり、西進へ同行していることは明白である。

一方、後代の国造の出自から、関東勢力（ムサシ、イバラキ、アキ族）は、瀬戸内海西端の周防や安芸に及んでいたことが指摘される。

既述の土器分布図によると、関東勢力の移動は、次のように侵攻したと推定される。
①縄文時代中期に、関東地域とシナノ地域は、一体となっていて、「勝坂式土器」（相模原）と「阿玉台式土器」（千葉・香取郡）が分布していた。シナノには、既に神奈川・千葉勢力が浸透していた。
②同・後期になると、関東地域と東海地域が一体となり、「堀ノ内式土器」（市川市）と「加曾利式土器」（千葉）が分布するようになり、シナノ地域は脱落している。この間に、シナノ勢力の移動が考えられる。この変化の誘因となったのは、東北・北陸勢力の拡大による、関東地域への圧迫の可能性もある。
③同・晩期前半（三千年前）になると、関東地区は、縮小して局部的となり、「安行式土器」（埼玉・川口）の分布のみとなっている。東北勢力（亀ヶ岡式土器）が関東の大部分を占めて拡大している。この時期、関東勢力の主力が、西方へ移動した可能性が強い。
④同・晩期後半（二千六百年前）になると、関東地区の土器分布の特徴は消え、いかにも東北型の「大洞式土器」に統一されたような状況を呈している。この範囲は、東海まで及んでおり、東日本勢力の西進を示していると判断される。

(3) オワリ族の合流と「アマべ族」の合流

何故、オワリ族と合流したのか。その根拠は、西進の目的の一つが出雲征討のためであり、同族やアマべ族との合流のためである。

オワリには、ニギハヤヒ同系の天香語山命一族が居住しており、東に、海洋民「アマべ（海部）」族、西に「イセ」族の水軍を有していた。

オワリは、また、太平洋岸勢力、内陸（シナノ）勢力、日本海勢力の合流地点であり、東日本勢力と西日本勢力の地勢的な境界部である。このため、各勢力が集積・競合しやすい地勢を有しており、ここで軍事物資の集積や進軍体制を整えた可能性もある。ニギハヤヒ族の出陣には、むしろ、オワリ勢力の積極的な働きかけがあったのかもしれない。前述の「シナノ」勢は、オワリで合流し、大陸にも同行した可能性も皆無ではない。『記紀』にある降臨の先導役となる「サルタヒコ」族の本拠地が、鈴鹿山脈にあるのも自然で面白い。

九州に至る海路の途中（紀伊、豊後）に、海部郡などの「海部」地名が散在しており、オワリ族の大移動への参加が確認される。太平洋岸〜瀬戸内海を移動していることから、ニニギ率いる分隊に属していたものと考えられる（図3－16参照）。

オワリ族の始祖、天香語山命は、ニギハヤヒが出雲国譲り時に婚姻した、天道日女命の子とすると、この西進時には、参加しておらず、地元系の尾羽張族・アマベ族が参加したのかもしれない。後の「倭国大乱」時には、オワリ族が参集しており、さらに、五代ミマツヒコカエシネの皇后「ヨソタラシ（世襲足）媛」がオワリ族の出自なので、その擁立に動いている形跡がある。東西勢力均衡の鍵を握る部族である。

（4）兄弟の分隊

ニギハヤヒ、ニニギ族の部隊は、『記紀』や『先代旧事本紀』などの記載から、九州では、兄は遠賀川に、弟は、高千穂にそれぞれ降臨していることから、オワリで一度合流した後、出発時に分隊したものと推定される。

何故、分隊したのであろうか。

分隊した理由は、「出雲」は大国であり、戦略的に、瀬戸内海側と日本海側から、挟み撃ちにするためであったと思われる。後述するように、ニニギ隊は、「キビ」族と同盟し、出雲の背後勢力となった。

また、古伝では、ニニギが先に出発し、ニニギが大陸まで遠征したとされている。

〔日本海側進行勢力〕
日本海側の進行勢力は、ニギハヤヒ勢の主力と越後の同族・弥彦（天香山命）勢および、大陸からの水軍と「アベ族」水軍が三方湾で合流した。津軽の「ア・オ族（アラハバキ族とオシマ族）の本体は、晩期に亀ケ岡土器を帯同して移動しているが、合流の痕跡は不明である。アラハバキ族の痕跡は、せいぜい出雲付近で、九州には及んでいない。

〔太平洋側進行勢力〕
太平洋側の進行勢力は、ニニギ勢とオワリ族および水軍は「イ」族、「アマベ」族と推定される。

(5)ニギハヤヒ勢力の三方湾集結と「アベ」族の合流

西日本の最大勢力は、この時期、出雲、東九州（日向）、中九州を制圧していた「イズモ」であり、大国主命が、その征討の主な対象である。

三方湾には、「籠神社」があり、ニギハヤヒの降臨を伝えており、ニギハヤヒ勢力の日本海側の集結地点である。関東勢（タケミカヅチ、フツヌシを含む）のほか、日本海沿岸の勢力で、同族である天香山命（イヤヒコ）系、「アベ」族系が、集結したと推察される。大陸からの渡来時の水軍に、アベ水軍が合流し、「イズモ」征討の主力勢力を形成した。

アベ族は、ニギハヤヒの列島上陸地の北方の津軽の「ア・オ（アベ族・オシマ族）」の水軍で、後に、阿部比羅夫に率いられた水軍であり、同盟していたものと推察される。アベ氏の後裔は、後に「チクシ」の国造になっていることからも推定できる。

「イズモ」側には、渡海時の水軍と大陸の流れを汲む、「アズミ」族の水軍があり、北九州や朝鮮海峡を制圧し、関門海峡を閉鎖し、大陸との往来を制御し、交易を独占していたものと考えられる。「アズミ」族は、国譲りの後、タケミナカタと共に、松本と諏訪に押し込められている。

ニギハヤヒは、ここで丹波の佐手依姫（サテヨリヒメ）と婚姻している。

二、ニギハヤヒ勢力の西日本勢力の征討

(1) 出雲の国譲り

『記紀』によると、「出雲の国譲り」は、アマテラスの日向族の主導で進められ、その結果、孫のニニギが高千穂に降臨したと、わざわざ矛盾を記載していて、国譲りがアマテラス主導でないことを示している。また、原田常治氏は、国譲りの主体は、スサノオ死後のアマテラスであるとし、アマテラスの子の天穂日が出雲を治めていることを、その根拠にしている。はたして、そうであろうか。

国譲りを主導したのは、東日本勢力に属する、鹿島神宮のタケミカヅチと香取神宮のフツヌシが、交渉者であること、スサノオとアマテラスは同盟していて、現地ではスサノオとアマテラスが仲睦ましい夫婦とし

て描かれていることなどから両者の抗争はなく、主導したのは、東日本勢力の主体のニギハヤヒ族であると推定する。

出雲は、ニギハヤヒが国譲りを強要する以前、スサノオが出雲を統一し、九州に進出し、アマテラスの日向国、北九州のみならず、筑後川流域を統治する大国であった（原田常治氏の古神社調査結果による）。

東日本勢力が九州に向かう途中には、大国「出雲国」があり、その西進には、まず、ここを突破しなければならない。

東日本勢力のニギハヤヒ勢力が、日本海側を、ニニギ勢力が瀬戸内海側を進行し、出雲国の背面勢力の「キビ」族と同盟して、この大国に対応したものと推定する。

「キビ」との同盟が成立すると、タケミカヅチとフツヌシを派遣して、両方向からの圧倒的勢力をバックに交渉し、国譲り（話し合いによる禅譲）を実現させた。この時の王の大国主命は、大勢力には抗せず降伏し、最終的に国譲りに同意し、杵築神社に没した（一説では、津軽に流された）。最後まで抵抗した、タケミナカタとアズミ水軍は、それぞれ諏訪と松本に幽閉された。

東日本勢力による征討の根拠として、『記紀』による大国主命の系譜には、「甕玉主」、「前玉比売」、「甕玉日子」などの東日本勢力が明瞭に挿入・記載されていることが指摘できる。

ニギハヤヒ族の侵攻の痕跡は周辺にも存在する。「イズモ」入り口の、出雲東方の「因幡」国境の海岸沿いに「イワミ（岩美）」「イワイ（岩井）」地名があり、但馬には、「日高」地名がある。また、世羅を包囲するように、「大和」「三和」「比和」「口和」などの「ワ」地名が分布している。「伊和大神」の存在も無関係ではあるまい。

出雲を押さえた、ニギハヤヒ勢力は、北九州の遠賀川流域に上陸した。また、ニニギ勢力は、日向・高千穂に降臨した。宇佐には、関東勢力の「毛野」族と「ヒタ」族が侵攻した（地名移動より推定）。

（2）遠賀川上陸と北九州・筑後川流域の征討

ニギハヤヒ族は、出雲の国譲りが終わると、北九州に侵攻し、『先代旧事本紀』にもあるように、遠賀川流域に降臨し、九州制圧を開始する。

遠賀川流域には、ニギハヤヒ勢力の主体、物部族の関連地名が多く存在していることが指摘されている。また、その居住地名は、九州平定後に、ヤマトに帰還するニギハヤヒとともに、地名移動していることが指摘されている（高木彬光氏）。

九州制圧は、基本的に九州に進入していた既存の諸部族が、出雲の敗戦でバラバラとなり、その対応は、敵味方に二分されて、個別撃破されたものと考えられる。出雲を交渉で国譲りさせた、ニギハヤヒの大勢力に対抗できる勢力は少なく、しかも、九州の出雲政庁である日向には、ニニギが侵攻し、制圧したので、大戦乱もなく、制圧されたものと思われる。わずかに、半島勢力である、「多婆那国」が、阿蘇周辺から、雲仙・多良岳周辺に駆逐されている。半島諸勢力は、半島へ押し戻されたか、残存して同化の道を選んだか不明だが、九州からほぼ駆逐されたと推察される。

かくして、北九州や筑後川流域には、ニギハヤヒ系部族のほか、東日本勢力が充満し、味方となった先住民とともに、大陸・半島勢力のリアクションまで、安定した社会を形成したものと推察する。

（3）九州平定と「イト」国、「イキ」国の設置

ニギハヤヒは、九州平定後、当初の目的を達成するため、種々の対応を実施する。その主な対策は、「海

防策」と「九州統治」である。

「海防策」の主な視点は、海峡および関門海峡の確保と交易の推進であろう。

まず、海峡の確保には、信頼厚い「イ」族水軍を海峡に配置したことである。すなわち、海峡内に「イキ」国を、北九州に統括部署の「イト」国をそれぞれ設置したのではなかろうか。安本氏によれば、「イ・ト」は、上古音上では、「イ・タ」とも読めると指摘しており、「イ」族と「タマ」族の合体の真実味をますます深く示している。「壱岐」や「伊都」は、後代の邪馬台国の時代にも、登場するが、この時期に設置されたものではなかろうか。

海峡や関門海峡の確保は、九州や列島の安定に不可欠であり、北九州には、アズミ水軍も存在していた。アベ族の痕跡は、薄いが（後代国造となっている）、やや登場時期が遅かったためかも知れない。

『魏志』（倭人伝）によれば、邪馬台国の周辺諸国（対馬国、一岐国、伊都国、奴国、不弥国」の官職名が記載されている。その主官名はそれぞれ差があるが、副官名は、イト国が「泄謨觚・柄渠觚」となっているのに、他の諸国は、共通して「卑奴母離」となっている。イト国が後代まで継続していることなども考慮すると、奴国系統とは別系統（東日本勢力）の部族が統治していたことを示していると推察される。

（4）九州政庁（原ヤマタイ国）の建国

九州を平定後、東日本勢力は、「九州統治」のために、どんな対応をしたのであろうか。

それは、戦略的に造った、海峡制圧のクニ（前項）と九州政庁である。

九州政庁は各部族の名を連ねた国名「ヤマタアイ」国と推定する。語呂合わせかもしれないが、以下のとおりである。

「ヤ」とは、ウガ（ヤ）（日向・アマテラスの国）
「マ」とは、イズ・（モ）の音変化、イズ・「マ」（スサノオ・大国主の国）
「タ」とは、関東統合勢力、タマ（多摩）（ニギハヤヒ族の国）
「ア」とは、西進に参加・同道した、（ア）べ族、（ア）キ族、（ア）マべ族、（ア）ラハバキ族からの「ア」
「イ」とは、「イ」族などの「イ」

日本語では、母音は連続しないそうなので、後に「ヤマタイ」国となる。

また、九州を統合したこの名「ヤマタアイ」国は、その後、ヤマトに東遷して、「三種の神器」に対応させて、水軍を除いて、「ヤマト」になったと推察される。「三種の神器」とは、アマテラスの「鏡」、スサノオの「剣」、そして、ニギハヤヒの「玉」である。

この部族の名を連結した、クニグニの名は、後の「邪馬台国」の傍国三十国の中にも、継続して、残存している。


「イ」族は、「イキ」「イト」「イヤ」

「ナ」族（九州先住系？）は、「ミナ」「ナ」「クナ」「ソナ」「キナ」

「マ」族（出雲系）は、「ヤマ」「ツマ」「シマ」

「ミ」族（日向・ホホデミ・オシオミミ）は、「ミナ」「フミ」

「フ」族（フサ族？）は、「フコ」「フミ」

「ト」族（関東の統合勢力タマ系）は、「イト」「ツ（ト）マ」など、合同の部族により、様々な「クニ」の名称が形成されている。

このような、一字音部族による縄文時代の統合命名形式についての解釈は、ほぼ妥当と思われる。

この九州の「ヤマタアイ」国は、「イト」（水軍「イ」族を持った関東勢力の〈タ→ト〉国を、対外的交易や交渉の出先とし、筑後川流域には、「磐井」に、「イワ」族を配し、「都（政庁）」は、根拠に乏しいが、東日本勢力の本拠地となった「ヒ・タ」ではなかろうか。

(5) ニギハヤヒのヤマト帰還

九州の大陸・半島からの侵入族の駆逐を完了した、ニギハヤヒは、「イト」に統括部署を設置し、「イキ」に監視所を置いて、日田に「ヤマタアイ」国を設置して、ヤマトに帰還することとなる。何故、そのまま滞留せず、帰還したのであろうか。

やはり、九州では、食料確保が十分でなかったのであろうか。それとも列島の防御的視点から、瀬戸内海の突き当たりの「ヤマト」を永住地としたのであろうか。

いずれにしても、東日本勢力の大部分を率いて、ヤマトまで帰還した。東日本まで帰還した部族も多かったと思われるが、ニギハヤヒ本隊（物部族）は、ヤマトに留まることとなった。図6－2・6－3は、鈴木武樹氏や高木彬光氏の物部族の移動経路（上）と部族移動図（下）である。上図の山陰の遺跡分布は、九州への侵攻ルートではないかと推定される。

ニギハヤヒのヤマト移動（降臨）は、『先代旧事本紀』にも示されているように、船団での堂々たる移動であり、この図は、妥当ではない。また、『記紀』に記載される、瀬戸内海北岸を転々と寄港しながら移動した「イワレヒコの東遷」にもなじまない。それでは、この図は何を示しているのか。この図は、大分あるいは高千穂からの移動部族が存在していたことを示してはいないだろうか。九州から、瀬戸内海南岸を陸沿いに移動しており、ニニギ系残留勢力の移動を示すものではなかろうか。

ヤマトには、東日本勢力の西進に、亀ヶ岡土器を帯同して、やや遅れて参加した、ナガスネヒコ率いる「ア・オ」（アラハバキ）族が先住していて、一行を迎えている。ヤマトの先住民を平定して、原「ヤマト」国を建国することとなる。『記紀』には、その大王「ニギハヤヒ尊」の存在を記載している。

後代の大和盆地の豪族の分布地図には、天皇家を挟んで、物部氏と大伴氏が脇を固めているが、北方には「ワニ」氏が居住している。既述のとおり、この「ワニ」氏は、海獣（ワニ）の漁労に関連した部族ではなく、大陸からの渡来民である。中九州に西方から進入した「ワニ」地名が存在していることから、大陸に遠征したニニギの大陸からの帰還時に同伴した部族と解される。

ヤマト帰還後の、物部族の配置をみると、大和盆地を囲むように、大阪湾西岸に物部族が居住しており、西から進行する外敵への対応を、かなり配慮した布陣的配置である。大陸・半島からの「リアクション」を懸念し、対応したものと考えられる。この体制の構築が、「ヤマト帰還」の目的の一つである。

かくて、ヤマト周辺は、「キビ」から「オワリ」まで、同じ文化を示す「銅鐸圏」が形成されることとなる。

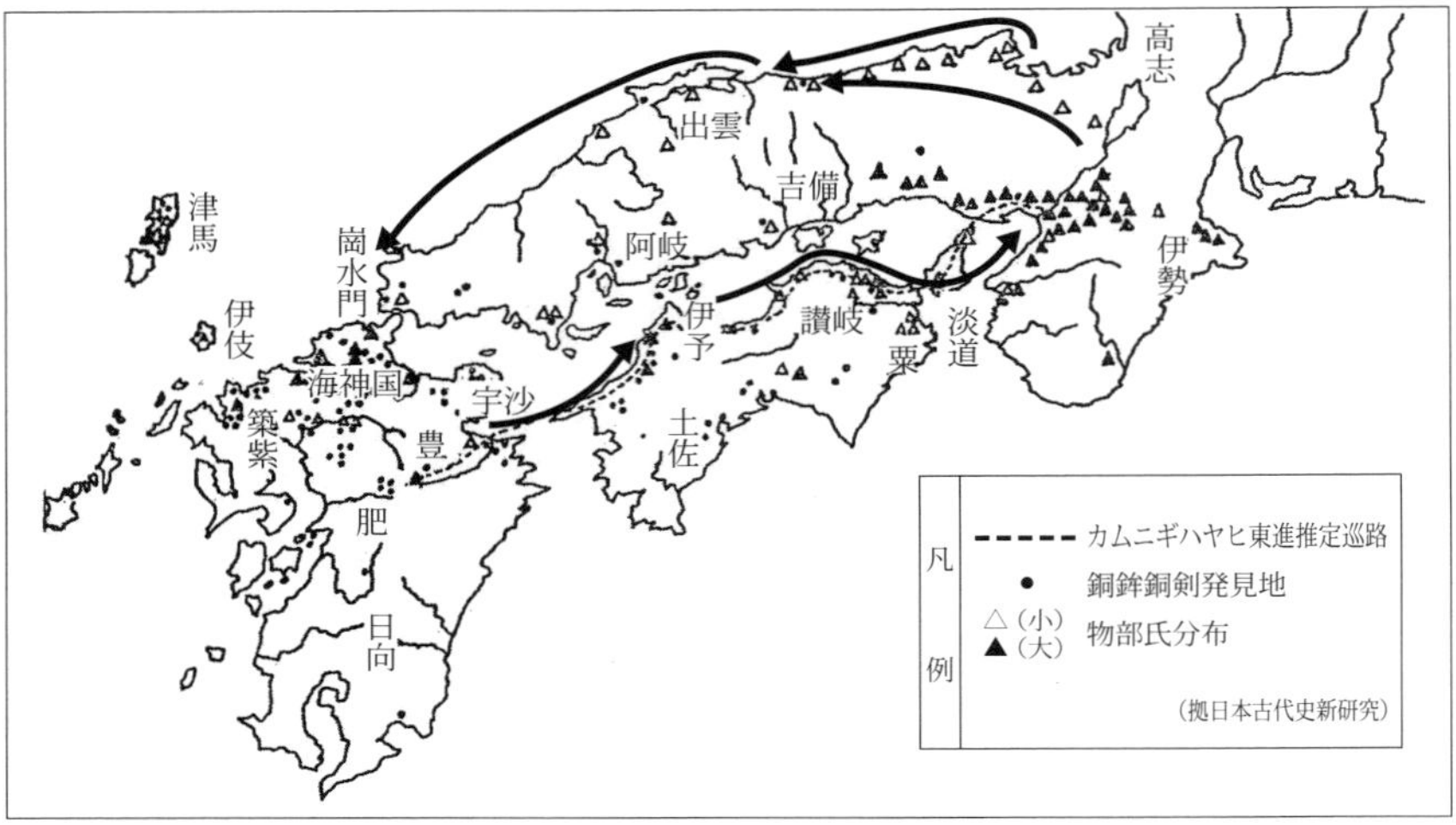

図6－2　物部族の移動

図は物部族の移動だが、ヤマト帰還時のものと推定。ニギハヤヒ族の主力は、大船団で移動・帰還している。イワレヒコのヤマト東遷時の可能性もある。山陰は侵攻時と推定（実線矢印は著者加筆）。（出典：鈴木武樹『消された帰化人たち』講談社）

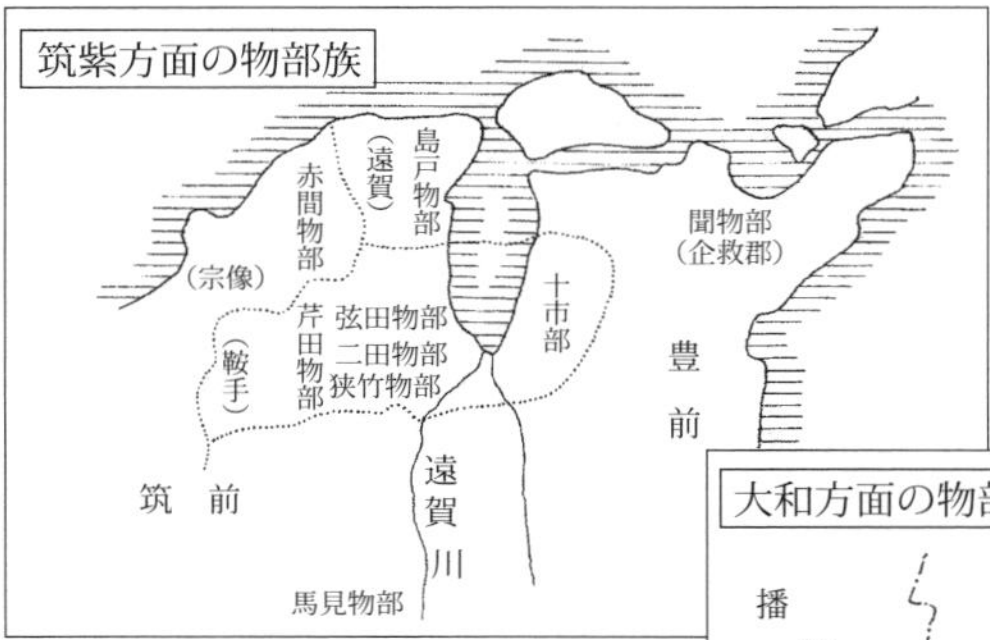

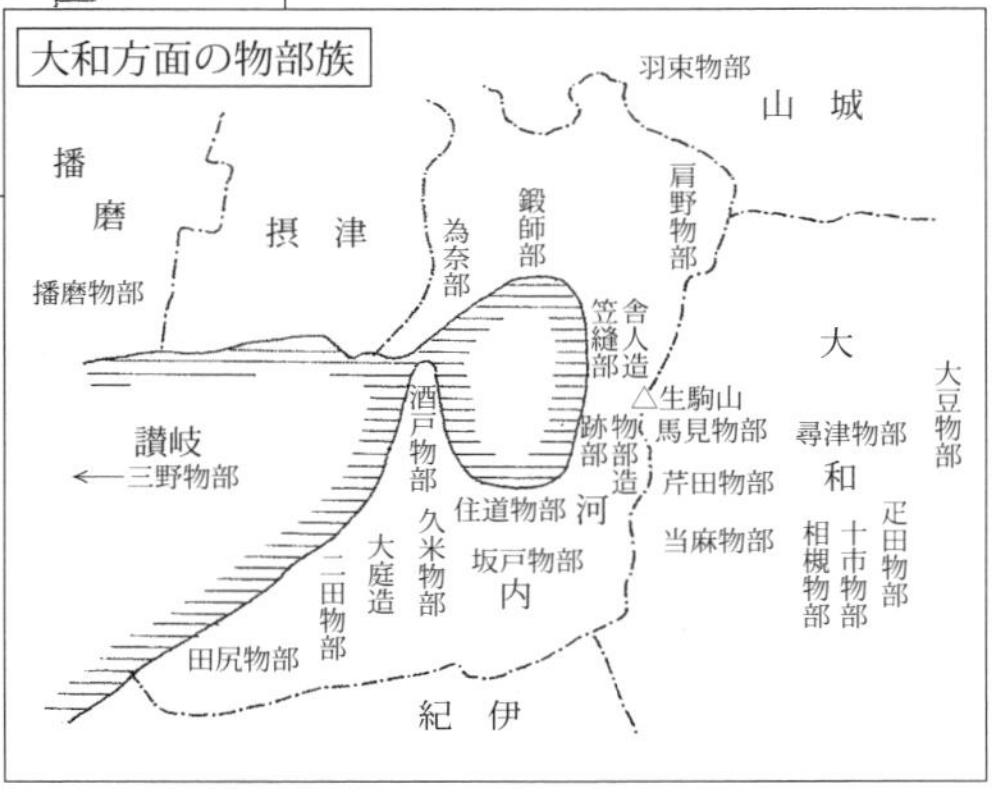

図6－3

有名な「物部族の地名移動」

遠賀川流域から大和へ。
（出典：高木彬光『古代天皇の秘密』角川書店）

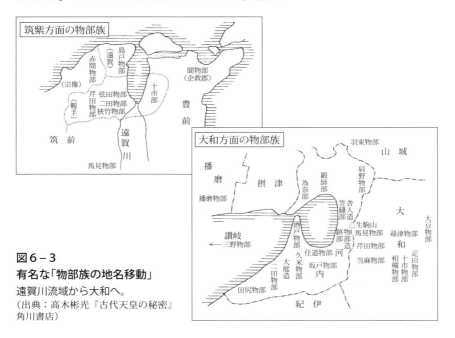

コラム8

大国主命の出自

大国主命の出自は、『記紀』の系譜では、スサノオの子とされたり、また、六世の孫とされたり、多くの別名を持っていて、その出自は、かなり複雑で、わかりにくくなっている。
『記』の系譜では(系図3-2)、スサノオの子として、六人の妻が記載されている。すなわち、出雲では、スサノオの子の「須勢理毘売」、高志の「沼河比売」、隣国の「鳥取神」、地元の「八上比売」の四人の妻が、日向では、アマテラスの子の「多紀理毘売命」、地元(?)の「神屋楯比売」の二人である。その中で、主筋は「須勢理毘売」であり、子はタケミナカタである。原田常治氏は、これらの系譜と古神社調査結果から、スサノオ(出雲勢力)がアマテラス(日向勢力)を征し、大国主命に王国を継承したと主張している。

一方、『記』では、大国主命に「大穴牟遅神」「葦原色許男神」「八千矛神」「宇都志国玉神」などの名が多く記載されていて、その出自がわかりにくくなっている。その中で、「大国主命」は、「意宇(おお)国の主」で、スサノオの国を継承しており、また、「宇都志国玉神」から、別の大国主命の出自が判明する。すなわち、時代はやや下るが、「宇(う)」は、宇佐の(う)、「都(つ)」は、投馬の(つ)、「志(し)」は、斬馬の(し)の三国の国主ではなかったか。伊耶那岐命から生まれた、「上・中・底綿津見神」の子に、「宇都志日金拆命」がおり、「阿曇連等の祖」とされていることから、「上・中・底綿津見神」は、それら三国を表してはいないだろうか。「宇都志国」は、綿津見神系の国なのであり、とすると、大国主命は、九州の北東部の宇佐を中心とする国の国主だったことにもなるのである。

大国主命は、その系譜から、スサノオの娘婿であり、スサノオが、日向も制していたので、その中間を治めていたものと推定される。そして、大国主命は、日向古墳群の中に「出雲系」の古墳があり、日向で逝去したとされている（原田説）。

また、系譜の上で注目されるのは、隣国の「鳥取神」と大国主の系譜で、九代の系譜が記載されているが（前出）、その中に、「天之甕主命」の娘の「前玉比売」が現れることである。いかにも、東日本勢力の出自を想起させる。しかも二度も妃として登場している。長い系譜の中に現れるこの時期に、国譲りがあり、東日本勢力の浸透があった証拠ではないかと思われる。

三、ニニギ勢力の西日本勢力の征討

(1) キビ族の参戦

「キビ」族は、この時期、どのような状態にあったかは、資料がないが、後代の状況を勘案すれば、ある程度の勢力を有していたと推定される。

「キビ」族は、何故、東日本勢力の出雲討伐戦に、参加したのであろうか。

「キビ」族は、出雲と背中合わせの瀬戸内海に勢力を保っていたが、出雲が関門海峡の通過を阻害し、大陸との交易を独占していたため、その恩恵は少なく、交易への要求が強かったからではなかろうか。

東日本勢力のニニギとの交渉にのり、ニギハヤヒ族と合流して、出雲の権益奪取のために、参戦したものと推察される。

「キビ」族の水軍は、不明であるが、「住吉」族ではあるまいか。出雲の敗戦により、出雲水軍の「アズミ」族は分散してしまい、一部は松本に押し込められたため、北九州と大陸・半島の交易権は、ニギハヤヒ系とキビ系に交代したものと推察される。

図６－４は、関裕二氏の示す、「キビ」「イズモ」の交易権争奪戦の想定図である。

この状況は、本誌の主旨にもマッチするので、掲載させていただいた。関門海峡は、瀬戸内海勢力の最大のネックなのである。

以後、「キビ」族は、瀬戸内海の交易権をもとに、多大な権力を掌握していくこととなる。

図6－4　吉備勢力の交易路確保の抗争　東日本勢力侵攻に類似している。

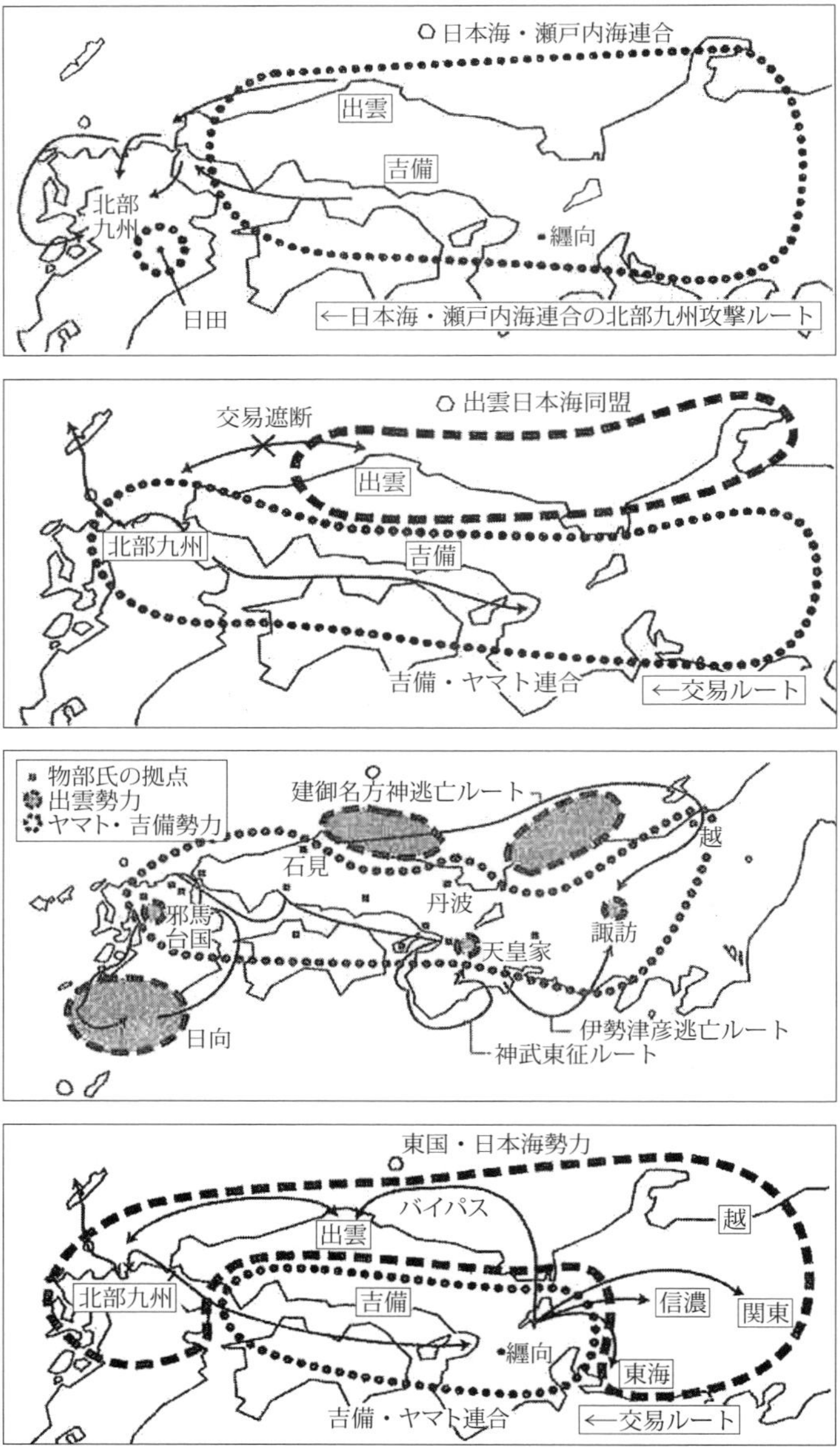

①日本海・瀬戸内海連合による北九州侵攻

②東日本勢力と吉備勢力の出雲潰し（出雲国譲）

③出雲勢力の東移動

④吉備勢力と東日本勢力の均衡

（出典：関　裕二『天皇家誕生の謎』講談社）（一部著者改変）

ニニギ勢力は、アマベ（海部）族の寄港分布図（既述）にも示されているように、「キビ」との同盟が成立すると、瀬戸内海を西進して、南から「イズモ」を威嚇することとなる。一隊は、イズモ勢力のキビ侵攻の拠点のある、針間一宮の「イワ（伊和）神社」の残る、揖保川を北上し、また、一隊は、アキ（広島・安芸）に上陸して、キビを加えた、三方向から、侵攻したものと推定される。

さらに、西進すると、関門海峡にいたる。「イズモ」の九州勢力との分断である。

ニギハヤヒが遠賀川に上陸し、ニニギ勢力が高千穂に、関東勢力が宇佐・日田に上陸して、イズモ勢力を完全に分断し、海峡封鎖を強固にしたと推定する。

そして、ニギハヤヒ勢力が北九州から、筑後川流域に、ニニギ勢力は、日向に向かうこととなる。

（2）高千穂降臨

ニニギは、何故、高千穂に降臨したのであろうか。『記紀』などは、親の指示としているが、アマテラス系統とは、別系統なので、別の理由が必要である。

それは、やはり、「日向」が出雲王国の九州における中心地だったためであろう。

高千穂は現在、宮崎県の南と北に候補地があり、降臨地がどちらかとの判断に迷うが、イワレヒコの出自が五瀬川周辺なので、北の高千穂ではあるまいか。

近接の宇佐、日田、豊後・日高郡などに、関東勢力の侵攻の痕跡が地名的にも確認され、五瀬川下流の延岡には、「海部郡」もあるので、延岡に上陸して、南の日向本拠地を目指したものと推定される。

アマテラスの水軍は、「ワダツミ」族や「ムナカタ」族が考えられるが、ニニギ勢力の「イ」族、「アマベ」族との激しい戦闘があったかもしれない。しかし、イズモ本国が降伏しているため、日向も「多勢に無勢」で余儀なく、従ったと解される。アマテラスの次男（天穂日命）を出雲にいれることで、極力戦いを避けたものと考えられる。あるいは「穂日」とは、ニニギとハヤヒ族の出自を示すものか。

『記紀』は、ウガヤ朝の系譜に、ニニギ一族の三代の「日高日子」を入れることで侵入者の表示を行っている。

(3) 日向・ウガヤ勢力の制圧

日向のウガヤ勢力は、半島より二八〇〇～二六〇〇年前にコメを含む雑穀の伝来と共に侵入した可能性がある（図6－5・6－6参照）。また、ウガヤ朝は、七十一代と称され、出自はかなり古いので、半島時代からの継承と推定される。「米良」地名は、この時の侵入を示していると推定する。

その後、出雲から侵攻した、スサノオに制圧され、アマテラスはスサノオと婚姻し、宗像三姉妹を生んでいる。その長女は、スサノオの子の大国主の妻となっている。

ニニギの日向制圧により、ウガヤ朝の系譜に、ニニギはアマテラスの孫として挿入され、ニニギ系三代は、大山津見や綿津見の娘と婚姻している。アマテラスには、別系統（高御産日系？ スサノオとの誓約によるとされている）の息子達があり、ニニギ系とは、系統が別で、アマテラス系統は一連ではなくなっている。イワレヒコが五瀬川付近にいたことも、これを反映している。このため、後に、大山津見系と綿津見系の抗争による、ニニギの後継争いが起こっている。

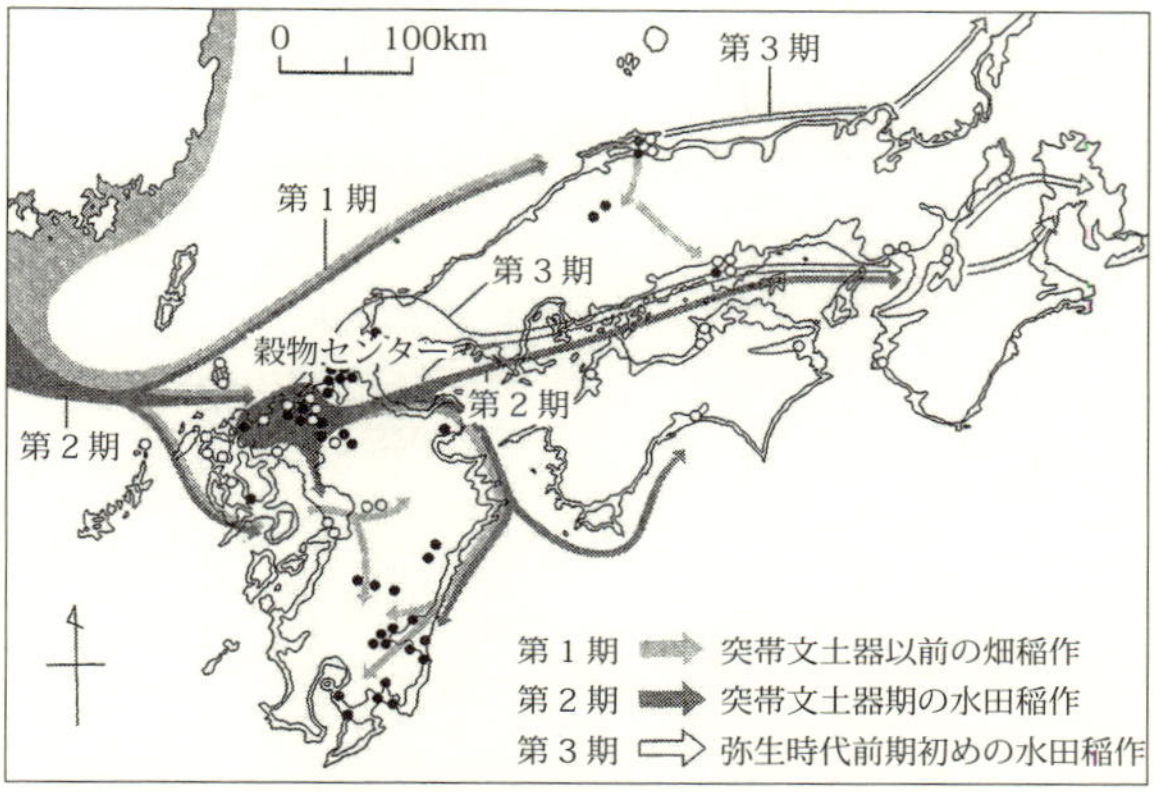

図６－５
日向族の侵入時期

日向族は、半島より（2800～2600年前）に渡来。米良族か（?）、先住民は南方系。

（出典：寺沢　薫『日本の歴史02「王権誕生」』講談社）


朝鮮無文土器の分布と農耕の東進　孔列文土器（●印　前8～前6世紀）の分布から、朝鮮半島からコメを含む雑穀畑作の伝来（第1期）が、無文土器（○印）を出土する突帯文土器（前6～前4世紀）期の水稲の伝来（第2期）以前になされたことがわかる。

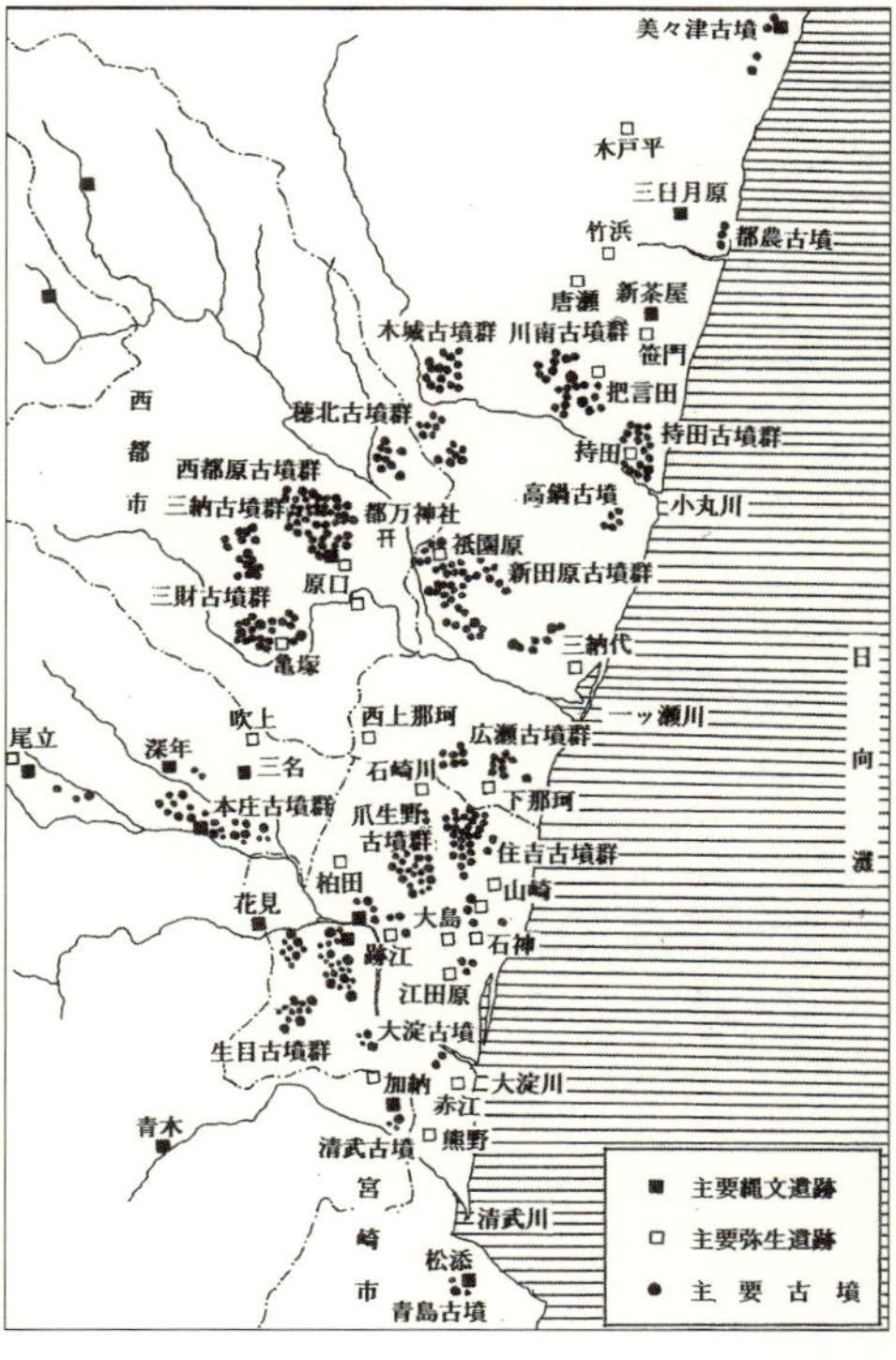

図６－６　後代の日向地方の墳墓分布圏図（古墳時代）

ニニギの降臨伝承は、図の日向の中央部ではなく、北部高千穂地区と南部霧島地区にあるが、降臨は域外の北部と推定している。

（出典：松枝正根『古代日本の軍事航海史』新人物往来社）

(4) 中国遠征

ニニギ族の中国遠征には、次のような根拠・痕跡がある。

① 『契丹古伝』によれば、「殷」滅亡の時、構成部族であった諸族の対応を挙げて、伯委（唱えてならず）、和委（征して克たず）、陽委（勇なりしも乱れ）准委・徐委（奮戦するも、前一一二二「殷」は滅亡）。「羌」（内より焼く）としている。

その後、武伯族と智淮族は、殷を再興し、「辰沄殷」を満州に建国した。

さらに、武伯族は、山軍（犬戎）を糾合し、ニニキシとともに、燕を降し、韓を滅し、斉の迫り、周を破る。（燕降伏。前三二四年）としていて、列島からのニニキシ族の到来を記載している。

② Y染色体遺伝子分析の結果は、列島で発生した、N系人集団が列島を出て、大陸に渡り、シベリア、北欧に拡散していると指摘している。

③ 縄文時代の後・晩期の人口（遺跡）の急減は、東日本勢力の移動によるものであるが、西日本や九州では、明瞭な人口の増加もなく、移動部族は宙に浮いた形になっている。弥生時代の急増を考慮すると、国外遠征および帰還がその変調を説明しやすい。

遠征軍は、一部は戦死し、一部は、大陸に拡散し、一部は戦場から逃亡し、残りが、戦闘の休止で、列島に帰還したものと推定する。帰還時には、以後の弥生時代の人口の急増を考慮すると、稲作技術や金属鋳造技術を有する捕虜や人民を帯同し、また、共に戦った「ワニ族」や「サカ族」を帯同して、列島に帰還したのではないかと推定する。それらが、中国遠征の目的の一つだったからである。

大陸に遠征した部隊は、主に関東勢力ではなかったか。N系の人集団は、列島に帰還せず、大陸西方に進出していることから、人集団が混在した、関東地区で生まれた、この集団が主力として遠征したのではなかろうか。列島で鍛えた、弓矢技術と乗馬技術がこれを可能にした可能性がある。

安本美典氏によれば、日本の長弓は、短弓の多い東アジアを飛び越えて、西アジアに展開していると主張している。これも、N系の人集団の移動を示すものではなかろうか。

また、一方、ニニギの子のホホデミノミコトは、次項に述べるように、兄弟抗争を起こしているが、その過程で、釣り針を探して、「竜宮」（沖縄？）へ出かけている。

もしかしたら、これは、父と一緒に大陸への遠征に出かけたことが、伝承として残ったものではなかろうか。

（5）兄弟抗争

ニニギの高千穂帰還は、少し遅かったようだ。あるいは、遠征の途中で、落命したのであろうか。高千穂では、ニニギの息子達が兄弟争いを演じている。

『記紀』による「海幸彦と山幸彦」の釣り針に端を発した争いである。これには、以下の系譜が示すように、綿津見系勢力と大山津見系勢力の二人の外戚をバックにした、「ニニギの後継争い」の事実を示しているのである。

この争いにより、綿津見系が勝利し、高千穂を支配することとなるが、ニニギ勢力が二分したため、南のアマテラス系の日向地域とは、勢力逆転が起ったのではなかろうか。イワレヒコ勢力は、日向北方の延岡周辺に、縮小化されることとなり、やがて、ヤマトへの移動を余儀なくされたのではなかろうか。

また、ホデリノミコト（火照命）は、日向を飛び越えて、先住民系の「隼人」（阿多君の祖）に移動・婚姻して、日向の中心部には入れていない。

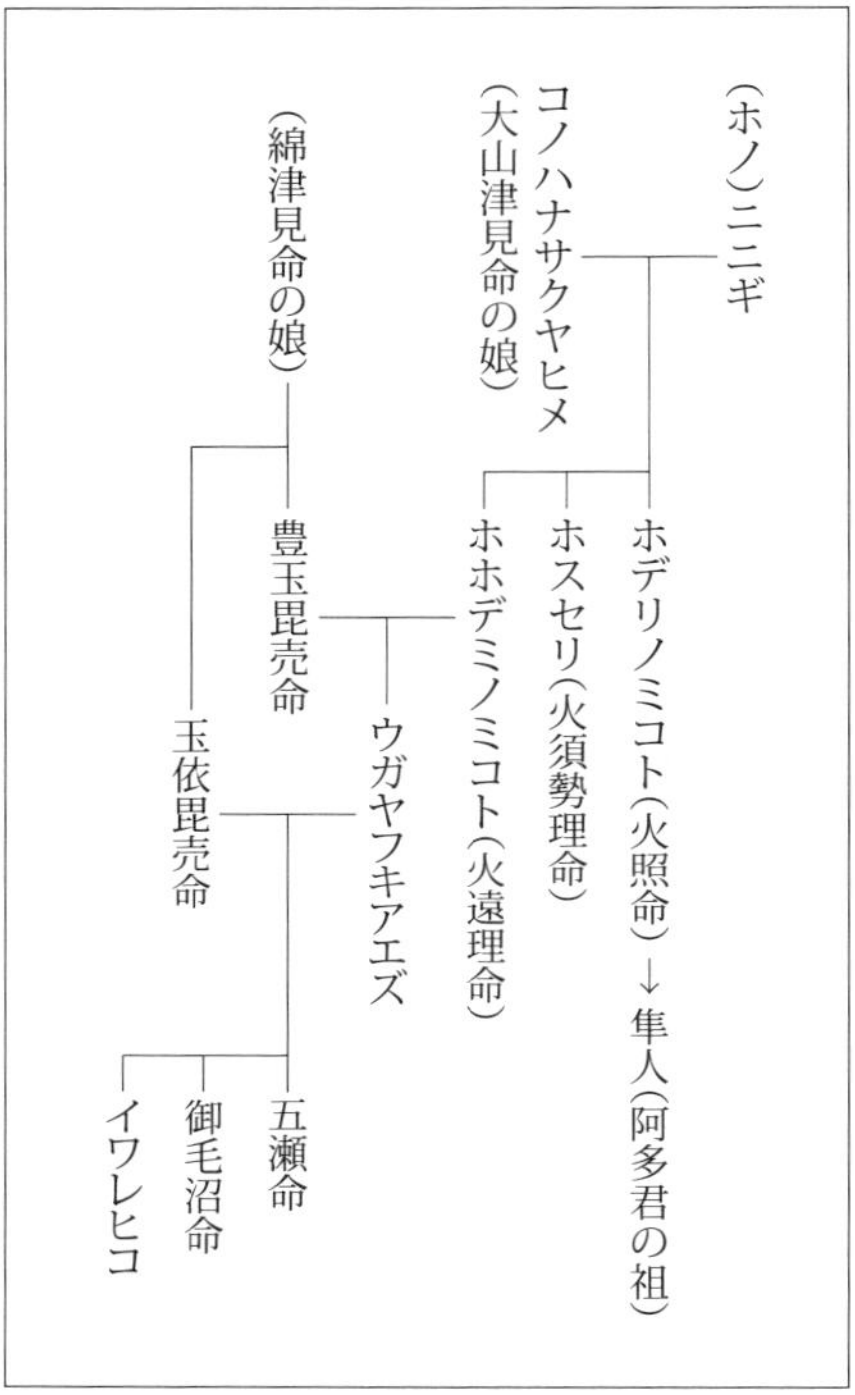

系図6－1　高千穂のニニギ系統の系譜

(6) イワレヒコのヤマト帰還

勢力が減退した、イワレヒコ勢力は、やがて、ヤマトへ帰還することとなるが、既述した、『天記』に記載のある、「ニニギ降臨にあたっての三十二随神」は、実は、この「イワレヒコの東遷」時の勢力移動を示しているのではなかろうか。

物部族以外に、大伴族、中臣族などの九州・西日本勢力のみならず、オワリ渡会勢力などが混じった、雑多な勢力が帯同したのは、ニニギ勢力の帰還のためではなかろうか。

既述の物部勢力の東遷図で、延岡付近を出て、四国北岸をたどり、ヤマトに至った「侵攻路」が記されているが、これは、船団を組めなかった、ニニギ勢力の一部の「帰還路」を示している可能性が高い。

かくして、ニニギ勢力の王統が、ヤマトに合流することとなる。ニギハヤヒ勢力と合体することで、「二つの流れ」が統一され、原ヤマト王権の強化が図られたのではなかろうか。

コラム9 「キビ」と「イズモ」

本文では、「キビ」と「イズモ」が、「国譲り」の時、同時に存立していたとしている。『紀』の系譜では、後代の六代孝安代、七代孝霊代に、出自が不明の皇妃「ハエイロネ（絚某姉）」「ハエイロド（絚某弟）」の子・後裔として、「吉備津彦の祖」などの、「キビ」族の出自が設定されていて、「国譲り」の時に「キビ」族が存在していない。系譜は、後に作られたものではあろうが、この矛盾は、解明しておかなければならない。

「中国地方」は、旧石器時代には、D2系統やC3系統の人集団が居住していたと推定されており、また、遺跡分布図では、縄文時代中期に「吉備」付近に遺跡の集中部がある。

縄文時代中期までには、瀬戸内海が貫流して、四国との陸橋が水没し、「備讃諸島」が形成され、また、六千三百年前といわれる「喜界カルデラ」のアカホヤ火山灰が西日本一帯に降灰して、この地区の縄文人は、北に、東に移動しなければならなかった。遺跡分布図によれば、その後の時代の中国地方の遺跡は、かなり貧弱である。

しかし、縄文時代晩期には、大陸・半島からの渡来民の存在があり、コメの畑作は、二千八百〜二千六百年前に、「イズモ」から「吉舎」を経て「キビ」に伝播したとされている。また、水田稲作は、二千六百〜二千四百年前に、「キビ」に到達している（図6－5参照）。

古史・古伝などによれば、三千〜二千八百年前頃に「イズモ」族が、二四七三年前頃には、「呉系集団」が大山周辺に渡来したほか、地名分布から、中国山地の賀陽付近に「加羅（耶）」族が、

図6－7　吉備周辺の状況図

中国地方の「イズモ」と「キビ」。日本海沿岸に「イワ」地名。(安芸)アキに「ワ」地名。カヤに「イワ」大神。旭川沿いに大和系地名があり、それぞれの時代の対応かを推察できる。

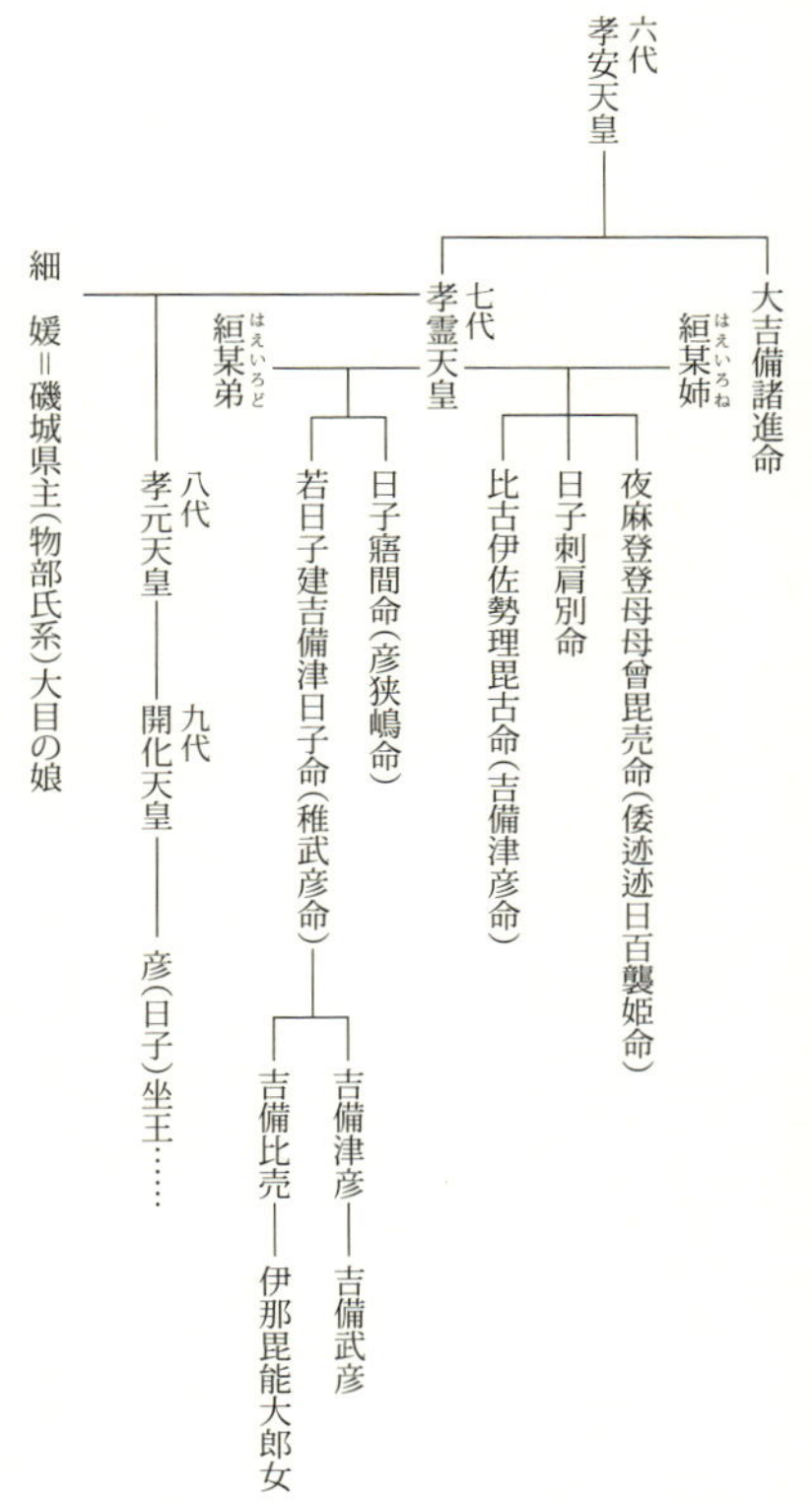

系図６－２　吉備族系図

吉備族は、出自不明の妃に発している。

世羅には、「世羅」族が、鬼ガ城に「温羅（うら）」族が、津山には、「勝（すぐり）」族がそれぞれ進入している。一方、後代の出雲討伐の進入ルートと推定される旭川沿いには、「建部」「久米」「佐伯」「加茂」などのヤマト系地名が連続して分布している（図6－7参照）。

これら諸族の侵攻に対して、伝承では、鬼ガ城に立てこもる「温羅（うら）」族が吉備津彦と戦っており、桃太郎伝説では、雉（鳥取族）、猿（猿田彦族）、犬（犬祖伝説を有する呉族）を従えた桃太郎（吉備津彦？）が鬼（侵入者）退治をしている。また、『記紀』に記載されている「天日矛」は、先住民の「伊和大神」軍と戦っている。「伊予三島縁起」によれば、敏達代に「扶桑州、蝦禹国、流泉州、高句麗国」軍が針間に侵攻したとされている。

その他、地域内には、半島系の地名が多いとされ、「栢野」「大多羅」「志羅」「幡多」などがある。地域のあちこちに「鬼ガ城」「鬼城山」などが分布していて、先住民との抗争の歴史を推定させる。

これら諸族の存在時代の詳細は不明であるが、縄文中期の先住の海洋民か、あるいは侵入部族の一部が「吉備族」を形成したものと推定される。あるいは、東日本勢力の西進と共に東国から帰還した元先住民か、または、後に山陰の大山から瀬戸内海沿いに進出した、呉系「キ」族なのであろうか。

「キビ」族は、「吉備真備」が大陸に行き、後代の「百済復興会議」では、ヤマト勢力の主宰者となっていることから、元半島族の可能性も高い。

いずれにしても、縄文時代に先住民を主体に「キビ」族は形成されていたものと推定される。

コラム10

アマテラスの出自

『記紀』では、アマテラスは、スサノオと同じ、イザナギ・イザナミの子として、誕生し、「高天原」に君臨しているとされている。日向に降臨したニニギの祖母となっている。

本書でも指摘しているように、ニニギは、アマテラスの系譜に挿入された（日高日子）であり、アマテラスの正統の系統ではない。

『古事記』では、アマテラスは、スサノオとの「誓約（うけい）」で五人の男子（オシオミミ、アメノホヒなど）を授かり、スサノオは、三人の娘（宗像三女神）を授かっている。高御産日神（高木神）の指示を受け、スサノオとの対応を実行している。

『一書』の系譜では、アマテラスは、ウガヤ朝七十一代の中の女王の一人とされている。

これらからのみでは、当然、出自は、霧の中である。

日向には、ウガヤ朝七十一代が存在していたとされ、多くの遺跡や古墳がある（図6－6参照）。考古学では、コメを含む雑穀を帯同した人集団が、二千八百～二千六百年前に、日向地方に到来したとされている（図6－5参照）。

本書の指摘するニニギ系統の（日高日子）の子孫は、系譜では、「ワダツミ」や「ヤマツミ」族の娘と婚姻して三代続いているが、何故か、『記紀』の降臨記事どおり、「高千穂」を流れる五瀬川流域に集中して分布していて、南部の日向地方には分布がない。

子孫の「豊御毛沼命（イワレヒコ）」や兄の「五瀬命」は、北方の延岡周辺を出自としている。

これらから考えると、「豊御毛沼命（イワレヒコ）」は、やはり、日向族の主流ではなく、侵入族の系統であることを示している。日向族の傍流である「イワレヒコ」は、ヤマトに東遷せざるを得なかったのである。

また、「ヒュウガ・ヒムカ（日向）」の地名は、後代の景行代の九州遠征時に、命名したとの記述があり、故地を訪れた感慨の記載もなく、日向はとても天皇出自の故地とも思えないのである。

それでは、アマテラスの系統は、何処から来たのか。やはり、上述の「ウガヤ朝七十一代」の系統に注目する必要があり、「カヤ」の族名から、朝鮮半島南部からの渡来民族と推定される。半島南部に乱立していた「加羅諸国」の一国が渡来してきたのではなかろうか。

一方、また、日向は、南九州の鹿児島に近く、アマテラスの系統は、南方的要素も多いので、中国古伝に登場する、南方に二十カ国があったとされる「東鯷人」の流れを汲む可能性も皆無ではない。その系譜の長さは、先住地から続くものと考えられるからである。

四、原ヤマトの建国

（1）原ヤマトの建国時期は、いつか

考古学データや各種研究成果および古史古伝などの事実を探りながら、ようやくニギハヤヒの「原ヤマトの建国」にたどり着いた。

原ヤマト建国の時代は、既存資料では、AD五十七年、「奴国」が「漢」に朝貢、一八〇～一八五年頃に、「倭国大乱」、その後、「邪馬台国」（二三八年親魏倭王）が建国し、そして、東遷となっているようなので、ニギハヤヒの原ヤマト建国は、必然的に、紀元前ということになる。

一方、イワレヒコの即位が『記紀』では、前六六〇年（二六六〇年前）とされているが、これは、安本美典氏の天皇即位年代図から、『記紀』の初代～十代までの天皇の即位年代は、いずれも長大で、後代の即位年代の実態と差が大きく、かなり現実性が乏しいと言われている。それでは、「原ヤマトの建国」は、いつ頃のことであろうか。

次頁の表6－2に、これまで判明している、諸部族の渡来・移動とその根拠などを示している。

本編の主張は、「縄文時代後・晩期の東日本勢力の大移動」であるが、これまで示したように、これは、四千～二千八百年前の出来事であり、「原ヤマトの建国」には、殷滅亡期（三〇二七年前）の諸部族（わに族、わに族、さか族など）の渡来もあるので、二八〇〇年前以降であると推定される。

一方、『東日流外三郡誌』の記載する、晋の郡公子の津軽への渡来（献帝治世時二六七六～二六五一年前頃）が事実であれば、ナガスネヒコは、郡公子の娘と婚姻し、近畿へ南下して登美に居住し、「大和」でニギハヤヒと遭遇していることとなり、これを考慮すれば、二六〇〇年前頃、ニギハヤヒは、ヤマトにいたこ

年　代	中国状況	縄文時代	渡来・移動	移動・渡来の根拠
6000		前期後半		
5000		中期	人口増大	
	国内部族移動の活発化		関東・シナノ移動	勝坂・阿玉台式移動
				「ヒエ・ソバ」東北伝来
4500			ニギハヤヒ族山形渡来	「鉞」渡来(大汶口文化)
			フツ系「濊」族渡来	「栽培穀物」関東伝来
4000		後期	シナノ移動	
3800			ニギハヤヒ族新潟渡来	阿岐国系「わ」「濊」族
3600	殷建国			
3500			東日本勢力西進開始	堀ノ内式・加曾利式移動
3027	殷滅亡・周成立			
3000		晩期	ニギハヤヒ族西進開始	関東縮小(安行式土器)
	辰沄殷・徐珂殷盛衰		ニニギ族遠征	N系人集団帯同・古伝
2800		弥生時代	ウガヤ族渡来(米良族)	日向にコメを含む畑作
2722	春秋時代			
2700			「貊」族(出雲)渡来	スサノオ出雲建国
2676	晋　献帝(51)麗妃の乱		郡公子ツガル渡来	
2600			ナガスネヒコ族近畿移動	亀ヶ岡式土器・分布拡大
			出雲国譲(ニギハヤヒ)	関東勢力主体
2600			九州征討(ニニギ)	安行式土器・薩摩へ
			原ヤマト建国(ニギハヤヒ)	
2500			イワレヒコ東遷・即位	
2473	呉滅亡		王統「姫氏」渡来	「キ」国建国　大山周辺
2334	越滅亡		倭人渡来	「ナ」国建国　北九州
2221	秦統一(滅亡2206)		徐福族渡来(2215？)	佐賀・熊野
2108	前漢時代　4郡設置		扶余(2082)成立	
			高句麗(2037)成立	峡父・多婆羅国建国
2000(AD)				
57			「奴国」朝貢	
107	後漢時代		「イト国」朝貢	
180～185			倭国大乱	オワリ族出動・ヒミコ共立

表6－2　東日本勢力の移動時期・建国

となる。

この年代は、『記紀』の記載するイワレヒコの即位年(二六六〇年前)に「近い」のであり、その面では、『記紀』や古伝の記載が正しいものとして、妥当性を主張できるのであるが、安本氏の示すデータの十代ミマキイリヒコ(崇神)即位までは、千年近い差があり、この間の「欠史八代」の説明が必要となる。

イワレヒコの即位は、ニギハヤヒの末娘(ウマシマチの娘？)との婚姻後であること、イワレヒコは、ニギハヤヒの兄弟である曽祖父ニニギの四代孫であるされていること、かなりの時間をかけて日向からヤマトに到着していること、また、『東日流外三郡誌』によれば、イワレヒコのヤマト入りで十年間の抗争の存在が記載されていることなど、矛盾を含む種々のデータも勘案すると、さらに、百年近い時間経過を要することとなり、イワレヒコは、二五〇〇年前頃の即位とも推察される。

これらの諸事情を勘案すると、原ヤマトは、二六〇〇年前頃に建国され、百年後に、イワレヒコに継承されたと推定されるのである。

(2) ニギハヤヒの系譜（原ヤマトの皇統）

「原ヤマト」を建国したニギハヤヒの系譜や皇統は、『記紀』には記載されていないが、『先代旧事本紀』などの古文書や、「古神社」資料および、研究資料などから、かなり解明されてきている。下記にその概要を示す。

ニギハヤヒの系譜は、イズモ侵攻時に婚姻した天道日命と大和で婚姻したミカシキヒメの二系統があり、それぞれ、オワリ系譜とヤマト系譜が存在している。また、丹波では、娘を得ている。ニギハヤヒの皇統は、ウマシマチに継承され、イスケヨリヒメの婚姻により、ニニギ系と合流している。オワリ系統は、原ヤマト治世強化のため、オワリと弥彦に配され、強力な支援部族となっている（周の統治体制を踏襲か）。日向・高千穂のニニギは、ニギハヤヒの兄弟とされており（『記紀』一書、海部家系図など）、九州で婚姻後、四代孫のイワレヒコが、ヤマトに移動（神武東遷）・合流して、イワレヒコは、イスケヨリヒメと婚姻し、皇統を継承している。

両系統の合流については、代数に一代の差があるが、早婚と晩婚による出生差で解消するものと推察され

神系

伊弉諾尊《いざなぎの》の御子、火神《ひのかみ》軻遇突智《かぐつち》神より出でて、磐裂根裂《いはさくねさく》神の子、磐筒男磐筒女《いはつゝのをいはつゝのめ》神の子、即ち、經津主神である。

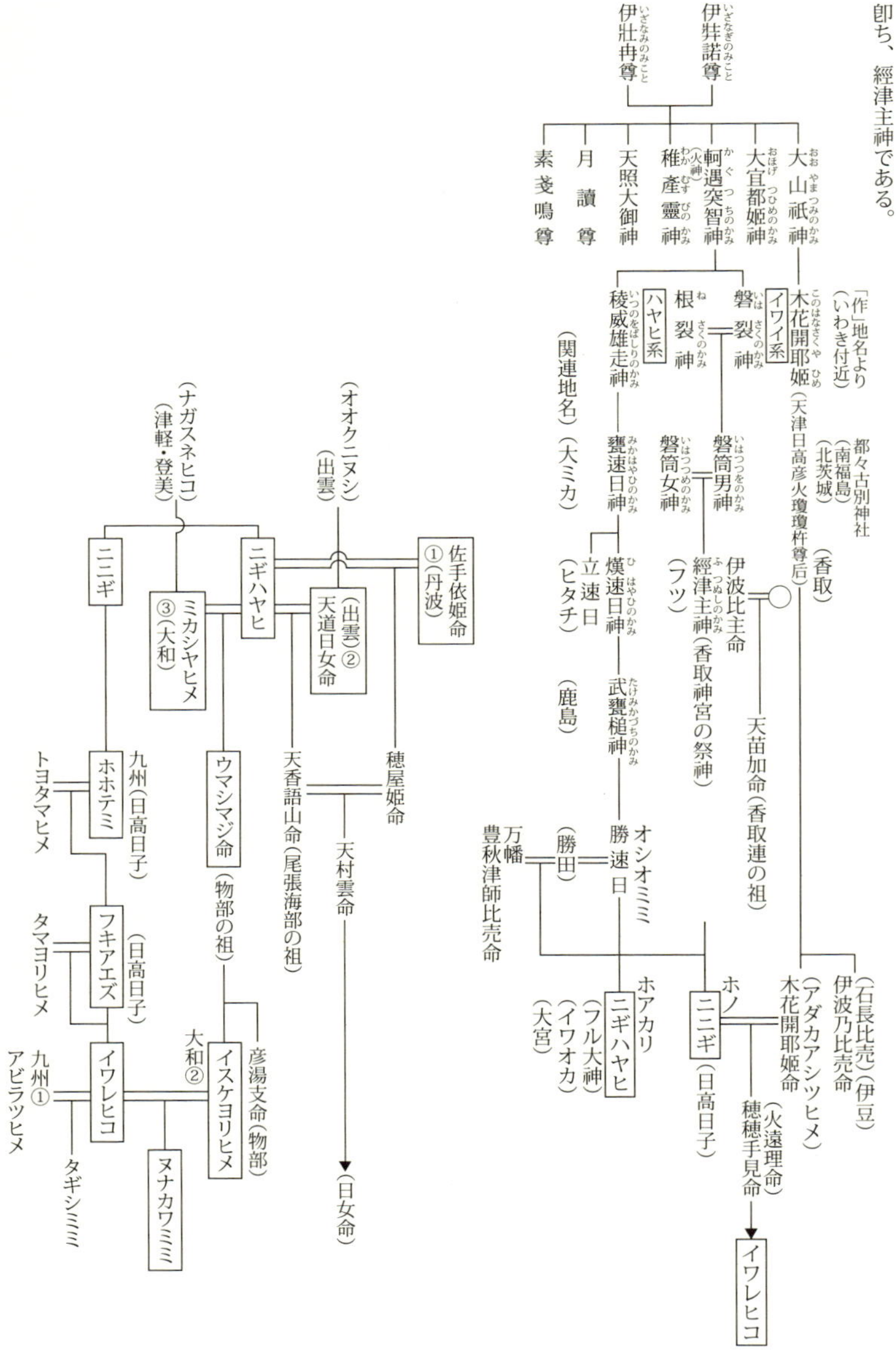

系図6－1　ニギハヤヒとニニギ系統の系譜

(右図出典：香取神宮社務所編『香取神宮小史』2015.6を元に著者加筆)

る。イワレヒコの系統は、日向北部の高千穂周辺（ヤマヅミ・ワタツミ系）を地盤としており、南の日向中央地域（アマテラス系）には入っていない。これが、イワレヒコのヤマトへの移動（神武東遷）の主因と推定される。ニニギ系統は、息子の一人が隼人との婚姻関係を有し、日向中央は、南の霧島系と北の高千穂系で、挟む形になっている。

（3）ニギハヤヒの統治体制

原ヤマトの統治体制は、どのようなものであったのであろうか。やはり、成立の原因である、「渡来勢力への対応」が主体であったのではあるまいか。

① 北九州には、イキ、イトなどに「イ族系」水軍を、関門海峡には、アマベ系水軍を置く。
② 山陰には、天穂日命など出雲統治勢力を、三方湾には、阿閉（安倍）族を、北陸には弥彦に天香語山系（直系）を中心に安倍水軍を置く。
③ 瀬戸内海には、関門海峡近くに、「イヨ」族と安芸（安岐）族を両岸に配置し、
④ 大阪湾周辺には、モノノベ系の本隊の水軍を置く。
⑤ 葛城山体を防御線として、大和盆地に本拠を構え、三輪山を背後にして、諸族を盆地周辺に配置した。

これらは、大陸からの進入を考慮した西向きの布陣であり、朝鮮海峡、関門海峡、日本海を重視した布陣となっている。九州統治の本拠地がどこか不明であるが、おそらく当初は「日田」で、その後、海運の必要などから、筑後川上流から、有明海の佐賀方面に移動した可能性がある。

原ヤマトの全国統治体制の存在を証明する根拠として、「古地名」とされている「ワケ」地名などを挙げ

ることができる。原ヤマトは、大陸の「周」の統治体制を模倣し、全国に「親王」を派遣して統治したと推定する（図6‐8参照）。

九州には、「豊日別」（豊国）「白日別」（筑紫）「建日別」（熊本）「建日向日豊久士比泥別」（日向など）

四国には、「愛比売」（愛媛）「大宣津比売」（阿波）「飯依比古」（讃岐）「建依別」（土佐）

東北には、「都々古別」（北茨城）「オシロワケ」「イサハヤワケ」（石巻）

などがあり、現在も残っている。これらは原ヤマト時代の「地方統治者名」ではあるまいか。またその名残は、「常陸」「上総」などの国造の親王統治に継承されており、後代の国造任命にも継続されていると推定できる。

これらは、推定に過ぎないが、今後、徐々に明確になるであろう。

(4) イワレヒコの継承

イワレヒコ（初代）から、ミマキイリヒコ（十代）までの天皇は、『記紀』において、在位期間が長く、年齢も長大で、業績記載も少ないことから、実在せず、「欠史八代」と言われている。イワレヒコは、「神武東遷」など、詳細な記述が存在することから、初代のイワレヒコのみは、実在し、他の天皇は記載が少ないので、存在しないと勝手な解釈が行われて、まかり通っている。

長大な在位期間と年齢の問題は、解釈が可能であり、イワレヒコはじめ、継承された各天皇も、「原ヤマト」の後継者として、その実在性と正当性を有していると判断されるのである。

イワレヒコの即位は、「呉族の滅亡（二四七三年前）と渡来」に引き続く大陸の戦乱についての、それら

図6－8　ニギハヤヒの統治体制

しい記載が『記紀』にないことから、この混乱期以前のことと推定される。

また、『記紀』の皇統や皇后統の系統の記載をみれば、ニギハヤヒ・ニニギ兄弟の後継者で、一貫して皇統は継承されており、また、「神武東遷」でイワレヒコは、ゆっくりと各地に滞在しながら、ヤマト入りしており、この間でも列島での大きな混乱の記載は、見当たらないのである。また、ヤマト先住の「ナガスネヒコ」は、イワレヒコのヤマト入りに反対して戦乱を招いたが、それははっきりと『記紀』に記載されている。

一方、この乱の後、東北に逃亡したナガスネヒコは、晋の「麗妃の乱」(献帝治世二六七六〜二六五一)を逃れた群公子の娘と婚姻し、「アラハバキ」を結成して、再びヤマトに遠征し、皇統の抗争に関連したとされている記載が『東日流外三群誌』に見える。

ここには大陸の混乱の一部が記載されているが、大量の渡来者の存在の記載もまたないのである。

イワレヒコは、諸家も認めるように、しっかりと実在し、大和で即位したものと推察されるが、その即位の時期は、『記紀』では、二六六〇年前とされていて、上記の推定時期(二四七三年前以前)とはほぼ類似しているのであるが、かなり古く、『記紀』編集者も在位期間や年齢を長くせざるを得なかったのであろうと推察する。次巻では、その理由を解明しているが、ここでは、その「概要」を述べる。

これまで、歴史学会でも、即位年数を半分にした案などで検討してきたが、この天皇在位期間の長大問題は、解決できず、二代〜九代の天皇は、「欠史八代」とされ、あるいは、「捏造」と無視されてきているのである。一方、安本氏の解析では、初代即位年代が紀元後となり、国内混乱の最中であり、実情に合わない。

この問題については、二五〇〇年前からの内外の状況から、解決するしか方法はないのである。すなわち、この時期は、前表でも示したように、大陸は、春秋・戦国時代に突入して「争乱の時代」であり、列島にも、二四七三年前の「呉」の滅亡、二三三四年前の「越」の滅亡、二二〇六年前の「秦」の滅亡により、渡来民が一挙に増大し、また、国内でも、スーパースターのニギハヤヒが死去して、強力な統率者を失い、その対応に右往左往したのではなかろうか。これらを考慮すると、天皇の長大な年齢や在位問題は、混乱や共立をめぐる抗争の結果や、執政・簒奪など皇統の混乱を反映しているのであり、天皇の「空位」が発生している。それらの混乱を消去して、皇統を連続させた結果、それぞれの天皇の年齢や在位期間が長大化したものと推察されるのである。

それは、在位期間を通説（春秋二季説）により半分とし、立太子年齢を加算すれば、妥当な年齢になることから、証明される。あとは、その空位期間に何が発生したかを解明すればよいのである。「天皇空位」原因として、執政の存在（タギシミミ）、争乱時の空位（倭国大乱時の歴年主なしの例）は、これまで指摘されていて明白であり、また、古伝では、継承時の争乱（五代、八代など）なども ある。

「天皇空位」は、後の時代にも発生しており、継承争乱は、「南北朝時代」さえ、存在するので、べつに珍しい事態ではないのである。

第七章

その後のデータによる検証

前章までの仮説を、その後得られたデータにより、検証してみることとする。

一、ニギハヤヒ尊は、大歳命で、西日本の出自なのか（検証1）

原田常治氏は、古神社調査結果から、スサノオの子の大歳命は、ニギハヤヒ尊の別名であり、ニギハヤヒは西日本の出自であると主張している。

原田氏によれば、古神社の分布と祭神の解析から、出雲に生まれた「スサノオ尊」は、オロチを征討して、出雲を統一し、やがて、子の「大歳命」と共に、「アマテラス」の支配する九州を征討したとしている。その後、大歳命は東に向かい、ナガスネヒコを征討して、「ヤマト」を支配したと主張している。果たしてそうであろうか。

『古事記』には、大歳命について、二つの系譜が示されている。スサノオと神大市比売の子としての大歳命は、伊怒比売を妻とし、大国御魂神、韓神、曽富理神、白日神、聖神を、香用比売を妻として、大香山戸臣神、御歳神などの子供がいるとされている。一方、別譜では、地元系の天知迦流美豆比売を妻として、多くの神々をもうけたとされている。

原田氏は、この系譜には触れないで、大歳命とニギハヤヒ尊を同一視している。『古事記』の系譜では、伊怒比売の子として、大国御魂神、韓神、曽富理神、白日神、聖神を挙げているが、大国御魂神は、創作された神で、常陸や多摩・府中にも祭られている。韓神、曽富理神、白日神、聖神は、半島系の部族の祖神を示していて、それらの名称もいかにも創作と推察させるような簡略な名称である。これらは、創作された神々で、ニギハヤヒ（大国御魂神）を大歳命に似せて、スサノオの系譜に挿入した可能性が高い。また、系譜では、ニギハヤヒ（大国御魂神）は、大歳命の子となっている。

これらの矛盾や指摘事項から、スサノオの子の大歳命は、ニギハヤヒとは、別人と判断されるほか、両者を同一だとする古神社も、特に指摘されていない。

一方、ヤマト周辺の古神社「大神神社」「石上神社」「大和神社」などの祭神は、『記紀』成立後の対応として、祭神が変更または消されているが、祭神は、「ニギハヤヒ」であるとの原田氏の指摘は、正しいものと解される。

これらの視点から、ヤマトに存在するにしても、ニギハヤヒが西日本出自との指摘は、妥当ではない。

スサノオが九州征服後、アマテラスと造った、九州から出雲を領域とする「大きな国」は、なんと称したのであろうか。「大国」以外、伝聞などの証拠は見つからない。スサノオを継承したとされる「大国主命」は、別名「宇都志国玉」とされていることから、「宇都志国（ウツシ）」かもしれない。

一方、「大国主命」が、「国譲り」の主役なので、スサノオの九州制圧は、「東日本勢力の西進」より、さらに前の時代の出来事なのである。

二、東日本の古神社の存在は、仮説を支持しているのか（検証2）

原田常治氏の古神社調査による、古代史への視点は、なかなか面白い結果である。特に、スサノオによる九州のアマテラス勢力の制圧は、東日本勢力が西進した、ニギハヤヒ時代に先駆ける、西日本勢力同志の抗争の主体を示すものである。

しかし、原田氏の調査領域は狭く、東日本にはあまり及んでおらず、わずかに、東日本の情況を把握する方法論を提出するのみである。

「神宮」を「神社」より格式の高いものとし、後代の「一宮」が、時代を遡る根拠になるものとすると、古神社も、日本的クニ（集落）の中心に位置するものではなかろうか。そんな中で、「香取神宮」や「鹿島神宮」の存在とその近接関係の解明や、「大宮」の全国的展開の解明などは、当該地域の一時期の状況（支配部族の存在や支配領域など）を解明できる可能性を示唆するものではなかろうか。

私論から言えば、後に詳述するが、関東に南下した、ニギハヤヒ族の最初の都が、「香取神宮」であり、支配地域を拡大した後の都が「大宮」（氷川神社）と推定する。後の「多摩・府中」の分布や神社の分布を見れば、この仮説が誤りだと一概に断定できないのではあるまいか。

神社は、基本的に祖先（親子神、夫婦神、同族祖先神など）を祭っている。同名の神社は、血縁部族や同系部族が祭ったものであり、その分布は、一時期の当該部族の支配地域を示していると判断される。ヤマト王権でも、当初は、政治と祭祀は、一致しているものとされ、後代、祭祀が分離して、「神祇官」が設置されていることからも、神社が組織の中心にあったことがわかる。神社は、同一、同系部族の中心であり、その都は「神都」なのである。

東日本に分布している諸神社は、時代の経過とともに、その支配勢力の交代や神領地の喪失などにより、祭神や神社名まで変更されていることが多い。原田氏も指摘しているように、『記紀』成立以来、『記紀』の記載事項に対応するように、各地の祭神は、ヤマトとの関係を求めて変更され、また、後代の総社の設定により、古神社は統合され、特定の神社を除いて、古神社は、支援もなく廃絶されて、消滅している。

これらの状況を踏まえながら、現存している神社を調査し、その出自を解明していかねばならない。東日本の古神社の情況は、不詳・複雑であり、今後の解明に期待したい。

しかし、「香取神宮」「鹿島神宮」「氷川神社」など、古神社の状況を解明するにつけ、前述の「仮説」には、大きな錯誤がないことを確認できるのである。

（1）東日本の古神社の特徴

東日本地域の古神社の特徴をあげると、以下のとおりである。

① 後代に西日本勢力などが浸透しているので、東日本の古来の神社を抽出するのが難しい（八幡神社、住吉神社、日吉神社、出雲神社、八雲神社、八坂神社、明神社、稲荷神社などは、後代の西日本の神社として判断する）。祭神の構成、摂社、末社の性格などで判断せざるを得ない。

② 東北では、後代、ヤマト勢力に侵攻されているので、被征服地では、反逆者として、祭神が変更された古神社が多く、本来の祭神が不明なものが多い。

③ 前述したが、『記紀』の成立により、『記紀』の記載に由緒を求める神社も多く、また、経済的理由からも、祭神が変更、追加されていることも予想される。摂社や末社の構成も重要な判断要素となって

いる。

そんな中で、また、次の事項も指摘できる。

① 一字音名を有する神社は、西日本にあまり存在していないことから、この系統は、東日本の古神社と考えられる。ハイシワ、ハウシベツ、「ワケ」系神社、イサスミ神社など。

② 未だに広域に分布している神社として、アラハバキ系神社、コシオウ神社、ハクサン神社などがある。

③ 河川の流域毎に、神社分布に特徴がある。氷川神社、香取神社、鹿島神社、「ワケ」系神社、ハクサン神社など、流域をその分布範囲としている。

④ 東日本に特有の神社として、駒形神社、「ワケ」系神社、アラハバキ系神社、コシオウ神社などがある。

⑤ 「ワケ」系神社とは、祭神名にワケが付く神社で、ツツコワケ、オルシワケ、イサハヤワケ、ウナコロワケ、イワトワケなどである。

⑥ 山、池などに「ヒメ」神社が多い。コノハナサクヤヒメ、ハクサンヒメ、シワヒメ、イイトヨヒメ、イワノヒメなど。

(2) 古神社の分析

(イ) 氷川神社

武州・氷川神社は、『社伝』では、約二五〇〇年前の、考昭天皇三年(二四七三年前)に創建とされている。「男体宮」(社家　岩井家)、「女体宮」(社家　角井家)、「簸王子宮」(社家　内倉家のちに西角井家)、「門客人宮」(社家　金杉家)と境内には、四宮が祭られていたという。祭神は、消されている。

また、「女体宮」、「簸王子宮」には、「御神鏡」が伝えられていたという。

古文献には、『新抄格勅符抄』（平安時代）に七六六年に封戸授与が記載され、九二七年「延喜式」神名帳では、武蔵四十四官社の中で、大社の社格となっている。

古文書には『武州足立郡大宮氷川大明神縁起元書』（一三八五　大伴臣国清）があり、「男体宮（イザナギ）」「女体宮（イザナミ）」「火王子宮（カグツチ）」「荒脛（クシイワネ、トヨイワネ）」として、記載されている。カグツチは、ニギハヤヒ族の祖神である。

また、『氷川神社略記』（一八五八　社家「西角井家」）では、本宮は、「簸（ヒ）王子宮」であると主張していて、考昭天皇の時、創建したと伝えている。

『氷川神社と大宮公園』（埼玉県立歴史と民族の博物館、企画展資料）によると、宮社は、「延喜式」神名帳では、一座となっていたが、中世以降複数の神を祭るようになり、江戸時代初期には、四社宮となっていたが、「門客人宮」（社家　金杉家後に氷川家）が改易されて摂社となり、境内を出された。一六七八年、それまで「三宮」は同格とされていたが、争いが絶えず、輪番制の管理となり、明治政府により、「女体宮」、「簸王子宮」は域外に出され、境内は、「男体宮」一宮のみとなっている。

現在は、須佐之男命、稲田姫命、大己貴命を祭っている。などとされている。

これらの資料の矛盾する記載を勘案すると、以下のような事実が顕在化してくるのではあるまいか。

① 創建時は、一座（王子宮）であったが、その後、親（男体宮、女体宮）や創始した外戚（門客人・アラハバキ宮）が加えられ、四座となっていた。

② 『記紀』成立後に、祭神名が消されてしまった。

③ 四宮の構成①から推定すると、門客人宮（アラハバキ神）がキーポイントで、境内に四社同格に存在

したとすると、他の神社の例と同様に、これが創始者で、王子宮は、本宮の「ニギハヤヒ」、「男女宮」は、両親神の可能性が強い。

④境内には、縄文時代後期~晩期とされる「環状遺構」があり、その成立は、かなり古い。一方、創建もアラハバキ族が皇統継承抗争で活躍する五代考昭天皇三年（二四七三年前）とされていることから、アラハバキ族が、自己の祖先（クシイワネ、トヨイワネ）とともに、出生の地に「ニギハヤヒ一族」を祭ったものであろう。

⑤「ヒ王子」の名は出雲には存在せず、「アラハバキ神」や「出雲神」ではないので、謎を解明すると、「ヒ王子」は、古くから大宮に存在し、関東出自であり、『記紀』成立後、祭神のニギハヤヒは消されていること（近畿では、三輪山、石上神社など）、両親の名を変更しないと出自が判明してしまうことから、男女宮も祭神を消したことなどから、「ヒ王子」は、ニギハヤヒであるとほぼ断定できる。

⑥その後の出雲系の諸勢力が、祭神名を変更した。また、『記紀』に合わせて、神社名とともに、祭神が変更されたこととなる。現在の祭神から推定すると、その時期は、出雲系部族が関東に「国造」として進出した頃と推定される。「アラハバキ神」は『記紀』には登場しないので、そのまま変更されずに残存したと推定される。そんな中でも、東北系の「イワイ」族の名残を残す、社家「イワイ家」は存続していて、注目に値する。

⑦氷川神社には、二キロメートルを越える直線の参道が北に延びており、往時は、前面に海を有し、周囲を掘（神池）に囲まれた大宮丘陵の最先端に位置し、関東を支配した、「神都」を形成していたのではなかろうか。

⑧図７－１は、関東の氷川神社と香取神宮の分布を示している。一概に古代の状況を示すとは、言えな

図7－1　氷川神社・香取神宮分布図

薄い印が氷川神社。利根川流域を境に明確な棲み分けが見える。（出典：インターネットより）

いが、大まかな存在の傾向を示しているのではあるまいか。

（ロ）香取神宮

香取神宮は、『香取古文書』によれば、神武十八年創始、祭神は「フツヌシ（経津主）神」（またの名「イワイヌシ（伊波比主命）」である。境内には、両親のイワツツオ（盤筒男）・イワツツメ（盤筒女）、コノハナサクヤヒメ（木花開耶姫命）、タケミカヅチが摂社として祭られている。妻の側高神や子のアメノナエマス（天苗加命）や祖先神は、境内の外の摂社に祭られている。

『香取神宮小史』の中の「神統譜」によれば、フツヌシは、カグツチの系統で、鹿島神宮のタケミカヅチとは、同系（兄弟の系列）で、親戚となっている。

神宮は、利根川の右岸（南）にあり、川辺に「津の宮」があり、参道で南方の丘陵高地の神宮に連なっており、周辺に宮司墓所と推定される古墳もある。周辺各所には、三十に及ぶ摂社や末社が点在している。興味深いことに出雲系といわれる神社はない。

対岸の下流、太平洋岸には、「フツノミタマ（剣）」と「タケミカヅチ」を祭る「鹿島神宮」があり、神社より格式の高い「神宮」が近接していて、特異な状況となっている。

これらの状況から、種々の状況が顕在化してくる。

①鹿島神宮の祭る「フツノミタマ」は、フツヌシの剣であり、タケミカヅチは、フツヌシの随身と推定される。フツヌシが王であり、王剣を奉じていたのが、タケミカヅチで、古文書でも、祭神の記載は、香取神宮の方が古く、鹿島神宮はやや遅れて『古語拾遺』に見られると指摘されていることから、上記のように推定される。

②現地を訪れると、すぐ理解できるが、鹿島神宮は、海に近すぎて神域も狭く、参道も小規模なのに対し、香取神宮の神域は上述のように、川辺に「津の宮」を有し、後背丘陵に神宮が存在し、神域もかなり広く、宮司の墓所と推定されている古墳も存在している。勅使や皇族の参拝も多く、香取神宮が「本宮」である可能性が高い。

③既述の氷川神社より、創始も古く、縄文時代後半期の「都」を、一時的に形成していたのではあるまいか。

④フツヌシの親は、境内にいるのに、妻や子が境内外にあることは、氷川神社と類似した状況となっている。祖先を祭っているとすると、香取神宮のニニギの妻のコノハナサクヤヒメ（木花開耶姫命）の

存在は、何を意味するのであろうか。

⑤「神統譜」によれば、フツヌシの両親は、イワツツオ・イワツツメとなっていて、また、祖父もイワサクと、イワ（盤）を含んでいる。これは、私論のように、東北からの南下した部族であることを示している。

⑥延喜式によれば、香取・鹿島神宮の御子神神社が、陸奥国黒川郡、亘理郡、牡鹿郡、行方郡、栗原郡に存在しているほか、両神の子孫なる神々を祀る神社も多い。

また、陸前国一ノ宮塩釜神社には、フツヌシとタケミカヅチが、上野一ノ宮貫前神社もフツヌシを祀っている。

仙台平野周辺の御子神社の存在は、後代に征服時の活躍を示すものとの解釈もあるが、私論では、祖神として主神を祀らず、御子神を祀ることはなく、逆に、平野への侵入・移動時の現地部族の娘との婚姻で、子孫（御子）が発生したものと解することもできる。

三、ニニギの解明（検証3）

（1）ニニギの出自は、東日本なのか

この疑問を解決する道は、本文の「ニギハヤヒの兄弟」（海部氏系譜など）の根拠のほかに、存在するのであろうか。その根拠は、次のように考えられる。

ニニギの父は、『記紀』では、天忍穂耳尊（正勝吾勝勝速日天忍穂耳尊）であることが、まず、指摘できる。ハヤヒ族は、タケミカヅチの系譜であるが、ミカハヤヒ―ヒハヤヒ―カツハヤヒ―ニギハヤヒの系列

でも示され（香取神宮資料）、また、『常陸風土記』には「タチハヤヒ」が、「古四王神社」には「ミカハヤヒーヒハヤヒ」が登場し、東日本一帯に強い結びつきがある。しかし、ニニギの父の系統は、東日本に色濃く残っているが、ニニギの影は、やや薄くなっている。

ニニギの妻は、大山積神の娘、「木花開耶姫命」とされ、東日本では、富士宮、甲府、富士吉田などの富士山を祀る、「浅間神社」にニニギと共に祭られており、勅使の参拝も記されている。大山積神の出自は、定かではないが、現在、福島・西会津や愛媛・大三島に大きな神社が存在している。木花開耶姫命は、いかにも後代に創名された印象を与えるが、甲斐の浅間神社の資料では、「吾田鹿葦津姫命《あだかあしつひめのみこと》」と本名が記されている。「あだか（阿高）」は、穂高や日高に類する山の名であろうか。福島に「安積」、石川に「安宅」、東海に「愛鷹山」などに通じるのであろうか。東日本に類似地名が多い。

また、『記紀』によると、木花開耶姫命は、姉の「石長比売命」とともにニニギに嫁がされるが、姉は、帰されたとされている。「石長比売命」は、（伊波乃比売命）が本名で、伊豆の「伊波乃比売神社」に祭られており、東日本のイワイ系の生まれの可能性も高い。とすると、ニニギも婚姻当時は、東日本に居住していたこととなる。ニニギの子孫の若御毛沼命（神武天皇）が、イワレヒコとイワレを冠しているのも意味深い。

これらのことから、ニニギの東日本出自は、架空のものではなく、その存在は、諸所に見え隠れしているのである。

一方、出雲のスサノオの長男「八島士奴美命」の妻は、「木花知流《ちる》姫命」とされ、「木花開耶《さくや》姫命」と一対であり、姉妹かと推定される。姉妹は何故、離れ離れにいるのか。「国譲り」で、東日本勢力が進攻したのは、後代のことであるが、侵攻の過程で、政略結婚させられたのであろうか。

『記紀』編集者の遊び心を感じる。

九州には、また、「木花開耶姫命」を祀る神社もあるという、ニニギの九州遠征に帯同したのであろう。通説どおり、九州が出自とすると、さらなる調査・検討が必要である。

（2）ニニギは、大陸に本当に進出したのか

この答えの根拠は、本文中に示した「中国古伝の記載」や「N系人集団の大陸進出」のほか、なんと沖縄にも存在しているのである。すなわち沖縄には、神話とされているが、沖縄人の祖先は、「アマミク」であるとする伝承がある。アマミクは、一般的に「天御子」と解され、以降、二十五代の「天孫時代」が続いたとされ、その系譜が示されている（『旧家と先祖』〈那覇出版社、平成元年三月発行〉など）。その系譜も十代までは、追跡することができる（系図7－1参照）。これは、はたして神話なのであろうか。また、アマミクに始まる本島北部、伊麻奇時利（今帰仁）、伊是名島、伊平屋島、伊江島地域周辺の伝統は、十世紀以降のグスク時代にも尊称が継承されていて、琉球王朝の第一尚氏は、伊平屋島、第二尚氏は、伊是名島にその出自を有しているとされているのである。

その他にも本島内に種々な根拠が散在している。

①長年にわたって継承されるという「地名」から、沖縄では、ニニギを帯同したと推定される、「イ」族の名を冠する地名（「伊」地名）が、本島西部海岸沿いに多数存在しているのである（表7－1参照）。

その分布は、海岸沿いに展開しており、海洋民の居住を反映しているものと考えられ、本土「イ」族

〔**天孫王統**〕25代　（約480年、王統の1代平均在位より推定）
系譜をつないでみると、11代位まで追跡できる。
初代 アマミコ ── 2代 アマビトカナシ ── 3代 天太子大神カナシ ── 4代 天帝子
5代 北山大神カナシ ── 6代 北山大按司 ── 7代 北山大按司 ── 8代 今帰仁大按司
9代 今帰仁大按司 ── 10代 北山大按司 ── 11代 北山王
以下、3山時代によると、かなり新しくなり、時代に空白がある。
〔**舜天王統**〕　3代　71年　1166～1237
〔**英祖王統**〕　5代　90年
〔**察度王統**〕　2代　56年
〔**尚思紹王統**〕（第一尚氏）7代　63年　1406～1469年
〔**尚円王統**〕　（第二尚氏）19代　410年　1469～1879年
『旧家と先祖』（那覇出版社、1989）などによれば、沖縄の王族は、上のような王統が記載されている。天孫代とされる「アマミク」の系統は北山城主に連なっている。後代の王統とは時代的に大きな間隙がある。「カナシ」は神様のこと。

系図7－1　沖縄の王統

イ（伊）族		ア（安、阿）族	
西海岸	東海岸	西海岸	東海岸
伊地（国頭） 今泊 伊波（石川） 伊良皆（読谷） 今帰仁（イマキジリ） 伊祖 伊是名（島） 伊平（北谷） 伊江（島） 伊佐（宜野湾） 伊平屋（島） 伊野波（本部） 伊江 伊武部 石川（本部） 伊敷（糸満） 伊豆味（本部） 伊良波（豊見城） 伊差川 伊波（本部） 伊閉	伊部（国領） イシキナ崎（国領） 石川、池原 伊芸 伊波保（石川） イトマン 伊計（島） 伊舎堂（中城） 伊是名（平良） 伊良坂 伊覇	安和（名護） 安和岳（名護） 阿波川（名護） 安富祖 安良波 安仁屋 安謝 安座間 安波岳（伊平屋）	安田 安波 アラカワ 安部崎（名護） 安部 安慶名 安里（中城） 安里（具志頭） 阿波根

表7－1　沖縄の「イ」地名と「ア」地名

の出自地域（貝塚が分布）の状況に類似していると言えるのである。

また、現在の地名では、北が国「頭」、南が島「尻」となっていて、グスク時代の「首」里王府からの地名命名と推定されるが、それ以前は、北に伊麻奇時利（=尻）、南に具志「頭」があり、頭と尻が逆転していて、古い時代は北に王府があったのではないかと推定することも可能かと判断されるのである。名護（ナコ・名古）には、大宮・宮里などの字名もある。

② 「ニニギ」や「イ族」の沖縄本島到来は何時のことであろうか。考古学的資料から、その時期は、南九州からの「市来式土器」の沖縄への伝播時期（縄文時代後・晩期）と推定されるのである。中期の「曽畑式土器」の伝播時代と比較し、この時期に遺跡数が急激に増加していることが指摘され、後の弥生時代の遺跡の減少と対比しても、この時代の遺跡数が多く、特出しているからである。この時代には、また、南海産の貝装飾品が北陸から北海道まで、対馬海流に乗って運ばれており、海洋民の活動が活発であったことも指摘できるのである。

③ 沖縄博物館考古学分野の展示によれば、縄文後期・晩期の遺跡の増加のほか、佐賀の腰岳産の「黒曜石（石鏃）」の出土。「燕」の「明刀銭」の出土および域外産の「メノウ玉」の出土が開示されていて、大陸や九州などからの、この時代の交流遺物が存在している。

この時代になぜ黒曜石が必要となったのか、旧石器時代からはなぜ出土しないのかを考えると、この時代に「石鏃」として戦闘用に使用するために必要とされたからであろう。青銅をふんだんに鏃とすることができなかったと推定されるのである。敵である「燕」の遺物の存在も示唆的である。

④ 石堂和博氏（南種子島町教育委員会）の講演資料によると、沖縄本島と同じように、種子島においても縄文時代後・晩期（市来式〜一湊式土器期）の遺跡数が急増し、弥生時代には一転して減少してい

ると指摘されている。そして、この時期を境に、九州の影響を脱して、種子島独自の土器（一湊式土器）が発生し、ハマグリ製の貝鏃も初めて確認されたと文化的な大きな変化を主張している。

⑤既述のように沖縄本島でも縄文時代後・晩期の遺跡の急増とともに、沖縄独自の「伊波式土器・荻堂式土器」の出土が指摘されており、さらに特徴のある「石棺墓」（武芸洞遺跡など）がこの時期各所に発生したと文化的状況の変化を伝えている。
また、ニニギの大陸遠征の証拠ともなる、「燕」の貨幣の「明刀銭」が四個（城岳貝塚、具志頭洞窟など）、多数の黒曜石の鏃（城岳貝塚、伊是名ウフジカ遺跡など）や、持ち込み土器の「市来式土器」（具志川島、浦添遺跡など）も出土して、この時期に縄文勢力の到来により、新たな状況が発生していたことを補強して裏付けている。

⑥『中山世鑑』『おもろさうし』『琉球国由来記』などの沖縄の古伝によると、これらの事実に対応するように「アマミク」の到来や地元での活躍を伝える沖縄の伝承が記載されている。
アマミクが創ったと言われる「琉球七御嶽《うたき》」の一つ、「コバウノ御嶽」は、今帰仁村にあり、天降の地とされて開闢神「ワカヅカサ御イベ」が祭られ、また、今帰仁城内「上之御嶽」は、アマミクが最初に祭った御嶽であるとされていて、「テンツグノカナヒヤフ御イベ」が祭られている。

一方、島尻の具志頭に隣接する南城市には、「琉球七御嶽」の内、四つが集中して分布している。その一つ、玉城グスク内には、「天つぎあまつぎの御嶽」があり、アマミク系統の「尻」から「頭」への南下・移動の存在を示しており、百名海岸の「ヤハラヅカサ」は、アマミクの上陸地点とされている。

島尻村史には、玉城グスクはアマミクが築き、子孫が住んだと伝えられている。

島内には、名護市に「てんつぎの御嶽」があって、「イベヅカサ」が祭られていたり、アマミクの築いたグスク（浦添市の伊祖グスク）があったり、五穀をもたらした神になっていたり、アマミクはあちらこちらに散在している。

また一方、「御嶽」は地元の「ノロ」さんが綿々として祖霊神を祭る祭祀を行っており、伝承が事実であることを追認している。

これらの考古学的、民俗学的事実を勘案すると、ニニギを伴う本土の縄文時代人勢力は、南西諸島に到来し、一部は大陸に遠征し、一部は土着して、南西諸島の礎となった可能性が高いことを証明しているのではなかろうか。

また、南西諸島の地名分布やその後の本島内の移動も、以上の「仮説」を支持していると推察される。

（1）南西諸島への東日本勢力の到来は、沖縄本島以外の島々の地名にも表れている。既述の沖縄本島の「イ」地名分布のほか、和泊（沖永良部島）、伊仙町（徳之島）、大和町（奄美島）、伊関・熊毛郡（種子島）など、本州系地名が各島にも点在している。衝撃的な南下の存在を残しているのではなかろうか。

（2）アマミクの系譜を既に示したが、その子孫の名から、アマミクの系統の一部は、南部へ移動したと推定した。その移動先は、アマミクが創ったと古伝が伝えている前述の玉城グスク周辺である。百名海岸に上陸したアマミクは、受水走水で喉を潤し、ミントングスクに定住したと言われている。百名村には「琉球七御嶽」の一つ、「ヤブサツノ御嶽」もあり、アマミク伝説の発祥地の一つなのである。

玉城グスク周辺は、琉球石灰岩層の高い崖が連なり、本島南部の丘陵地帯から、突出していて、防御や眺望に優れ、石灰岩層からの湧水も豊富な場所である。玉城グスクを中心とする地域は「聖地」となり、後のグスク時代の王統の拝礼地となっていて、国王や聞徳大君の巡幸があったと記録されている。

（３）一方、ニニギに帯同した「イ」族は、浦添周辺に定住し、「伊祖グスク」を根拠として、北に「伊佐」「伊平」（伊閉）と連なり、南に「天久」を挟んで「伊良波」「糸満」「伊原」と「イ」地名が連なっている。「泊」「牧港」「那覇港」「糸満港」などと「港」が連なり、大陸の玄関口を形成していたと考えられる。

別な角度からも検討しよう。

（４）高宮広士氏（鹿児島大）によれば、大陸周辺に分布している島々は、ある程度の大きさと、大陸との交渉がないと「無人島」になっていると、世界の島々の解明から主張している。中国大陸から六百キロ以上隔たった小さな沖縄本島は、「特異な島」で無人島になっていない。それは、可視航海可能な「花綵列島」（大隅諸島、トカラ諸島、奄美諸島、沖縄諸島と連なる）のためだと推察される。縄文時代に大陸と分断され、孤島化した本島を支えたのは、北からの人の流れが絶えず存在していたためであると考える。現に、二百五十キロほど離れた「先島諸島」と「沖縄本島」は、縄文時代には文化的繋がりは希薄であったとされている。

縄文時代後期～晩期のニニギの率いる縄文勢力の南西諸島への移動・到来は、驚くほど特異なことではなく、それ以前の交流の流れをただ拡張しただけのことなのである。

これらの状況（古伝・伝承・遺伝子分析結果・地名分布・今帰仁周辺の伝統・遺跡急増分布などなど）を

考え合わせる時、沖縄本島への「ニニギ一族」と「イ」族の到来は、全く根拠のないものではなく、沖縄を拠点に、たびたび大陸に進出していたと考えるのも、可能ではあるまいか。「ニニギ」は、九州制圧後、イワレヒコ系統の子孫を高千穂に残し、南九州を基点にして、海洋に進出したのではあるまいか。アマミクは、女神とされているので、ニニギは、沖縄にも子孫を残し、大陸の戦闘に倒れたか、あるいは、N系人集団と共に、大陸をさらに西に移動したのであろうか。

四、多人数の移動はどう説明されるのか(検証4)

多人数の東日本勢力の西進は、何によって説明できるのか。それは、移動勢力がその食料をどのようにして確保したのかを解決することで説明できると考える。

西日本では、東日本と比べ、トチ、シイ、ドングリなどの食料となる堅果は存在しているものの、食料となる植物類が少ないと指摘されており、採集を主とする縄文時代にあっては、多人数の生存はかなり厳しく、弥生時代の「米」の登場を待たなければならないと推定されている。このため、その根拠を求めていたが、考古学分野から、素晴らしい研究成果が発表されていることを発見した。即ち、工藤雄一郎・国立歴史民俗博物館の研究グループが解明した、「栽培ダイズ」に関する研究成果である(図7−2参照『縄文時代の植物利用』・新泉社)。

これによれば、出土したダイズは、縄文中期に急激に顆粒が拡大していて、ダイズの栽培が開始されたことが判明したとされている(図7−2上図)。その起源は、中部地方、関東地方西部で、その栽培技術は、縄文中期には東日本全域に拡散されたと指摘されている(以上図7−2下図)。そして、その技術は、時代経過とともに、徐々に西日本に拡散したことが確認できると主張されている。

拡散には、移動時期も明記され、縄文後期前半（四千五百～三千六百年前）には吉備付近まで、縄文後期後半（三千六百～三千四百年前）には九州の筑後平野に至り、縄文晩期（三千四百～三千年前）には、九州全域に拡散していることが、時代とともに詳細に示されている。

これは、本編の「東日本勢力の西進」の時期に一致し、西進に「ダイズ」が帯同されたことを示している。保存可能な大豆は食料として持参され、さらに現地栽培されて、多人数の食料をまかなったとの推定を可能にするものである。

研究成果は、さらに耕作農具としての「鍬」としての石斧の存在が裏付け根拠として示され、同様に東から西に拡散したことも確認されている。前述した土器や石剣などの西日本への移動を考え合わせると、これらも重要な移動根拠といえるのである。

これらの事実を勘案すると、すでに考古学の分野では、東日本勢力の西への移動は「明確な事実」あるいは「歴史的事実」と認識していることを示しているのではなかろうか。

これらのデータは、縄文勢力の多人数の移動を可能にする、食糧確保の手段を示しているのであり、「西進」の根拠を強力に補完するデータといえるのである。

ダイズ栽培の起源は、中部地方から関東西部とされていることから、この栽培技術は「わ」族の帯同したものではなく、縄文中期の東日本への人的集中が生み出した、独自の技術と推定される。

一方、西進の到達が、筑後が先行し、全九州に及んでいることも興味深い。南九州への拡散は、ニニギの到来を示し、中国大陸への進出を示唆する可能性があるからであり、南西諸島や沖縄諸島への拡散も確認で

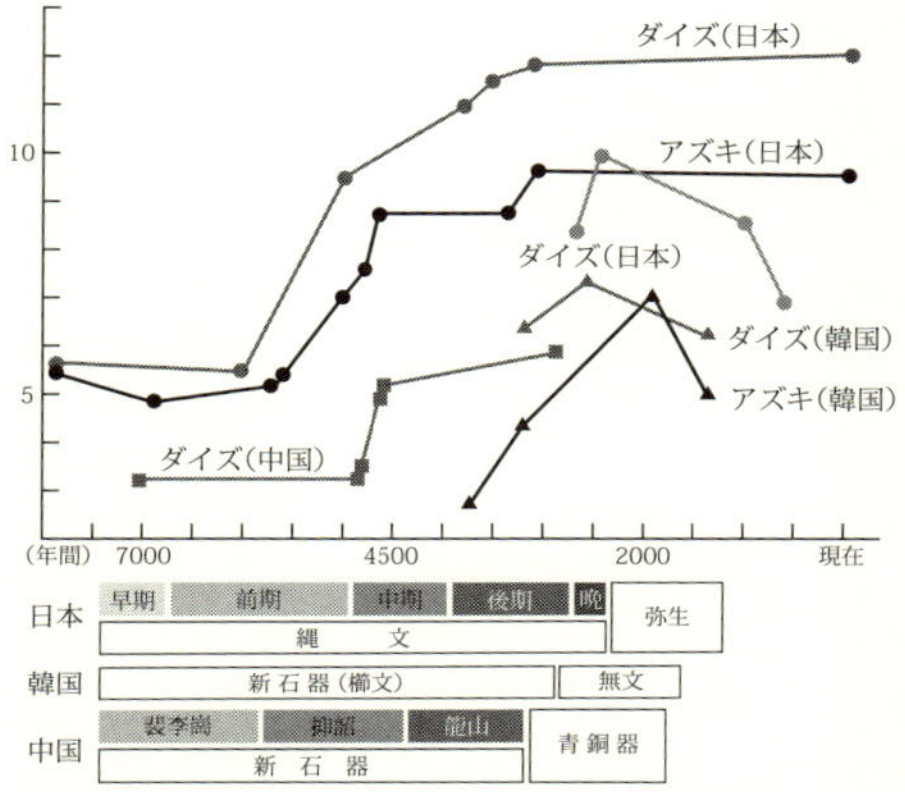

遺跡から出土するダイズやアズキは、中期になると突然大型化する。おそらく、人為的に栽培が開始されてから大型化までには1000年以上経過していると思われ、少なくとも前期の中頃には縄文人たちが栽培を開始していたのではないだろうか。

熊本県熊本市石の本遺跡の石鍬(後期末)

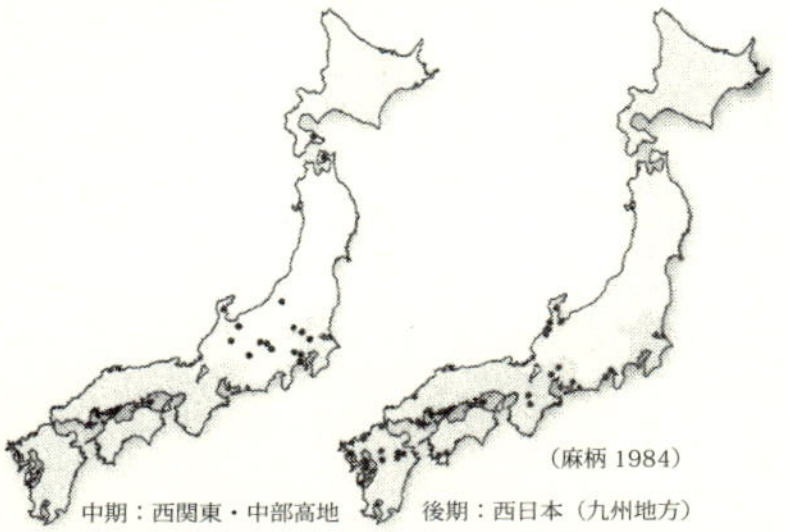

鍬として使用されたと思われる打製石斧は中部高地などでは前期末段階に出現し、中期に多量に出土する。後期になると西日本に分布の中心が移る。

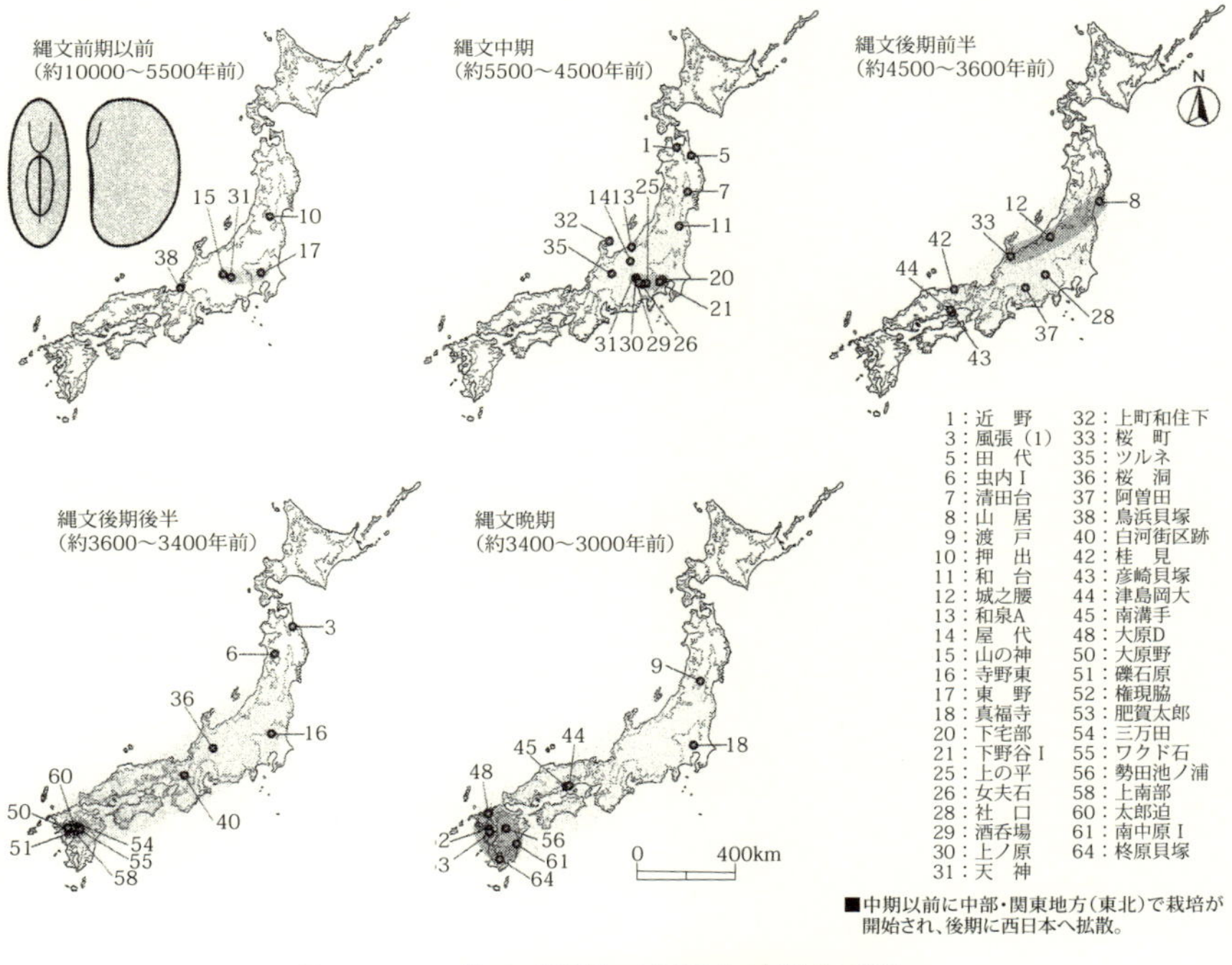

図7−2 ダイズ栽培の起源と拡散(西進)

(出典:工藤雄一郎/国立歴史民族博物館『縄文人の植物利用』新泉社)

きれば、新たな展開の根拠ともなりうるのであるが、沖縄などでは土質に差があるので、拡散の確認は難しいかもしれない。

あとがき

一介の専門外の筆者が、大胆にも、縄文時代の歴史に物申すのは、身のほど知らずの常識外のことであり、また、本編は、研究者の間では、無視され省みられないのは目に見えている。しかし、一面的な見方に固執してきた、関係各位には、もはや「壁」を破ることも期待できないのも確かであり、これ以上、看過できない、止むに止まれぬ、古代史ファンの心情もご理解いただきたい。

作家諸氏は、「アイデア」を上手な文章に載せて、歴史問題に挑戦しているし、理系諸氏も、得意分野から、歴史解明への挑戦を繰り返している。民間の研究者は、筆者同様、アイデアを主張し、自己満足してきた。そんな中で、考古学は、幾多の情報を、土砂の中から発掘する努力を日々継続しているのであり、日々仮説を見直しているが、新しい展開は早急には期待できない。閉鎖的な歴史学は、データを自ら限定し、小さなものごとに固執して、大局を把握する努力を惜しんでいるのである。

「謎」「謎」謎」と騒ぎ立てる出版業界も、間違いを含む仮説を固定観念化し、目に余る状況である。探偵ドラマが大流行のメディアを見習って、「謎」の解明に挑戦した人は少ない。実は、本書は、その挑戦が主旨であり、恥も外聞もなく「仮説」を明示したものである。この「仮説」に真実が含まれているなら、拡大すればいいし、錯誤の部分は捨てて、不足分は継ぎ足して、新たな仮説を作ればよいではないか。この分野は既存の学問分野には、存在しないので、参加する読者の貴方がその先駆者であり、開拓者である。

筆者の本業とする「地質学」は、時間の経過と共に、絶えず変化する真実を、自然の中に探求する学問であるが、一定の事実から導き出した「仮説」は、一時的なものであり、固執した途端に、新たな情報に対応できなくなり、空論となることを肝に銘じている分野である。時間の経過への対応には、「一時期に成立した仮説の検証」が絶えず必要なのである。

本編を書き進める中、これまで学んだ歴史学が、大きな錯誤に富んだものであることを認知せざるを得なかった。日本の歴史を不明だからと、国家の形成が、中国より三千年も遅れて、弥生時代から始まるのは、それ以前一万年以上の歴史の解明を諦めて、無視し、「日本民族の誕生」の解明を放棄した姿勢である。「仮説」を仮説として明示・表示して、あらゆる情報をかき集めて、さらに、その解明に努めるべきである。「日本民族」の解明には、もう少し、大陸の状況、特に中国東北部や環日本海地域の北部大陸の同時代の現地情報が不足であり、その発掘が必要であり、それらを基に、更なる解明をなすべきではなかろうか。

本書は、出版してよいとの回答を出版社から、なかなか戴けず、偶然訪れた宮帯出版社の内舘朋生部長に同姓の縁もあり、発行を勧められて実現したという経緯を有している。

ここに宮帯出版社ならびに内舘朋生部長に深く謝意を表して筆を納めたいと思う。

参考文献一覧

武光　誠・山岸良二『原始・古代の日本海文化』同成社　二〇〇〇
佐々木高明・森島啓子『日本文化の起源（民俗学と遺伝学の対話）』講談社　一九九三
崎谷　満『DNAでたどる日本人10万年の旅』昭和堂　二〇〇八
埴原和郎『日本人新起源論（民族の形成を考える）』角川書店　一九九〇
ブライアン・フェイガン・東郷えりか訳『古代文明と気候大変動（人類の運命を変えた二万年史）』河出書房新社　二〇〇九
山本廣一『新説　倭国史（古代日本の謎を解く）』星雲社　二〇一一
日本第四紀学会・小野昭・春成秀爾・小田静夫『図版・日本の人類遺跡』東京大学出版会　二〇〇八
白石浩之『考古学選書「旧石器時代の石槍」（狩猟具の進歩）』東京大学出版会　一九八九
堤　隆『列島の考古学「旧石器時代」』河出書房新社　二〇一一
国立歴史民族博物館『縄文はいつから？（1万5千年前になにがおこったのか）』（財）歴史民族博物館振興会　二〇〇九
国立歴史民族博物館『アジアの境界を越えて』（財）歴史民族博物館振興会　二〇一〇
古代北方世界に生きたびと実行委員会『古代北方世界に生きたびと（交流と交易）』東北歴史博物館・北海道開拓記念館・新潟県立歴史博物館　二〇〇八
八切止夫『日本原住民史』作品社　二〇〇四
橋口尚武『海を渡った縄文人（縄文時代の交流と交易）』小学館　一九九九
湊　正雄『後氷期の世界』築地書店　一九六六
湊　正雄『変動する海水面』東海大学出版会　一九八〇
堤　隆『旧石器時代ガイドブック（ビジュアル版）』新泉社　二〇一一
勅使河原彰『縄文時代ガイドブック（ビジュアル版）』二〇一三
渡辺　誠『縄文土器の知識　考古学シリーズ4』東京美術　一九九三
藤村東男『縄文土器の知識Ⅱ　中・後・晩期』東京美術　二〇〇〇

小泉　格『日本海と環日本海地域　その成立と自然環境の変遷』角川学芸出版　二〇〇六
馬淵久夫・富永　健『考古学のための化学10章』東京大学出版会　一九九一
隅元浩彦『私たちはどこから来たのか』毎日新聞社　一九九八
瀬川哲郎『アイヌの世界』講談社　二〇一一
原田　実『幻想の超古代史　竹内文献と神代史論の源流』批評社　一九八九
大野　晋・金関　恕『考古学・人類学・言語学との対話　日本語はどこから来たのか』岩波書店　二〇〇六
浜田秀雄『契丹秘史と瀬戸内海の邪馬台国』新國民社　一九七七
琉球新報社『新琉球史　古琉球編』琉球新報社　一九九一
笹谷政子『日本語の起源　第一部　縄文語』新風舎　一九九八
笹谷政子『日本語の起源　第二部　続縄文語』新風舎　二〇〇二
安本美典・井上正久『日本語の誕生』大修館書店　一九九〇
岡村道雄『日本旧石器時代史』雄山閣出版　一九九九
小林惠子『興亡古代史東アジアの覇権争奪１０００年』文藝春秋社　一九九八
竹岡俊樹『旧石器時代人の歴史　アフリカから日本列島へ』講談社　二〇一一
上田正昭『渡来の古代史　国のかたちをつくったのは誰か』角川学芸出版　二〇一三
篠田謙一『日本人になった祖先たち　ＤＮＡから解明するその多元的構造』ＮＨＫ出版　二〇〇七
小田静夫『新しい旧石器研究の出発点「野川遺跡」シリーズ「遺跡を学ぶ」』新泉社　二〇〇九
金関丈夫『日本民族の起源』法政大学出版局　二〇〇九
佐伯有清『日本古代氏族事典』雄山閣　一九九四
松島義章・前田保夫『先史時代の自然環境　縄文時代の自然史』東京美術　一九八五
田中勝也『エミシ研究　蝦夷史伝とアイヌ伝説』新泉社　一九九八
木﨑康弘『豊饒の海の縄文文化　曽畑貝塚　シリーズ「遺跡を学ぶ」』新泉社　二〇〇四
寺沢　薫『日本の歴史　02王権誕生』講談社　二〇〇〇
安本美典『奴国の滅亡　邪馬台国に滅ぼされた金印国家』毎日新聞社　一九九〇
小玉幸多『日本史年表・地図』吉川弘文館　一九九八

池田　満『「ホツマツタヱ」を読み解く　日本古代文字が語る縄文時代』展望社　二〇〇一
崎谷　満『DNA・考古・言語の学際研究が示す新・日本列島史』勉誠出版　二〇〇九
大芝英雄『大和朝廷の前進　豊前王朝』同時代社　二〇〇四
河口貞徳・森　浩一企画『日本の古代遺跡38　鹿児島』保育社　一九八八
産経新聞生命ビックバン取材班『ここまでわかってきた　日本人の起源』産経新聞社　二〇〇九
奥野正男『鉄の古代史　弥生時代』白水社　一九九一
鈴木武樹『消された「帰化人」たち』講談社　一九七六
井上秀雄『古代朝鮮』NHK出版　一九七四
田中勝也『異端　日本古代史書の謎』大和書房　一九八七
田中勝也『新論　日本古代史』大和書房　一九九五
若井敏明『邪馬台国の滅亡　大和王権の征服戦争』吉田弘文館　二〇一〇
江上波夫『騎馬民族国家　日本古代史へのアプローチ』中央公論社　一九七五
松本清張『私説古風土記』平凡社　一九七七
山口　敏監修・中川悠紀子・山村紳一郎ほか『日本人の起源　知の探求シリーズ』日本文芸社　一九九七
稲畑耕一郎監修、劉煒・伊藤晋太郎『中国文明史図説1　先史　文明への胎動』創元社　二〇〇六
稲畑耕一郎監修、劉煒・伊藤晋太郎『中国文明史図説2　殷周　文明の原点』創元社　二〇〇七
稲畑耕一郎監修、劉煒・伊藤晋太郎『中国文明史図説3　春秋戦国　争覇する文明』創元社　二〇〇七
稲畑耕一郎監修、劉煒・伊藤晋太郎『中国文明史図説4　秦漢　雄偉なる文明』創元社　二〇〇五
日高正晴『古代日向の国』NHK出版　一九九三
楠原佑介『「地名学」が解いた邪馬台国』徳間書店　二〇〇二
澤田洋太郎『日本古代史の謎を解く『記紀』に秘められた真実』新泉社　二〇〇四
ヒデミ・フミノ訳『東アジア古代史』新人物往来社　一九八六
道方しのぶ『日本人のルーツ探索マップ』平凡社　二〇〇五
佐治芳彦『闇の日本史　古史古伝書　悠久の歴史の闇に埋もれた驚愕の真実』英知出版　二〇〇六
古村　豊『卑弥呼の道は太陽の道』実験古代史学出版部　一九八六

小田富士雄『別冊太陽「古代九州」』平凡社　二〇〇五
虎尾俊哉・王　健群・金元　龍、他『複眼で見る環日本海の古代』秋田魁新報社　一九九二
関　裕二『「天皇家」誕生の謎』講談社　二〇〇七
松枝正根『古代日本の軍事航海史　上巻：先史時代から卑弥呼まで』かや書房　一九九三
松枝正根『古代日本の軍事航海史　下巻：遣隋使・遣唐使・渤海使』かや書房　一九九四
安本美典『日本民族の誕生　環日本海古民族と長江流域文化の融合　推理：邪馬台国と日本神話の謎』勉誠出版　二〇一三
渡辺豊和『扶桑国王　蘇我一族の真実　飛鳥ゾロアスター教伝来秘史』新人物往来社　二〇〇四
佐々木高明・大林太良『日本文化の源流』小学館　一九九一
坂本太郎・家永三郎・井上光貞・大野　晋『日本書紀　上』岩波書店　一九九三
安本美典『「倭人語」の解読　推理・古代日本語の謎』勉誠出版　二〇〇三
高良倉吉編『日本歴史地名大系　沖縄県の地名　48』平凡社　二〇〇二
新城俊昭・沖縄歴史教育研究会編「琉球・沖縄史」（教育講座）二〇一五

〔著者紹介〕

内舘 彬（うちだて あきら）

1944年岩手県宮古市生まれ。 山田町で育ち盛岡市立上田中学、盛岡一校を経て、北海道大学理学部地質学鉱物学科卒業。

建設コンサルタントに入社し、ダムなどの地質調査・解析を担当し全国を回る。

在職中は、建設コンサルタント協会技術委員会ダム発電専門委員会、土質専門委員会委員、日本応用地質学会理事を歴任。 技術士（応用理学）で個人事業主。

埼玉県所沢市上山口在住。

『ヤマト』は縄文時代勢力が造った
――常識を覆す東日本勢力の復権――

2017年4月5日 第1刷発行

著　者　内舘　彬
発行者　宮下玄覇
発行所　MPミヤオビパブリッシング
〒102-0085
東京都千代田区六番町9-2
電話(03)3265-5999(代)
発売元　株式会社宮帯出版社
〒602-8488
京都市上京区寺之内通下ル真倉町739-1
営業(075)441-7747　編集(075)441-7722
http://www.miyaobi.com/publishing/
振替口座 00960-7-279886
印刷所　モリモト印刷株式会社

定価はカバーに表示してあります。落丁・乱丁本はお取替えいたします。

　ISBN978-4-8016-0094-2 C0021